以生命激扬生命

孙丽霞 著

河北出版传媒集团

河北教育出版社

图书在版编目(CIP)数据

以生命激扬生命 / 孙丽霞著. —— 石家庄：河北教育出版社，2022.5(2025.1重印)

ISBN 978-7-5545-7062-3

Ⅰ. ①以… Ⅱ. ①孙… Ⅲ. ①教育学－文集 Ⅳ. ①G40－53

中国版本图书馆 CIP 数据核字(2022)第 074482 号

以生命激扬生命
YI SHENGMING JIYANG SHENGMING

孙丽霞 著

责任编辑	姬璐璐 张柳然	
封面设计	鑫聚仁工作室	
出版发行	河北出版传媒集团	

河北教育出版社　http://www.hbep.com

(石家庄市联盟路 705 号,050061)

印　制	廊坊市佳艺印务有限公司	
开　本	890mm×1240mm　1/32	
印　张	10.75	
字　数	270 千字	
版　次	2022 年 5 月第 1 版	
印　次	2025 年 1 月第 2 次印刷	
书　号	ISBN 978-7-5545-7062-3	
定　价	98.00 元	

序

生命的教育

这是我第一次写序，心中十分忐忑。

我非常确定这篇序本不该由我来写。它本该由颇有名望的教育专家或与作者关系密切的亲朋好友来执笔，而我只是一个资历尚浅的年轻教师。因而，忐忑之余备感荣幸。我愿用众多美好的词语称呼作者，可我还是想亲切地称她为"孙老师"。

在人生道路上，她是我的老师，为我指点迷津；在专业领域上，她是我的前辈，帮我答疑解惑；在工作上，她是我的领导，指引我勇敢前行；在日常生活中，她是我的长辈，照顾我不分巨细……现在，孙老师又将她的书作之序嘱予我，我的感动盈满心间，然而感慨自己"何德何能"，只得拙笔写下寥寥。

孙老师是我见过的最真实又最理想的人，对待工作，对待生活，对待自己，皆如此之态。让真实的自己奔向理想的远方，永葆热情与勇气，她一路高歌，一路芳香。

时常听她讲述自己丰富多彩而又深刻鲜明的从教之感，神采奕奕，不亦乐乎。而那份坦荡率真的幸福和快乐，也感染着每位倾听者的心。那个画面实在是美好至极。

纪德说："我为美好的事物消耗着自己的感情，它们的光辉来自我不断地燃烧，但这是一种美妙的消耗。"为学生，为教育，为心中的美好，孙老师消耗着、燃烧着，那是一份永远在路上的美妙消耗。我致敬这样的消耗，也向往这样的消耗。

不得不承认的是，在有些功利、浮躁及快节奏的现实里，我们身处的教育自由空间是较为逼仄的，每位教育工作者的独立意识好像被无形地压抑着，并且习惯蜷缩在很难跳脱的沉重的躯壳里。然而，我们仍然需要虔诚地仰望与创造教育之美，我们仍然需要勇敢地唤醒并擦拭教育之心，而唯一能够激发自己的就是内心的热情与执着。在孙老师的身上，我感受到了这样的力量，强劲而倔强。

回到这本书，感谢孙老师且行且反思的深邃又广阔的智慧，感谢她用勤奋的笔尖记录着那些无价的宝贵经验，感谢她在忙碌中保持的那种旺盛丰盈的生命状态。初次翻看，我的思绪也跟着她的文字进入那一串串闪亮的日子，仿佛置身于她的课堂、她的班级，好像看到了她和学生共同打造的生机勃勃的绿野部落。反复阅读，我的心绪更是被字里行间真切而滚烫的拳拳师心牵动着。无论是有关教育环境和教育理念的随笔，还是对教学日常瞬间的记录，我都强烈地体会到她一直以来对教育的不懈追求、深入思考和勇敢创新，我也能深刻地领悟到她发自内心对教育、对学生、对生活的热爱，而这份热爱也鲜活地传递给她的学生，点燃在我的心里，激荡起最美的回响，散发着最亮的光芒，久久不绝，永远不熄。

诚然，单靠一本书是绝对写不完、道不尽孙老师对教育的理解和付出的，也正如我要接受我还不够了解孙老师的教育世界。但是，我正在努力地去靠近她的体验，为她所启发和影响。因为她会引领我走好一条路。这条路会让无数学生看到更远更美的世界，也会让一名年轻教师蒙受教育的荣光，探索教育的真谛。

春天的意志和暖流正在逐渐驱走寒冬，新的希望已经苏醒，身为一名教育工作者的斗志也已准备就绪。

我还年轻，我渴望上路。

娅楠 于2022年2月9日晚

目 录

第三章 多彩生活
    ——一首生命的诗歌

第四章　不说再见

　　　　——我们永远的家

附录

后记

第一章 相爱无言
——我们是绿野部落

绿野部落是一个充满温馨和魅力的家，在这里，家庭成员彼此欣赏，相互吸引，彼此尊重，相互依恋……

一、我们就叫绿野部落

> 海子说："给每一条河每一座山，取一个温暖的名字。"名字也许不重要，重要的是能够传递灵魂碰撞而生的温度。我喜欢"绿野部落"这个名字，于是我班里的所有事物都可以通过这种赋予，成为意蕴深刻的象征物。

那是2009年暑假开学后，我们新营小学四、五年级两个级部根据上级要求去金海岸小学借读。从新营小学到金海岸小学不过1500米路程，时值9月，虽然暑气大退，但上午9点，依然有一种烈日当头的感觉。我们两个级部14个班共一千多名学生，犹如一条长龙，前不见头，后不见尾，班班相接，浩浩荡荡地向金海岸小学出发了。

大概孩子们极少徒步走这么远的路程，当行程至半时，很多人就明显体力不支，精神疲乏起来，步子也越发沉重；又走了一段后，不少还在"负隅顽抗"的孩子也渐渐"苟延残喘""缴械投降"了；

再后来，队伍变得涣散不堪，孩子们就像刚从战场上败下阵来的散兵游勇，溃不成军。他们有的邋邋遢遢地提着书包，有的拿着水壶边走边喝，有的边扇太阳帽边喊热……当这样的一支队伍踏入金海岸小学时，迎面的恰恰是以主人礼节整整齐齐列队欢迎我们的金海岸小学的领导和老师。大家这副尊容，让提前到达现场、郑重地站在欢迎队列的我校领队——王书记和秦校长顿时颜面扫地。不巧的是，这时记者也赶到了现场，简直就像特意安排似的。

就在记者举起摄像机的瞬间，我们班的孩子们正好进入了镜头。跟前面大部队的涣散迥然不同的是，我们的队列是笔直的，队伍是安静的，既没有一个掉队拖拉、交头接耳的，也看不出徒步的疲乏，"俨然是一支训练有素的正规军"（这是后来秦校长在校会上给予我们班的高度评价）。79个孩子个个精神抖擞，统一身背双肩包，空手摆臂，步伐整齐地走入金海岸小学。我们班孩子的及时出现，不仅瞬间成就了新营小学的精彩，而且还把王书记和秦校长从尴尬难堪中拯救了出来。

我们班是倒数第二个进入金海岸小学的班级，我跟随学生穿越欢迎队列后，便直奔南教学楼三楼的五(5)班教室。虽说到了一个新地方，训练有素的孩子们也没有表现出狂热的好奇。他们很有分寸地环视了教室的四周，大体熟悉了一下自己的学习环境，就非常有规矩地坐在位子上等待安排。稍事休息后，我召开了新学期的第一个班会。我先表扬了孩子们刚才行进途中的出色表现，大加赞赏了他们又一次以实际行动创造了不一样的精

彩！接着我重申了这次来金海岸小学的目的和我们在金海岸小学应该担当的角色。我鼓励孩子们：从今天开始，这就是我们的新家了，从新营到金海岸，我们不仅要把在原来学校养成的好习惯继续发扬光大，同时作为金海岸的客人，我们更要守规矩、懂礼仪；在金海岸学习的这一学年内，每个人都要努力绽放自己，每一天都要努力创造不一样的精彩，我们要以实际行动证明新营的荣耀，要让金海岸的全体师生因为我们的存在而感到幸福！最后，我给我们的新家起了一个新名字——"绿色部落"，并进行了解读。"部落"是我们的班集体，因为教学楼重建，它从新营搬迁到了金海岸，成员是我们的79个孩子。"绿"有两层寓意：一是外部学习环境的清新整洁，二是集体内部的关系平等、互相尊重、和谐共处。孩子们听后，一张张小脸上写满了自豪和兴奋，纷纷说喜欢这个名字。就这样，"绿色部落"成了五(5)班的新名字。接着我又和孩子们商量制订了一个部落成员要共同遵守的公约——"绿色部落"公约。

接触新教育一段时间后，经过慎重考虑，我决定把我们已经叫了一年多的"绿色部落"更名为"绿野部落"。"绿野"孕育于叶澜教授的《让课堂焕发生命的活力》，又因新教育而丰盈。"绿野部落"里有我们这群尺码相同的人，我们有着共同的方式，共同穿越经典，共同打造卓越课程。"绿野部落"——日照市新营小学第一个沐浴新教育阳光的班级正式诞生了！

二、班级图腾我们设计

　　我们要设计班级图腾，确定班级愿景、班级口号及班主任寄语等。周五放学前，我把自己的设想告诉了孩子们，并希望他们发挥自己的聪明才智，完成我们的既定目标。

　　孩子们很快对设计班级图腾表现出了极大的兴趣，周一，他们上交了自己的作业。

　　午饭时间，我逐一欣赏着孩子们的大作，心里一阵阵欢喜。潘玉彤的设计创意十足；焦飞宇的设计别具匠心；李业钦的熊猫图腾，活泼吉祥，憨态可掬；秦大力的设计，图像复杂，内容丰富，艺术性强……我边看边琢磨，哪一幅作品更适合我们的"绿野部落"，更能体现我们"绿野"的精神和理念。经过筛选，最后我锁定了唐傲然和张媛媛的两幅作品。张媛媛用"绿野"两个字的首字母大写"L""Y"，作两棵树的树干，葱绿的树冠上结着果实，整个作品的寓意很美好：大树代表老师；"Y"像树芽，代表学生；果实是师生的合作成果——和美之果。愿景是：绿野部落，和美之家。图腾设计简洁大方，寓意深刻。唐傲然的图腾设计可谓独具匠心，变体的"L""Y"位于太阳的中心，代表绿野，周围光芒四射；下面的绿色小苗组成眼睛，眼睛内有河水，寓意海纳百川；太阳代表着朝气，眼睛代表着希望与未来，"绿野"代表着班主任老师对孩子们美好的寄托，图腾取名为"绿野之光"。我越看越喜欢，越琢磨越有味。看看唐傲然的"绿野之光"，再看看张媛媛的"和美之家"，还真是难以抉择呢！最后决定：让孩子们定吧。

下午，我把孩子们的作品在班里一一展示。最后，大家意见出奇一致地通过了唐傲然的"绿野之光"。接着，我们又集体设计了"绿野部落"的班级愿景、口号等，我的班主任寄语也新鲜出炉。

通过设计班级图腾，我再次见识了孩子们丰富的想象力和卓越的创造力。新教育理念中提到"无限相信学生和教师的潜力"，这与该理念不谋而合。新教育认为，必须为师生的成长和发展搭建舞台、创造空间；新教育相信，你给教师多大的舞台，他们就可以演绎多大的精彩；你给学生多大的空间，他们就可以创造多大的辉煌。我想，当下我该做的事，就是努力为我的"绿野部落"搭建更高、更广阔的舞台，让孩子们尽情演绎无限的精彩。

班级图腾：

班级愿景： 尊重生命、热爱生活、积极进取、和谐发展、共同
成长、朝向卓越。

班级誓言： 让每一片绿叶都增辉，让每一朵小花都绽放！

班级发展层次图标：每天进步一点点。

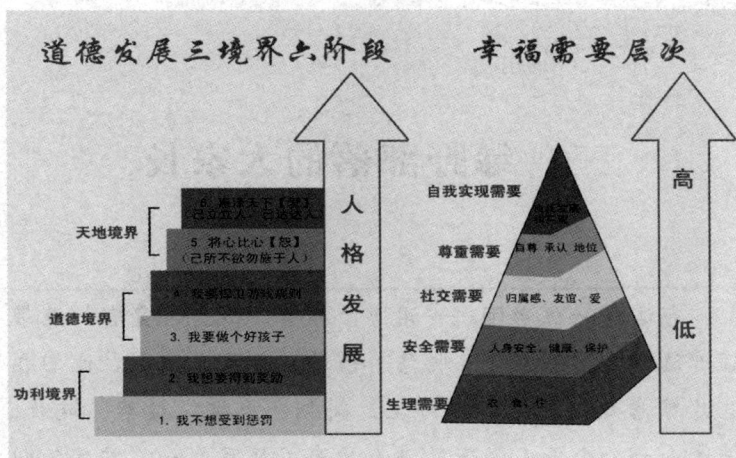

道德发展三境界六阶段　　幸福需要层次

天地境界
6. 兼济天下【仁】
（己立立人，己达达人）
5. 将心比心【恕】
（己所不欲勿施于人）

道德境界
4. 发乎内心的成就感
3. 我要做个好孩子

功利境界
2. 我想要得到奖励
1. 我不想受到惩罚

人格发展

自我实现需要
尊重需要
社交需要
安全需要
生理需要

自我实现
自尊　承认　地位
归属感、友谊、爱
人身安全、健康、保护
衣、食、住

高
低

三、绿野部落的大家长

　　有这样一位老师——渊博、睿智、博爱、宽容，她带领着这样一群孩子——聪慧、乐学、自信、阳光。他们在这片绿意盎然的纯净绿野里，耕耘、采撷、凝萃、绽放，讲述着一个个催人泪下的动人故事，抒写着一首首荡气回肠的和美诗篇。她就是绿野部落的大家长——孙丽霞老师。

孩子眼中的"她"

孙老师——普通中的不普通

　　我的孙老师，看似普通，其实一点儿也不普通，并且还有能"改变"人的本事。

每当不交作业的同学站起来，向孙老师说明各种"理由"时，我总会想起孙老师对我说过的一句话："每个人都要为自己的过失承担责任！"

那是四年级开学后的前几天，我把练习册落在了桌洞里。一开始我并没有察觉，跟着其他同学走出了教室。回家后，我东找西翻，把书包翻了个底朝天，也没有找到。

"是不是被同学拿走了？"我的脑海里浮现出了这样一个念头。

第二天，我走进教室，发现练习册安安稳稳地躺在桌洞里。我由于一时的粗心，把练习册落在了教室里，导致没有完成作业。

孙老师来了，我向孙老师说明了理由。孙老师并没有批评我，只是让我早些做完就是了。上午过去，下午来临，可由于我的贪玩，练习册作业的事早已被我抛到了脑后。最后一节课，孙老师来了，开始询问没交作业的同学。这时，我脸上一阵发热，因为我也是那其中的一员。

"来，没交作业的同学，起立！"没交作业的同学都站了起来，我的脸一下子变得通红，慢吞吞地站了起来。我低着头，不说话。可能是孙老师猜出了我的心思，语气坚定地对我说："该怎么做自己应该知道，每个人都要为自己的过失承担责任！"

孙老师的话犹如万箭穿心，泪水在我的眼眶里打转。我知道这是我的过失，把作业落在学校已经极不应该，没有及时补上更是不可原谅。

"每个人都要为自己的过失承担责任！"这句话经常响在我的耳边。从那以后，我再没有一次把作业落在学校。

正是这句话让我明白，犯了错误就要勇于承担。感谢老师，让我这个无知的学生明白了做人的道理，让我学会了承担。

孙老师，一位看似普通的老师，却用自己的智慧，孜孜不倦地教我们知识，教我们做人，一点一滴改变着我们，这难道还普通吗？

（马子钰）

我的孙老师

　　她不高不矮，不胖不瘦，"粉面含春威不露，丹唇未启笑先闻"，她就是我们的孙老师。

　　孙老师对自己的要求非常严格。她虽然不是班主任，但是每当教室里有垃圾废纸，她总会捡起来。孙老师不仅教我知识，还教我做人的道理。孙老师曾经说过："做人最基本的是要诚实。"

　　孙老师经常会给我们讲一些意味深长的话，如，老师曾经对我们说过粗心的原因是基础不好。这句话引起了我的反思，我想以后我的生活中不会出现"粗心"二字了。后来，在做家庭作业的时候，我很少因为粗心而出错。

　　有一次讲评练习册时，老师讲完一题，有的同学不顾听下面的题目，忙着改错，于是孙老师说："聪明的人要'渔'，愚蠢的人要'鱼'。"我们听不懂老师在说什么，老师在黑板上郑重地写下"鱼"和"渔"两个大字，然后又给我们解释"鱼"和"渔"的不同。原来"渔"是捕鱼的方法。孙老师语重心长地说："题目做错了没有关系，关键是掌握做这道题目的方法，下次才能保证不错。"

哦，我明白了，孙老师在告诉我们掌握学习方法比学习知识更重要。我们的孙老师就是这样，经常用一件小事来告诉我们一个大道理。听孙老师上课，你有一种既是在听课，不断接受新知识，又似在聆听一场生动的报告，从中领悟做人的道理的感觉。

这就是我的孙老师。我喜欢我的孙老师。

（郑雅文）

我们的孙老师

孙老师长得不高不矮，眼睛大大的，头发很长，是一位尽职尽责的好老师，深受同学们的喜欢。

孙老师虽然不是班主任，但是班级卫生、班级纪律等大大小小的事她都爱管。只要一看到地上有废纸，她就会很认真地捡起来。孙老师还很关心同学。我清楚地记得，有一次我肚子疼，当时孙老师已经跟别人调课了，她第三节课上课。前两节上课的老师都没有注意我肚子疼，直到第三节课，孙老师敏锐地发现了。她关切地问明情况后，连忙让人扶我去校医室。我回到教室后，孙老师又专门问候我："还疼不疼了，如果还疼就告诉老师，别忍着。"老师简单的几句话，让我热泪盈眶。

虽说只是一件小事，但这里面饱含着老师对我们深深的爱，我们就像孙老师的孩子。

孙老师有时也批评同学，但批评是另一种形式的爱，说明老师对我们严格要求，觉得我们有能力做得更好，就像"精彩极了""糟糕透了"，两种爱交织，才有利于我们更好地发展。

敬爱的孙老师，我永远爱您！

（范一敏）

我送老师外号"孙地魔"

看到这个标题，你也许会问："孙地魔"是何许人也？哦，"孙地魔"，孙老师，我们小学生活里的最后一位班主任。她的确有些严厉，无论哪一位同学犯了错，她都"严惩不贷"，可与《哈利·波特》里的伏地魔媲美，所以得此雅号——孙地魔！

记得四年级刚开学，学校举行开学典礼，我们班的队伍站得很松散。这时，一个身穿浅蓝色运动服的老师一本正经地对我们说："这是哪个班呀，怎么站成这样了？"当时我心里想：这位老师是谁呀？又不是你的班，管那么多干吗，管好你自己的班不就行了吗？多管闲事！可回到教室后，却发现这位"多管闲事"的老师竟威严地站在讲台上。天哪，她竟然是我们的新班主任！**Oh, my God！**那天下午的班会，老师先问了一个问题：谁知道五(7)班？五(7)班？就是那个早读午练都不用老师管，课间操做得最标准，路队不用送的那个班？这个谁不知道？我们的班主任整天拿这个五(7)班说事呢！听完下文才知道，原来，新老师就是以前五(7)班的班主任？嗯？哦——大家面面相觑。老师简单做了自我介绍，接下来，给班里的每一位同学都安排了工作，还在黑板上写了几个苍劲有力的大字：态度决定一切，习惯影响一生。这句话，我一直到毕业还铭记在心。

后来我们发现，她还会"体罚"学生：我们犯了错，她就让我们写"病历"；作业忘带，就等于没做，赶紧补上；预习时间不少于1小时才叫预习；给班级带来负面影响的要罚值日——惯用的"惩罚手段"来管理我们。其"恶劣"程度不亚于伏地魔了，所以我们几个同学送她一个"雅号"：孙地魔！

但是，一件事情的发生，让我们彻底改变了对"孙地魔"的印象。一天，董书瑞肚子疼的老毛病又犯了，他疼得都不能走路了，双手捂住肚子，脸色蜡黄，五官挪位，豆大的汗珠直往下落。孙老师见状，立马背起他就往楼下冲。孙老师那瘦弱的身体，再背上一个与她差不多高的人，对于孙老师是多大的挑战呀！但孙老师还是坚持着把董书瑞背下楼，直到董书瑞的父母把他接走，她才回到了教室。我们全班同学对"孙地魔"有了全新的印象。

后来，我们发现孙老师不仅语文课上得激情四射，而且她使我们班里总有一种说不出的和别的班级

不一样的地方：我们班的黑板报风格独具，我们班的物品摆放整齐、地面干干净净，我们走路的样子也与别的班级不一样。我们还发现，孙老师会编排节目。我们表演的《十送红军》毕业叙事，我至今清楚地记得。特别是孙老师自己编写的《那些老事儿》，让我们有机会登上电视台演出。孙老师还带领我们参加水运会闭幕式演出，参加省里的推普周演出。总之，绿野部落绝对是新营小学的名牌班级，我们也因此出了名。

五年级的下学期，老师因病在家休养了两个月，我们班的学习成绩、日常评分一落千丈，我们这才想起孙老师在的日子：每天放学时对老师喊一声"老师，再见"，去老师办公室探讨问题，和老师一起表演节目，因做错了一件事在办公室挨训……这些回忆，有苦也有甜，但更多的是喜悦。可是现在，去孙老师办公室，她的办公桌空着，好长一段时间，我们就像丢了魂似的。我们这才明白，孙老师在我们的生命里已经是不可或缺的一部分，我们对她产生了一种说不出的依恋。

临近期末，孙老师回来了，我们都很高兴。跟老师见面的第二天，又可以欣赏老师的随笔了。孙老师用"迷路"包容了我们所有的过错，而"迷路"的责任，由老师全部承担。于是，在孙老师的鼓励下，我们又找回了自己，我们还是全校最精彩的那个绿野部落。六年级下学期，老师和那些在毕业之前过生日的同学一起过生日，为他们送生日诗、送祝福，我羡慕极了。不知不觉，到了毕业日。毕业典礼那天，老师把我们每个人都拥抱了一遍，我们哭了，老师也哭了。女生抱在一起，痛哭流涕；男生阴沉着脸，强颜欢笑。出了校门，我抑制不住心中的难受，"哇"的一声哭了起来，我后悔甚至都没来得及和孙老师好好地说一声"再见"。

孙老师，您虽然严厉，却不失慈母之心；您虽有时苛刻，但并不掩您温柔的一面。我们也曾在背后说过您的坏话，但在我们的心中，您，永远是无与伦比的；您，永远是我们生命中很重要的引路人！因为您点的灯，又明又亮；因为您指的路，又平坦又宽敞！

孙老师，我们永远不会忘记您！

（范小迪）

教诲如春风 师恩似深海

孙老师您好，今天是教师节，董宵衷心地祝您节日快乐！请原谅，我最近忙于入学的事情，好久没来绿野看望您了。大家都还好吧？我被分在新营中学十五班，开学仅两天，我们已经初步亮出了绿野人的风采，班主任安老师和孙老师跟您差不多是一个管理思路。比如，对做错事情的同学让其写说明书，写反思作文等。她的风格也和您相似，事情要么不做，要做就做到最好！幸运的是，我们绿野部落有5人分在了这个班——汉鹏飞、范小迪、梁一凡、孙俪丹和我，绿野人不会给您丢脸的。

上初中了，感觉还没想好怎么开始，就已经步入正轨了。我已经上过两节课了，班主任是位语文老师。第一天开学，她对着我们整整讲了一天，从《开学第一课》讲到《中学生守则》，从她的教学历史讲到她的班级管理，还让同学们挨个做了自我介绍。我用了您教我们写诗的小技能和小幽默介绍了一下自己，感觉我给大家的第一印象还不错呢！最后还有5分钟放学了，班主任把时间留给了英语老师。英语老师姓苗，是位很棒的男老师。他上的第一节课，我就喜欢上了他，他全部用英语和我们对话，很厉害。尽管有些句子我没太听明白，但我很佩服他。第二天的英语课，我就发挥了自己的英语优势，也给了英语老师一个小小的惊喜。孙老师，我感觉我在十五班挺适应的，感觉我们绿野人与"五"有缘呢——幼儿园在大五班，上小学从一年级五班一直读到六年级五班，现在又到了十五班，挺巧合的吧！

孙老师，原来觉得，您给我们留的作业有点儿多，现在终于明白，那真是小巫见大巫呀！上初中才开了两门课就已经让我有点儿应接不暇了！但请老师放心，我会很快适应的！

孙老师，我还想告诉您一个小秘密，这个新班主任找我谈话了，让我准备演讲稿下周竞选班干部，我挺激动的。孙老师，您说我是否该参加竞选呢？爸爸说，上初中功课多了，学习任务重，就不要做那么多事情了！妈妈说尊重我的意见，想干就干，但前提是不能影响学习成绩。说真的，跟您学了不少管理班级的好办法，我愿意在新的环境里展示一下，看能不能再创建一个像我们绿野部落那么优秀的班集体。老师，您能告诉我该怎么办吗？我该竞选什么职位呢？还有团支部书记的职位呢！班长和团支部书记哪个职位更适合我呢？孙老师，我真的有点不知所措呢！

孙老师，感觉有好多话想对您说，也有好多话想问您，也不知您现在教哪个班级，身体好吗？可能以后我会很忙了，妈妈说，上初中了，时间紧张，让我和电脑说再见。我以后来得少的时候，您也不要生气，我们绿野的小草是不会忘记您的，不来或来得少时，是我们都去忙着长大了。等长成大树时，我们就有时间守护您这个大树妈妈了。等放假了，我会把初中的生活向您汇报，我真的愿意听您的教诲。现在想想，您当年说的太多的东西都是至理名言呢！

语无伦次地和您说了这么多，但愿您不会笑我。假期里，我写了个自传，发给您看看，我还挺自豪的，妈妈也夸我文采大长呢！开学让做自我介绍，我的自传派上了用场。

好了，不写了，我还有好多作业呢，老师，下周见！祝您节日快乐！

（董宵）

同事眼中的"她"

专注教学心常态　人到无求品自高

寒假的一天早晨，还在睡梦中，孙姐带着歉意的声音从电话那端传来："艳儿，是不是惊着好梦了？"听到是孙姐的声音，我立刻清醒了。听着她充满爱意和关切的嘱托：能否站在教育者的角度，写写作为特级教师的她的工作风格。

其实，我早就想写写孙姐了，并不是因为今天她跟我说，也不是想要写她作为一名特级教师，她的教学风格，抑或工作作风，就是想写写和她一个科室共事一年半，日常所见她的工作的点点滴滴，所听到的她的句句真金似的教诲。我在感觉幸运的同时，也有些许的遗憾：如果能早点儿遇到她，在工作中能有幸接受她的指导与点拨，今天的我肯定会有更大的收获与进步。可是，我也明白，生活终究不会从头再来，活在当下，抓住现在才是最主要的。

明天，或许她真的就要离开山海天，离开她洒过汗水又留有丰硕成果的山海天，感谢她给我这个机会让我表达对她的依恋与不舍——

1. 外冷内热，实而不华。

孙姐这个人，如果只是和她有过几面之缘，或者仅仅一面之缘，你可能会觉得她就是一个傲骄的教务主任：上班期间不苟言笑，严肃认真，只谈工作，没有废话。尤其是在我们看来，"特级教师"这样一个神圣隆重而光辉耀眼的光环，也不是一般人所能拥有的。所以，和她交流工作时，如果理解不当，会让人觉得她像是在下命令一般。可是，与她相处久了，就会发现她是一个外冷内热的人。她内心对工作的执着热爱，对教育事业的无私奉献，都是一般人无法企及的。她没有丝毫的虚伪与掩饰，让你不由得连对她的称呼都变了，由正式严肃的"孙主任"改成了更为亲切的"孙姐"。因为不管何时何地，她都是在真诚地、无所欲求地帮助你，指导你。

这就是她——真实，绝对真实的一个老师。

2. 外表平凡，深藏内涵。

如果你要和她对教育上的问题进行探讨，瞬间就会被她的博学多识所震撼——她仅仅是一个普通老师吗？

不，她应该是真正的教育家吧！

和她在一起的一年半时间里，我亲眼见证了不知有多少位幸运的老师来找她指导课：涉及的学科有语文、数学、科学、英语、美术、信息技术……还有文艺节目及各种专业比赛的指导等，真是要文能文，要武能武。如果你目睹她指导的过程，佩服的同时，你会油然而生一个词：宝藏。她真如一座巨大的宝藏，给人以智慧和启迪，给人以无穷的力量与强大的震撼。各方所需，信手拈来，那么自然而到位，没有丝毫的矫揉造作。

记得那是2014年12月，我校的宁群老师要参加区语文优质课比赛，当时抽到的课题是五年级下册的《白杨》，时间又相当紧张。宁群找到孙姐，孙姐利落地把课文结构、授课重点、难点突破等三下五除二地给她讲得既清晰又透彻。于是，宁群老师信心满满地回去备课了。

第二天，宁群老师一上讲台开始讲课，我们这些听课的感觉只有平淡与诸多的不足，比如缺少激情、语言不连贯等。下课后，宁群老师一脸愧疚地对我们说："不知怎么的，感觉就是把握不好。大家那么忙，耽误大家时间了。"

一旦有讲课比赛，大家一齐出谋划策不仅是我们的优良传统，更是教务处义不容辞的责任。孙姐听完课后，自然也不和宁群老师客气，让她安排好班级马上到教务处来研讨课。

记得那天晚上，已经六点多了，我们在孙姐的带领下，顾不上接孩子，顾不上回家做饭，只给家里打了一个电话，一直研讨到很晚。

宁群老师继续试讲。谁知，她仍然不在状态。40分钟的课，20分钟多一点就结束了。事后，用她的话说："我胆怯地望着孙主任，不敢直视，怕她批评自己。"当时，我坐在教室后排，看到孙姐坐在讲台南侧一言不发。但我能感受到，她平静的外表下，内心一定在翻江倒海。果然，两三分钟后，她站起身来，走到讲台上，把刚刚宁群老师的课件翻了一遍。然后，意想不到的事情就这样发生了。只见孙姐一改刚刚严肃的神情，和蔼地对学生们说："同学们，你们见过白杨树吗？在哪儿见过的？白杨树的样子又是怎样的？……"

她竟然现场做起了示范。我呆了。工作二十年，我第一次遇到这样指导授课的师父。在示范讲课的过程中，她抓住课文脉络，娓娓道来，语言是那么丰富，表情是如此生动。听课的学生也激情迸发，在她的引导下，许多难理解、难回答的问题，也都轻松地一一作答了。而坐在教室后面的我，不由得感叹：这就是特级教师的风采！这就是名师的品质啊！

不知不觉，学生已连续上课一个多小时了，可他们在课堂上热情四射的精彩表现足以证明，他们的学习兴趣正浓呢。而这一切不应该归功于孙老师的正确引导吗？这让我见证了真正的高效课堂。

这堂课也让宁群老师找到了感觉。后来的试讲以及正式比赛那天，她都发挥得淋漓尽致。最终，她取得了好成绩。

这仅仅是孙姐指导老师讲课的一个缩影。

和她相处久了，你在佩服她的同时，更惊叹于她外表下竟然深藏着如此强大的内涵，那不是一般的厚积薄发所能达到的高度与深度。

记得今年山海天春晚，我们学校的参演节目《海之情》，也是她灵感闪现，结合学校现有的文化与资源，把一个个教育教学中的现实场景，串联成一个实现梦想的完美过程。在指导节目排演的过程中，她构思细腻，设计出彩，把握大局又关注细节，文艺表演造诣之高，甚至专业的老师都为之折服。

3. 沉迷工作，高效忘我。

这一年半来，我和她坐对桌，她对同事的无私帮助，以及工作时的痴迷，深深感染着我。她能坐在那里半天不说一句话，不喝一口水，神情专注，盯着电脑，打着字。或者对她所任教的三年级的学生们写得尚不成形的作文一一批注，不满意的地方顶多会微微叹气，接着就为其详细修改；或者在书本上勾勾画画，偶尔也会紧一下眉头，继而舒展开来。此时，谁都不忍心去打扰她，哪怕只是想提醒她："姐，休息一下吧，喝口水吧。""姐，到饭点儿了，我们去吃饭吧。"

而当她站起身，晃动一下酸痛的腰身，或者和你说几句话，关切地问你在干什么时，说明她的工作已经顺利完成了。这时她才会想起喝口水，想起家里还有老人要照顾，家中琐事还需要处理。

这就是她，一个工作高效而忘我的她。

4. 淡定执着，无欲则刚。

曾经，我纳闷：照她的工作能力与工作品质，做一所学校或者一个教育部门专门分管教学的领导应该是没有任何问题的，可她为什么在新营小学辞去了中层领导的职务，甘愿在金海岸做一名普普通通的教师，而后来到山海天实验小学后，更是任劳任怨、无欲无求地只做这些又小又碎又细又实的工作，根本不想自己已年过半百，丝毫不惦念日后工作岗位的变动与职位的升迁呢？她平静地说："我没有你说得那么伟大，想得那么崇高。之所以走到今天，有多种原因，但最主要的是我尊重了我内心的选择，因为我只想做一个平平凡凡教好课的老师，做一个踏踏实实专心研究教学的老师。相比其他，我更愿意做研究。"

崇敬之情油然而生——为她的工作风格，认真而无私；为她的教育理想，平凡而崇高；为她的工作境界，忘我而痴迷；更为她心底的那句话——我更愿意做研究。

（山海天实验小学　贺　艳）

亦师亦友

与师姐相识已近三十年。一路相随、相伴，是姐妹，也是良师、挚友！我折服于她的担当、勤奋与智慧！她敏锐的观察力总是伴随着深刻的思考，释放出智慧的火花，光芒四射！我们小姐妹私下常开玩笑说她是自带光芒的人！但她总是把自己放到最低处，甘为他人搭梯，甘做绿叶衬红花，默默在台下为他人鼓掌，从不愿表现自己，每每还责怪我们妄言！这就是我的师姐——天宁小学的党支部书记孙丽霞。

2020年年初，学校延迟开学，学生居家学习，学校要开展远程线上教学。一时间，铺天盖地的信息、各种各样的软件、资源全部涌上来。面对这突如其来的变化，老师紧张，家长焦虑……线上线下一片繁忙，一时间沸沸扬扬！此时的孙老师却出奇地镇静。我们在线交流，征求她的看法。她认为，这对我们教育行业来说是一次挑战，也是倒逼教育行业自身提高的一次机遇。要认清形势，坦然应对，不必过于恐慌！她特别提醒我们不要太着急，在居家的同时，加强对学生的生命教育、科普教育、习惯培养、品德教育、劳动教育……这何尝不是一个好时机呢？不必跟风，越是大家都人人出招的时刻，越要沉住气，越要有自己的定力！听了她的一番话，我豁然开朗，静心思考，设计我的学生居家学习方案。此时，我还不知道她已在酝酿一个课程计划。

2月底，她在线邀约工作室的同仁，说是商谈事情。原来，在我们忙于线上教学的这段时间，她仔细观察，敏锐地发现大家都在扎扎实实地做"停课不停教"，而体现"停课不停育"的专题德育教育的在线课程资源似乎很少。因为前期大家都忙于比较陌生的线上教学，她不愿再给大家增加压力，就没好意思打扰，直到现在，大家的线上教学已经熟练平稳推进了，她才约大家！这创意太好了，既符合当下社会大环境，又丰富了学生的课程资源，可以说是一举多得的好事。一呼百应，工作室成员立刻行动！后来，我才知道，她因意外腿受了伤，刚刚出院。这个干起工作来不要命的人，让人心疼，又让人敬佩！一个教育人的担当与责任，让她根本没法歇下来。

从下发通知到第一节班会视频录制完成，仅用一周的时间！教案设计，她每篇必改。一字字，一句句，从基本的字词句，到篇章结构、主题立意、选取的案例、思想教育内容。录播的视频，她亲自把关，一遍遍看，一遍遍改！从早到晚，连续工作，有时饭都忘记吃了。她还开玩笑说，现在真正体验到什么是"废寝忘食"了！女儿心疼她，劝说、"警告"都无济于事。

新入职的青年教师说："跟着孙老师这样的名师真的是有不一样的成长！书面改稿，线上交流，一遍遍，她亲自示范、指导，不厌其烦，太敬业了！真的让我很感动！"

老教师们感慨："老孙还是本色不改，高瞻远瞩，点石成金，干啥都是精品！"

不到一个月的时间，三十一节主题班（队）会视频相继出品。一经推出，就得到了各方面的好评！有的作品被推荐到山东学习强国平台，有的被推送到了今日头条等媒体，市教科研中心也把它纳入线上学习德育课程资源，推荐全市中小学学习，大力宣传战"疫"精神。

至此，工作室全体成员在孙老师的带领下，成功完成了又一个优秀的课题！

与智者同行，你会不同凡响；与高人为伍，你能登上巅峰！大家共同的感悟是：跟着名师工作，累并快乐着！这是成功的快乐，更是成长的快乐！期待下一个课题。

（日照市第二实验小学　苗凤华）

源于心底的那份感动

孙老师是我们的教导主任。记得我来山海天实验小学报到时，接待我的就是她。初见这位声音略带沙哑的中年女教师，她的头发有点蓬松，一个马尾辫蜷缩在脑后，看上去神态略显疲惫。当时她一边走路，一边和一位教师讨论安排课程表的事。她刚安排好我，又和办公室的副主任交代马上要落实的工作。后面排队等候处理问题的老师还有好几位。我不由感叹：当领导不容易，真忙啊！后来听说她是省特级教师，是从金海岸小学选拔到山海天实验小学支教的。

孙主任给我的第一次震撼是听她讲《送元二使安西》这节课。"教师的魅力在课堂。"这是我听完课后想说的第一句话。讲这节课时，她用的是四年级一班的学生，而她当时正和我一起教一年级。她刚登上讲台，我的精神就为之一振：只觉得她整个人立刻精神起来，她的眼睛里立刻有了神采。她的眼睛好像会说话一样，和同学们交流着情感，交流着文本的内容，引导学生与文本展开心灵的对话……

上课前，她并没有提前熟悉学生，而是直接走进了课堂。只一个检查读书环节，就磕磕绊绊的极不顺利。连续提问了几个学生，要么生字不认识、多音字读错，要么就连题目都读错，甚至不会停顿。要知道这是面对全区教师的公开课，老师们都是慕名而来的。我们都在为孙主任捏一把汗。连课文都没预习，这节课怎么讲？谁知，孙主任不慌不忙，根据学情及时调整教学思路，授课有条不紊地进行着。

孙主任那精彩的教学设计，生动而又诙谐的课堂语言，很快就把孩子们吸引住了：她的每一句话，都深入孩子们的内心，触及孩子们的心灵；她的每一个眼神，孩子们全都心领神会……很快，从把诗读得磕磕绊绊，到有一名男生把诗读得入情入境而且颇有韵味，孩子们都愣住了，听课的老师都怔住了，我也屏住了呼吸……当整个现场的老师惊讶于孙主任的有效指导以至于不知所措时，会场出现了暂时的冷场。只见孙主任脸上洋溢着盈盈笑意，她眨了一下眼睛，诙谐地说："此处可以有掌声。""哗"的一声，热烈的掌声响起来！这掌声，包含着无限的赞美，包含着崇高的敬意，更包含着大家对一位名师深深的热爱……正是由于她的努力，才有了这么灵动的课堂，才有了这么生动的教学环节。

这节课让我看到了真正的名师的风采，以前我只在视频上看过著名特级教师王崧舟讲的一节《枫桥夜泊》，那时没有和名师零距离接触，只觉得他们的那种课堂教学水平是可望而不可即的，那种大家风范不是一般人所能具备的。孙主任的这节课打破了我心目中名师的神话：只要付出努力，就能做到。孙主任的课堂多了一份诙谐，多了一份幽默，多了一份轻松，多了一份自如……这是另一种课堂魅力。

课堂教学的关键是让学生愿学、乐学。孩子们听课就像听老师讲故事一样，他们深深地被吸引住了，哪里还来得及做小动作，开小差？当孙主任出示一幅 PPT，PPT 的画面应着她那富有感染力的话外音："这是元二去安西的必经之路，这是一条怎样的路呢？在边塞诗人岑参的眼里是这样的：'十日过沙碛，终朝风不休。马走碎石中，四蹄皆血流。'"有效地借助课外资源帮助孩子们理解课文内容，真是神来之笔。

孙主任请孩子们先读一读岑参的这首诗，然后思考：你觉得这是一条怎样的路？学生回答是一条艰难的路，一条危机重重的路，一条孤单的路……学生回答后，孙主任又让学生说出为什么，是从哪里体会到的。我被这浓郁的课堂氛围深深地感染了。我的思绪随着孙主任的话音来到了那苍凉的戈壁，来到了元二经过的那条危险的路、荒凉的路、艰难的路、孤单的路，和学生们一起感受诗人对朋友的不舍，感受诗人对挚友元二吉凶未卜的行程的无限忧虑……我就是元二，元二就是我，我们穿越了时空，相会在孙主任的课堂上，相会在王维的笔下，达到了心灵交融，达到了心灵共振……我被深深地感动了。

自从听了孙主任的课，我就一直希望请孙主任给我指导一节课。

机会终于来了，我被推荐参加区优质课评选。我选的课题是《老人与海鸥》。由于能力有限，我在试讲时一塌糊涂，试讲后我都不敢看孙主任的眼睛。孙主任边走边安慰我。我们到了教务处，她拿出了一张纸，笑着对我说："昨晚女儿下班晚，我在车里等女儿时，想到你今天要讲课，就突然有了这个思路，你看看有没有可以借鉴的地方。"孙主任手捧着课文，交流着自己的教学思路。这部分教材应该这样处理，这个词语、这个句子应该怎样处理，这里应该怎样过渡，通过这节课的教学该如何落实语文课程目标……

她逐句逐段地给我指导。她声情并茂地讲着，我完全陶醉其中，惊讶于她对文本的深刻理解、对教材的准确把握和对重难点的独到处理。我不知道她的灵感怎么来得这么快，有时说着说着，她就完全沉浸在课文描写的意境之中了。她的话语是那么富有激情！我飞快地记着，尽量地捕捉她讲的每一个细节，以便回去整理。孙主任的指导，让我明白我的课堂教学风格还停留在很多年前，孙主任希望我来一个全新的转变，来一个质的突破……

不知道什么时候，安校长也在专注地听。看到领导信任的眼神，听到领导鼓励的话语，我感到肩上的担子更重了。我一定要讲好这节课，因为这不只代表我自己，更代表学校的语文教学水平。

第二天，我又试讲了一遍，感觉还是不尽如人意，我焦急万分。孙主任却鼓励我说：好多了。她说，昨晚她睡觉前，就在想象第二天我在课堂上神采飞扬地讲课的情景，但还是没有进入状态。她觉得，我的教学还是游离于教材之外，太注重教案了。接着，她就列举了课堂上的真实情境，指导我如何关注学情，看学生发展，如何利用好材料发挥好语文的熏陶感染作用等。又一番精心指导后，孙主任鼓励我说："相信自己，我清楚你的优势，字写得好，声音好听，多试讲几遍，这节课一定会给大家耳目一新的感觉。"孙主任的鼓励让我信心倍增，但是，我很清楚，她身上的那股灵气，那种展现在课堂教学中的魅力，单靠学是学不来的。我用心模仿她的语气，但是模仿不到她声音中的那种超强的感染力；我把课备得再熟，但是缺少的是她在课堂上那种信手拈来的灵动之气。她在课堂上的那种自由洒脱，应对自如，是一种教育智慧。她对学生适时点拨，那是一种智慧的引领，引领学生心灵的成长。听过她的课的老师都有一种同感：在课堂上，她就像一块磁石，把学生的注意力牢

以生命激扬生命

牢地吸引住。我想这是一个特级教师独有的功力吧！

我感叹道："教的曲唱不得。"当时我就是这个状态，总是不能把孙主任的语言和想法内化为自己的东西，总给人一种生搬硬套的感觉。非常幸运的是，每一次试讲结束，孙主任都会对我进行一番精心指导。在这个过程中，有一种力量助推着我大踏步地行走在了部分老师的前面。这是我后来的感受。

在孙主任之前，我从没见过这样指导课的老师。每一句话，每一个表情，每一个动作，每一句衔接语，她都理解得那么到位，诠释得那么透彻。

孙主任平时给我们的感觉就是一位和蔼可亲的大姐，但当我们讲课达不到她的要求时，她是那样着急，她恨不能把她所有的本领都传授给我们，把她所有的优点都吸纳到这节课中，让我们的课堂教学水平都达到她那种高度，甚至超过她。这种无私奉献的精神，这种光明磊落的品格，真像作家肖复兴评价叶圣陶老先生：他是一位人品与作品都堪称楷模的大作家。孙主任在我们老师的心目中就是这样的。

这次优质课比赛，她不光指导我讲语文课，还要指导牟老师讲科学课。我们参加比赛的每一节课，她都要指导。有一次，她从中午11点40分开始，一直指导到下午3点，中间她只简单地吃了点便餐。她讲到激情飞扬处，就站起来，那神采飞扬的神态，潇洒自如的肢体语言，令我们叹为观止。我不知道她的脑子里藏有多少智慧。人常说，隔行如隔山，别人只知道孙主任是语文特级教师，而当你听孙主任评体育课、音乐课、科学课、数学课时，你准会感觉孙主任又通晓小学的各个学科。令老师们不得不佩服的是，她几乎哪门学科的课都能指导，听她评课，你感觉不到她是个外行。

经过一遍又一遍的试讲和孙主任的悉心指导，我终于对《老人与海鸥》这篇课文有了感觉。这应该就是顿悟吧，虽然来得迟了点。比赛结束后，我的课得到同行的高度评价，我的心里也有了些许安慰。

这次讲课，我的感悟很多，在这里，我只想送给孙主任四句话，表达我对她深深的敬意和感激之情。

> 鲜活灵动课堂风，
> 活色生香日常情。
> 名师风范灵感妙，
> 传帮教带显风流。

老师们，名师就在眼前，名师就在我们身边。让我们走进孙主任的课堂，学习她的教育智慧，领略她名师的神韵和风采吧！

（山海天实验小学　严秀伟）

我眼中的孙老师

初识孙老师，缘于她的一堂课——《小壁虎借尾巴》。那堂课我一直难以忘怀，如一幕精彩的话剧，一台完美的演出……我仰头陶醉地欣赏着，那一刻，我突然喜欢上了语文教学，喜欢上了孙老师。那诗情画意的语言，活力四射的课堂，独到的文本解读，从此注入我的心间，成为我课堂教学的标杆。孙老师的那堂课为我开启了语文教学的新窗，为我播下了热爱语文教学的种子。自此，我对语文教学欲罢不能。

经师易得，人师难求。我痴迷着，每天有事没事喜欢靠近孙老师，仿佛如饥似渴地阅读一本活生生的教育之书。对于语文教学，孙老师情有独钟，每次相聚三句不离本行。她以其丰富的知识和情感向我传递语文教学的深邃，让那平凡的语文教学熠熠生辉。正是因为深爱语文教学，她精心研究教育现象与教育本质，提出了"魅力教育"的理念，并在实践中不断探索丰富，提炼出"魅力语文"的四个特质——"彰显生命个性的语文""浸润着浓浓诗意的语文""充满灵动与智慧的语文""蕴含着生成和创造力的语文"。

最令我惊叹的是：当"新教育"来袭，我豁然发现孙老师那时就在走着新教育之路。前卫的魅力、太多的感动、艺术的殿堂，需要我去追逐、去领会、去反思、去品味。

1. 魅力形象。

有道是"形象就是宣传、效益、服务"。作为一名教师，我觉得"形象就是生命本质富足的教育"。孙老师很注重自己的仪表和风度，举手投足间从不懈怠，富有时代的朝气，传递着时代的正能量。这朝气彰显了孙老师懂得美、感悟美、追求美、享受美。而正是这形象美深深地吸引和感染着她的学生，深得学生喜爱。学生们在她的感染下，昂首挺胸满脸笑容地奏响生命魅力的最强音。我想：这正是"魅力形象"的魅力，无痕地行走在教育的路上。

2. 魅力人格。

孙老师是山东省特级教师，初次结识，我以为孙老师有特殊的禀赋、特殊的魅力、特殊的机缘，所以才有特殊的成就。当我天天泡在孙老师身边时，我的观点渐渐被颠覆，继而被折服。我被她的人格魅力，被她的勤勉、勇于创新的精神和求真务实的思想深深感染并润泽着。

记得2004年，我接到了参加山东省优质课比赛的通知，出于对孙老师课堂教学的崇拜，我小心翼翼地向她求助。没想到，她二话没说，让我带好资料到她家里，帮我研究教案、提升理念，设计环节、锤炼语言，一个动作、一个眼神都不放过。她仿佛在手把手扶着孩童上路行走，整整一天丝毫不懈怠，满脸温和而又坚定的神情。这份爱的陪伴我至今记忆犹新！那时我就在想，原来名师是这样的：担当、负责、博学、真诚有爱。我不仅钦佩她的学养，更折服于她的品行，愈加感觉孙老师是一本生命之意义所在的教育之书。她用时光锻造生命，用行动书写人生的传奇。

魅力人格是无形的感召，是润物细无声的教育！那个难忘的星期天，我不仅领教了她严谨的治学态度，还有幸品尝到她亲手做的鱼。她用言传身教的方式为我指引了一种更有价值的活法。

3. 魅力课堂教学。

（1）彰显生命个性的语文。

追求就是用积极的行动不断向更高的目标挺进。在语文教学的路上，孙老师不断探索研究，创新超越自我，成为师生心中一本百读不厌的生命大书。

思路决定出路。孙老师说："语文教学要着眼于人的发展，彰显生命的个性。每一个孩子的心灵深处都有做好孩子的愿望，老师的使命就是强化这种愿望，呵护这种愿望。"从她的言行中，我知道她就是这么做的。我要向她学习，做一个真正为孩子终身发展服务的好老师。

（2）浸润着浓浓诗意的语文。

为了更好地引领教师做好语文教学工作，孙老师探究出了"情诵智吟古诗词教学法""魅力语文情智阅读教学模式"来引领我们的语文教学。

2012年秋天，我满怀期待，再次聆听了孙老师的古诗课堂教学《送元二使安西》。整堂课，她以情促情，感染了在座的每一位师生。语言特色鲜明，充满了激情，写满了诗意。为了更好地把握教材，孙老师充分挖掘课程的隐形资源，了解诗人的写作背景、诗的意境，情诵智吟。孙老师用诗句一唱三和与学生共鸣：时而表情达意，时而状物抒怀；忽如春风拂面，忽如玉珠落盘；忽如蜻蜓点水，忽如铁马冰河。一曲《阳关三叠》，令在座的师生潸然泪下。一首短短的送别诗，展现了中国古诗词文化的博大精深。

那段时间，老师们都在谈论：原来古诗可以这样教。我又追随着孙老师，跟她探讨古诗词教学，并在孙老师的指导下，执教了《七律·长征》。

语文教学原来如此美妙，如此丰盈斑斓，如一首清歌、一支赞曲，饱含深情，充溢诗意，蕴含智慧。

（3）充满灵动与智慧的语文。

用孙老师的话说，如果每一堂课由时间组成，那么时间就是生命，这些课就是教师与学生的生命，我们每一节课都是生命与生命的邂逅。

孙老师说，语文教学，归根结底是要在语言文字上下功夫，但语言只是苍白的符号，如何让学生从这些苍白的符号里，读出人物的形象、作者的情感、文化的内涵，这都需要教师在课堂上搭建桥梁，让学生从语言走向诗意，让这些平凡而又寂寞的方块字发挥最大潜能，使其在诗意中呈现灵动与智慧。可以运用创设情境法、入情入境朗读法、会意法等；还可以通过举例、想象或是联想，让学生的思维活跃起来，通过视觉、听觉、触觉等去触摸词语背后的深意。可以将语言文字还原原有的情境和意境，让学生在特定的情境中学习，对作者的情感体会就深刻。可以扣住文本中的关键词，挖掘文本的深意和真意。教师可以通过朗读指导，让学生读出情感，读出韵味，读出意境。很多东西是能读出来的，而且很多东西只能靠朗读去悟，去感受，比如诗歌。教师可以通过旁征博引，拓展延伸，挖掘文本的言外之意，让学生感受人文的情怀。

（日照市新营小学　张学芝）

以生命激扬生命

才德兼备真名师

最近几年，在山海天的大街小巷，老百姓茶余饭后谈论最多的话题就是教育。他们见证了教育的变化，也感受着变化给孩子们带来的欣喜与进步。作为一名土生土长的山海天教育工作者，我备感自豪，也充分意识到自己还应加倍努力来适应新教育的步伐。

2013年暑假后，我来到了新成立的山海天实验小学。这里的一切都让我感到新鲜、激动，更让我激动的是，能够和来自金海岸小学的省市级名师们共事。作为一名普通的乡镇小学语文老师，我虽然也曾有幸目睹过几位名师的课堂风采，看着他们在三尺讲台激情挥洒，幽默诙谐，让人身心愉悦的同时受益颇多，心底升腾起一股崇敬之情，不敢相信有朝一日能够和他们一起共事！同时在思忖：名师之所以成为名师，他们的秘诀在哪里？他们的课堂魅力是如何练就的？现在终于可以和名师"零距离"接触了，真是"三生有幸"呀！更为幸运的是，我和孙丽霞主任——省特级教师，共同担任一年级的语文教学工作。

孙主任给我的最初印象，不仅优雅、端庄、大气，而且工作认真负责，甚至可以用"拼命三郎"来形容。由于学校刚刚组建，教务处的工作千头万绪，对她来说每一分钟都弥足珍贵。她经常给一年级一班上完课，就把放在我们办公室的水杯忘记了。进门的时候还说倒上水凉着，下了课正好喝。这不，她的大脑不知又被哪项工作占据了，我给她送过去，她还说："哟，你什么时候也买了个和我一样的水杯？"说完才想起来，我们一起哈哈大笑。那时候学校还没有建食堂，中午，我们所有教干教师轮流看护学生们在教室里吃盒饭。有时候我们在教学中遇到疑问了，想请教她，来到教室，保准看见她边吃饭边批改作业。等到她帮我们把疑问解答完了，饭早已经凉了。

加班对她来说更是家常便饭。很多次我们下班准备回家时，她办公室的灯还亮着，依照她的性格肯定得忙到深夜。第二天，见到她依然神采奕奕，站在走廊里还能够清晰地听到她激情澎湃的讲课声。我们私底下都在议论，孙主任有什么保持精力充沛的秘诀？有一次，我们禁不住问她，她的回答现在我都清清楚楚地记得："同志们，看看我们学校的名字——山海天实验小学，一个学校被冠以

'实验'二字，就意味着各项工作要走在前沿，要做到最优秀，要给兄弟学校做表率。"是的，她饱满的工作热情来自那份沉甸甸的责任心。

　　要说真正认识敬爱的孙主任，还得从她指导我讲区优质课开始。评选前夕，我抽到的课题是《白杨》。这篇课文虽有印象，但当我静下心来开始备课的时候，始终思路不清，脑海里有许多内容想呈现却又无从下手，一团乱麻。由于文章的写作背景是20世纪五六十年代，对于这些"00后"的孩子们来说好似穿越了时空，如何引领他们来领悟那个年代人们的信仰，如何把握文章脉络成了摆在我面前的难题。在仔细研究了参考书后，我借鉴了一些优秀教案开始了自己的备课之路，直至周末深夜才完成了试讲教案。周一的第二节课，我怀着忐忑的心情登上了五年级一班的讲台，开始了第一次试讲。可是，由于准备不充分再加上过度紧张，开场白就显得底气不足，我磕磕绊绊，毫无激情，完全不在状态。从学生们的眼神中，我感觉他们并不太期待我的继续。

　　看着孙主任微微蹙起的双眉，我越发紧张，一点儿信心都没有，脸上挂满了无奈与失意。脑海里对各个教学环节的呈现一点儿也没有印象，只能依照着电子白板的显示硬挤出几句衔接语，僵硬生涩，词不达意。目光总是游离于学生，对学生提出问题，神色漠然，没有一点儿笑意；对学生回答问题，也是情感淡然，没有丝毫欣赏鼓励。我没有把情感融进文本、融进课堂，把一篇优美的抒情散文上得索然无味，课堂如一潭死水。备受煎熬的试讲不到三十分钟终于结束了，我匆匆走下了讲台，冷汗涔涔，极其狼狈地走向正在听课的孙丽霞主任。孙主任一言不发，没有任何表情。接着，她要了我的语文教材，把课文从头至尾看了一遍。从她短暂的沉默和紧锁的双眉中，我读懂了她的意思——我的试讲她非常不满意，而且我也能感受到她平静的外表下复杂的心情。我局促不安，做了足够的心理准备，准备接受孙主任对我"体无完肤"地评课。在我们学校，老师们都知道，孙主任听完任何一个老师的课必定亲自进行评课并指导，不管她工作多忙。从五年级一班教室到教导处，也就一百多米的路程，今天感觉特别漫长。

孙主任脚步匆匆，她边问我下一节有没有课，边打电话调她自己的课。在教导处，她连口水都没来得及喝，拿起课本，就充满激情地指导我如何对文本进行解读，如何挖掘理顺文本的主线，如何把课文吃透，把学生吃透。只有吃透了教材和学生，课堂教学才能随机应变，游刃有余。熟记教材内容，甚至把教材内容背下来，上课才能让眼睛走出课本，把身心交给学生……孙主任不仅跟我说教材，而且对每一个教学环节都精心设计，字斟句酌地锤炼课堂语言，个别环节亲自示范。名师的一句句教导如醍醐灌顶，文本的脉络慢慢地清晰起来，我设计教案时也有了"主心骨"。给我印象最深的是孙主任在突出白杨的外表美时，简单的几句话就解释明白了"高大挺秀"的"秀"字，使得学生能更轻松地结合白杨秀美的外表来理解它那颗坚强执着的心，这也许就是名师的"魔力"与功夫吧！

按照孙主任的指导要求，我连夜加班，再次修改，反复揣摩，直到自己觉得修改后的教案已非常完善，无可挑剔。于是，我期待自己明天的表现……

第二天，我满怀信心地再次试讲，先前备好的自以为完美无缺的教案，在课堂上竟然寸步难行。语言依然生硬，教学环节依然松散，对文本的情感投入依然不够，对课堂的驾驭依然很被动，四十分钟的课又提前十几分钟就结束了。我像一个败兵，仓皇逃离讲台，满脸羞愧，万般无奈地杵在孙主任跟前。孙主任再次皱起眉头，嘴里不住地念叨着：怎么会这样呢？怎么会这样呢？让我始料不及的是，孙主任起身走向讲台，她掠了一眼课件，转身擦去了黑板上我的板书。她往讲台中间一站，带着笑容，一句"同学们好，孙老师想问大家一个问题，你们见过白杨吗？"就这样开始了讲课。至此，我才明白，原来孙主任要亲自给我上示范课。从导入到文本学习，每一句话，问得那么恰当，点拨得那么到位。教态自然，一举手、一投足是那样的大气。一节课就像讲故事一样，娓娓道来。评价语言轻松自如，信手拈来。学生也仿佛变了个人似的，学习兴趣浓厚了，思维灵活了。就这样，孙主任在轻松愉悦中结束了这堂课。我完全沉浸其中，忘记了刚才的挫败，和孩子们一起享受着。课上完了，可孩子们还在窃窃私语："这个老师上课真有意思。""这个老师上课真好。"……刹那间，一股复杂的情绪涌上心头，有愧疚，但更多的是内心的震撼：同样的学生，同样的教学内容，为什么教学效果的差别如此之大？这或许就是名师的魅力了。正所谓"亲其师，信其道"。

我满脸羞愧地跟着孙主任来到办公室。连日来的身心疲惫和比赛前的急躁交织在一起，内疚与感激涌上心头，一时难以自控，我落泪了。孙主任给我倒了一杯水，拿了一张纸巾，拍着我的肩膀说："小宁，不要有负担，要相信自己，你能行。"接着，孙主任给我进行了长达一个多小时的评课指导。吃饭的时间已经错过，但我们丝毫没有饿意，因为孙主任给予我的绝不是一餐两餐的物质营养，而是一份精神食粮——是孙主任对教育工作的热爱以及严谨的治学态度，这种精神力量给了我挑战自我的勇气，使我信心百倍，以至于感受不到饥饿了。带着孙主任的鼓励，我再次迈开了前进的脚步，一遍又一遍地试讲。有时候看她刚上完课，不好意思再麻烦她，可她每次都先放下手头工作，不厌其烦地一遍遍给我指导。她充满期待的目光，给了我信心。文本的脉络在脑海中越来越清晰，对文本的理解越来越深刻，教学环节的引导越来越娴熟，课堂语言越来越流畅自然……我在最后的比赛中也取得了优异的成绩。

　　我也因为这节课领略了名师的风采。名师，不只是具有深厚的文化底蕴，不只是具有润物无声、高超娴熟的教学技艺，更有对教育的热爱、强烈的责任心、追求一流的精神和对青年教师满腔热情、无微不至的关怀和培养！在孙主任高标准严要求的引领下，全校教师的业务素质逐年提高，有十几位教师获得了市区级教学骨干、教学能手以及学科带头人等荣誉称号，很多青年教师也在各项比赛中获奖。2015年学校被评为市级教学示范校，以海文化为主题的一系列校本课程更是独树一帜，获得了市区领导和家长们的好评，带动了全区校本课程的开展。在老师们的眼里，孙主任永远都是那么兢兢业业，任劳任怨。

　　自从孙主任来到我们学校，在和她相处的日子里，我被她高尚的人格魅力所吸引，"学高为师，身正为范"，她不仅是学生的好老师，更是我们年轻一代教师学习的典范！生命里能遇见这样才德兼备的名师，是我的荣幸！

（山海天实验小学　宁　群）

走近孙老师，感受名师魅力

参加工作以来，我有幸多次聆听了孙老师的魅力语文课。每每置身于她的课堂，我如同学生一般感受着心灵的碰撞、智慧的交融，漫步在语文的世界里，经历着一次次涤荡，收获着一次次感动。那书声琅琅是情智的抒发，那议论纷纷是情智的倾诉，那高潮迭起是情智的迸发，那静思默想是情智的萌动。每次我都会在心底发出赞叹："魅力语文，妙哉妙哉。"

孙老师的魅力语文课深深地感染着听课的每一位老师，我也从中收获良多。

一是以问促思——带领学生真正走进文本，引导学生与文本进行深度的、多角度的对话，做文本和学生的知音。孙老师在执教《钓鱼的启示》时，紧紧围绕父子之间的对话进行详细解读。设计的一系列小问题让学生跟着父子一起进行思想斗争，因"舍鱼"而"得道"的启示水到渠成，学生豁然开朗。

二是以读悟情——课堂书声琅琅，学生思维就会被充分激活，他们能在反复的品读中享受思考带来的乐趣。书是读出来的，古人说得好："读书百遍，而义自见。"但"读"也有各种各样的读法，机械麻木地"读"是读,平平淡淡地"读"也是读。学生对于其中所蕴含的东西不能了然于心,听的人一点感觉都没有,这种读是不成功的。孙老师的课则不同,准确地说,孙老师不仅注重"读",还更注重"吟"。如孙老师在执教《送元二使安西》一课时,充分利用诗歌合辙押韵的特点,让学生自由读、比赛读、带着自己的感情读,整堂课书声琅琅。在指导朗读"劝君更尽一杯酒,西出阳关无故人"两句的时候,她通过吟诵的方式使整个课堂气氛达到了一个高潮。孙老师出示的大漠等图片让人产生联想,情不自禁地进入诗歌所描绘的意境中,伴着古曲《阳关三叠》的哀婉,孙老师先示范吟诵,在孙老师的带动下,学生们把诗人的心情淋漓尽致地吟唱出来,让在场的听课老师无不动容,禁不住跟着一起吟唱。这节课我听出了孩子们那浅唱低吟中的不舍,我观察到孩子们眼里的点点泪光,整节课孩子们完全沉浸在诗人的情感世界里。心与心的碰撞,情与景的交融,师与生的互动,浑然一体,共唱千古名句,让人回味无穷。

三是以智启智——努力抓住课堂生成,用智慧化解矛盾。在聆听孙老师的《一个中国孩子的呼声》一课时,班里一位同学突然举手要求去洗手间,引得听课老师不禁为孙老师如何处理而担心。如若此时我是孙老师,肯定会很生气,却又无可奈何。但孙老师却巧妙地利用这一点,在该生回到课堂上时,让他对着板书来介绍课文概况,既保持了课堂的连贯有序,又很好地调动了学生的积极性。

四是以生为本——魅力的语文课堂是师生互动、心灵对话的舞台。还是孙老师在执教《送元二使安西》一课时,她以学生的自读自悟为基点,教给学生学习古诗文的方法。如结合课文注释、插图争取自己读懂,不懂之处打上问号,同桌交流讨论。她能面对全体学生，以学生为课堂学习的主体，尊重学生个性的发展。尤其是在学习"渭城朝雨浥轻尘，客舍青青柳色新"时，孙老师没有直白刻板地说诗意，而是放手让学生勇于发表自己的见解，她适时地进行点拨，简介"渭城"，诠释"柳"字在古人眼里的含义，让学生知道古代有折柳送行的习俗。先让学生描述"渭城早晨的细雨，湿润了路上的轻微浮尘；客舍旁边，一片青翠嫩柳色绿清新"，然后让学生通过字里行间领悟：这是渭城一个下着绵绵细雨的早晨，这是一条被细雨润湿的洁净的送别道路，这里的客舍旁边有一片青翠的嫩柳。此时学生的手也如这抽出的嫩柳一般争先恐后地举起来了，眼神亮起来了，小嘴动起来了，课堂活起来了。

孙老师常说，教师情感的投入与否，关系到一节课的成败。孙老师的课之所以让人回味无穷，一个最大的秘诀就在于她全身心的情感投入。这不仅仅体现在教学的过程之中，也渗透于教学活动的全过程。比如，在内容朗读中表情丰富而且自然，多姿多彩的体态语言，无时不在感染着学生；对学生的提问及对学生回答的反应，方法灵活多样，有热情的赞美，有轻巧的戏谑，也有俏皮的调侃。回答准确的学生增强了自信心，从而更加积极思考；回答不够准确或回答错误的学生也不至于显得太尴尬，没有挫败他们思考的积极性。

作为孙老师的同事，是幸福的。她每讲一课，都会给人带来新意，让人如沐春风，如饮甘露；她的课总能给人带来"山重水复疑无路，柳暗花明又一村"的惊喜，让人陶醉，给人启迪。魅力语文，犹如孙老师的人一样，充满着魅力。

（日照市新营小学　宋　蕾）

灵动之风生于魅力课堂

——浅谈特级教师孙丽霞老师的教学风格

　　教学风格产生于教师长期的教学工作实践，它既受教师本人的思想、政治素养与文化、学识功底的制约，也受时代、科学发展水平的影响。为此，我理解的所谓教学风格，是指一个教师教学工作的主要特点，它涵盖了该教师教学工作的主要思想特点与艺术特点。

　　孙丽霞老师精通教学艺术。对于一堂课怎么开头，选择哪里作为突破口以引领全局，怎样展开教学进程，怎样收尾，都有其独到的整体设计。初听她的课所感受到的是脉络清晰，主线鲜明，环环紧扣，有张有弛，引人入胜；进一步熟悉她的教学后会发现，她还善于以幽默风趣的语言风格，引导学生遵循文道统一的规律，从整体上去理解、把握课文，使学生不仅理解、把握课文写什么、怎样写，而且领会到为什么这样写。

　　学生从课堂教学中不仅学到了知识、技能，更受到了思想教育。她在日常教学中倡导语文教育要突破语文课本与课堂教学的范围，把视线扩展到校内外的语文课外活动与学校、家庭、社会三个方面的语文环境，她运用开放型的教学，把语文教学纳入社会生活的广阔天地，使学生不论在学校、家庭还是社会，无论是读书、看报、观影，还是社会交往中的听话、说话、写话，都可以有意识地学语文、用语文。这种"大语文教育观"让人尤其佩服。

具体说来，主要表现在以下几点：

1. 诗意课堂，情感丰富，师生交流平等化。

孙老师的教学通常在教学关键之处绽出火花，画龙点睛，显山露水。在她的课堂中既表现出理性特征，又充满了诗意，可谓心灵交融，渐入佳境。

记得她在山海天执教公开课《送元二使安西》时，她刚开始和学生进行课前交流，让人顿觉她的眼睛好像会说话，一下就拉近了师生之间的距离。继而她和学生们交流情感与文本的内容，引导学生与文本展开心灵的对话。

授课过程中，她的语言发自内心，富有感染力："这是元二去安西的必经之路，这是一条怎样的路？在边塞诗人岑参的眼里是这样的：'十日过沙碛，终朝风不休。马走碎石中，四蹄皆血流。'""再读这首诗，你觉得这是一条怎样的路？"学生回答后，孙老师再让学生说出为什么，是从哪里体会到的。在座的每一个人都被深深地感染了，思绪随着孙老师的话音来到了那苍凉的戈壁，来到了元二经过的那条危险、荒凉、艰难、孤单的路，和学生一起感受诗人对朋友的不舍，感受诗人对挚友元二吉凶未卜的行程的无限忧虑……我就是元二，元二就是我，我们穿越时空，相会在课堂上，相会在王维的笔下，达到了心灵共振……

2. 突出教学思想性，做到文道统一。

孙丽霞老师的教学活动，始终贯穿着一条鲜明的红线，那就是"教文育人"。在课堂上充分体现"文道统一"的精神，在听说读写

以生命激扬生命

的训练中结合着思想教育，恰似春风化雨，渗入学生的心灵深处，可谓学文与教育的和谐统一。她经常说，教师的任务，就是把教材读"厚"，把教材教"薄"。如何引导学生阅读一篇文章呢？孙老师会用三个问句来概括阅读课文的教学过程：文章写了什么？怎样写的？为什么这样写？她说，这三个问题都解决了，我们语文老师就可以省点儿力气，让嗓子休息休息了。"写了什么"引导学生概括各段意思，进而归纳全文内容。"怎样写的"进一步启发学生探讨作者如何构思文章、采用怎样的表现手法来布局全文。这是教学的重点，也是难点。能把这个问题讲透，需要教者胸中有丘壑，抛出关键问题，对学生进行诱导、点拨。"为什么这样写"其实是个表达效果的问题。学生通过咏读、对比等方式捕捉这种感觉，再把获得的感悟用文字表达出来。这种功夫必须厚积才能薄发。

记得2014年12月她在指导宁群老师讲五年级《白杨》一课参加区优质课评选时，就是这样做的。这篇课文要在初读了解课文梗概后，指导学生直奔与课文中心密切相关的段落，先学习"白杨树的特点"，这就与理解"建设者的奉献精神"自然衔接，而又在学生精力最充沛的黄金时段，集中学习课文主要段落。学习白杨树的特点之后，自然引向前三个自然段，了解了白杨树的生长环境；学习最后一个自然段，回顾全文，深入理解作者为什么写白杨树，既突出了重点，又梳理了顺序，条理异常清晰。整个教学过程调动了学生的积极性，能处处让学生享受有所收获的喜悦与幸福。

3. 把握文本整体性，做到人本融合。

孙丽霞老师说，语文教学是个系统工程。它首先应具有科学的序列，然后才能有序有效地传授知识、进行训练。教师对每个学期教学工作的安排，既要全局在胸，又要明确每堂课、每个单元、每个阶段的教学目标与教学任务。文本是提高学生语文素养的重要介质，内容是关键因素，要尽可能"实"地运用教材，尽可能"活"地运用教材，尽可能"巧"地运用教材。孙丽霞老师就是这样善于发现学生与思想性文本的距离，找到教学的基点，能够生成恰当的教学对策，做到"人本融合"，提高学生的学习效率。

在教学中，孙老师重视每一个教学环节。执教《唯一的听众》这节课时，孙老师在教学最后设计了一个拓展训练："看不见的爱"是什么？这一训练看似简单，实则内涵深刻，不仅让学生对"爱"有了更深层次的认识，而且在师生对话、生生对话、人本对话中完成了对"人本融合"最完美的诠释。

4. 把握全局重学性，做到"目中有人"。

孙丽霞老师重视对学法的研究，让教学为学生的学习服务。她的课堂，不管是讲授重点还是板书，都会停下几秒钟观察学生参与情况如何，看看学生是否有疑难或困惑。一个小小的停顿，其实就是老师在关注学生；看似浪费时间，实则把握了学生学习的动态，不忘自己的教学对象是鲜活的生命。

我们在交流上课艺术时，孙老师也经常教我们，她重视学生在当前课堂上发生的新情况，哪怕一句话、一个眼神、一个动作，我们都要学会并善于通过这些细节随时调整自己的教学方式，包括教师的语言、教学的环节与情节等，要做到随时调控，时时主动。不要被自己设计好的钙化的僵硬语言，影响教学过程中师生互动的灵活发展。

教授《那片绿绿的爬山虎》时，在理解结尾、升华情感环节，孙老师是这样设计的：

师：文章的题目是——《那片绿绿的爬山虎》，这个题目明明应该是写景的，可是文章写的却是事。难道爬山虎与这两件事有什么联系吗？快速走进课文，看看文中有几处描写了爬山虎？用笔画出来。（师生再交流）作者第一次是在什么情况下看到爬山虎的？此时为什么要描写爬山虎？

学生此处回答不够精准，孙老师不慌不忙，马上变换思路，启发学生要联系作者的心情回答。

师：其实作者借写爬山虎，实则在写自己的心情。

…………

文章的结尾又提到了"那片绿绿的爬山虎"，它还照应了题目。（继而，抓住一个字，相机提问）作者为什么用"那"，而不是"这"？学生回答后，老师提炼：一个"那"字让我们跟随作者一起重温了那段回忆。是啊，那件事过去那么久，可是作者记忆犹新。这说明"那件事"对作者影响很大。所以，在我的眼前——（生接读：那片爬山虎总是那么绿着）

师：那你认为绿着的仅仅是爬山虎吗？还会有什么？

（师出示作者肖复兴的资料，介绍其经历与成就。）

师：那么，作者为什么要用这样的题目？有什么目的吗？

生：为了纪念叶老先生。

师：作者把自己的情感寄托在对爬山虎的描写中，这是"借景抒情"。

师："那片绿绿的爬山虎"寄托了作者对先生的感激，对先生的怀念。文章的结尾说："15岁时的那个夏天意义非凡。在我的眼前，那片爬山虎总是那么绿着。"你现在知道为什么总是那么绿着了吗？是仅仅在眼前吗？

师：那片爬山虎不仅绿在墙上，还绿在——

生：作者的心里。

师：是啊，1988年，著名作家叶圣陶逝世。1992年，时年45岁的肖复兴提笔写下这篇文章，回忆发生于30年前少年时代的故事。同学们，在作者心里，忘不了的是什么？

生：作者忘不了叶老先生对他的关心，忘不了对他的指导，忘不了对他的教育！

生：作者忘不了叶老先生的认真，忘不了他的亲切，忘不了他的实在！

师：是啊！30年过去了，肖复兴仍然没有忘记叶圣陶先生对他的教诲，没有忘记叶老曾经写过的爬山虎。那片绿绿的爬山虎总是那么绿着，绿在他的生命中。那一份情浓缩成一声深情的感激，浓缩成一份永远抹不去的回忆……读——

生：那片绿绿的爬山虎。

师：同学们，这篇文章取这样的一个题目，仅仅是写景色吗？

生：不是。

师：那么题目中包含了什么？

生：包含了作者对叶老先生深切的怀念。

看，在孙老师的课堂上，即使学生的回答没有那么准确，你也看不到她心慌意乱，无所适从。她总会善于捕捉细节，根据学生的回答与表现，从容不迫地调整教学思路，将学生引领到知识的殿堂。既做到了"胸中有书"，又做到了"目中有人"，用饱含智慧的爱将教育的底色涂抹得光鲜亮丽。

自我与孙丽霞老师共事以来，她一直教语文，而且她的语文教学成就斐然。殊不知，她最初是教数学的，所以教起数学来更是得心应手。用她自己的话说，一个老师不管教什么，都要做到目标明

以生命激扬生命

确、思路清晰、提问精粹、品读细腻、评点精美。既要对学生进行审美熏陶与情感陶冶，还要对学生进行气质培养，更要让学生在这样的学习活动中求知、求智、求趣、求美。

事实上，也正是由于孙老师在研究教材上做到上下求索，左右勾连，教学设计中又能化静为动，尺水兴波，所以，无论她教什么都能做到"和学生的心弦对准音调"。是的，正是因为日常教学中她扎实的细节处理，才会有鲜活灵动的课堂之风，形成自己特有的教学风格，取得最佳的教学效果。我想，这就是她作为一名特级教师所一直在追求的完美课堂吧。

（山海天实验小学　贺　艳）

肆意流淌的语文魅力
——听孙丽霞老师讲课有感

作为一名教师，语文课堂上需要带给学生什么呢？有的人回答：要传授他们语文知识，还要让他们会学语文，以后会用语文。但我认为仅仅如此还不够。作为承载着五千年优秀传统文化的汉语言，我们还要让学生从语文中感受语文的魅力，中华文化的魅力。听过孙丽霞老师的魅力语文课后，我对这一问题的感触更加深刻。从她的课堂中，我感受到语文就是充满着魅力的。具体体现在以下三个方面：

1. 魅力语文需要充沛的情感来充盈。

情感是语文教学的灵魂。一堂充满魅力的语文课，教师不仅要传授语文知识，还要进行情感传递和情感教育。在《一个中国孩子的呼声》这堂课中，孙老师问孩子："爸爸和我做了约定，爸爸说：'孩子，等爸爸回来，一定送你一顶蓝盔！'现在爸爸回来了，蓝盔却是钉在爸爸的灵柩上回来的。"孙老师的语言满含悲痛，表情凝重，仿佛我的眼前缓缓走来了那位"爸爸"的灵柩，那灵柩上，孤零零地钉着一顶蓝盔。说实话，我听到这里时，鼻头一酸，泪水立刻盈满了眼眶。我环顾整个教室，孩子们突然静悄悄的，每个人的表情是那样的凝重。"让我们再看一眼爸爸吧，"孙老师是一位出色的朗诵家，低沉的声音中包含着哀伤，使孩子们不由自主地陷入这种哀伤的氛围中，"鲜血染红了他的征衣，腕上的手表浸满了凝固的血。爸爸的嘴张着，仿佛在呼唤着什么。"孩子们哀伤的声音久久回荡在教室里，不需要孙老师接着再引导什么，孩子们抢先回答："呼唤和平，爸爸呼唤着和平！""和平、和平、和平！"多么聪明的一群孩子，多么有情的一群孩子，情感多么丰富的一位老师呀！我知道，他们也深深地陷入课文中了。最简单的语言却包含着最深沉的感情！教师用自己饱含深情的声音拨动学生的情感之弦，让学生捕捉到作者熔铸在作品中的情和意，使他们如听其声，如见其人，从而感知、感悟文章的内涵和作者的情感。这样充满情感的语文课堂是充满魅力的！

2. 魅力语文需要有效形象的语言来组织。

在孙丽霞老师的语文课堂上，我们可以听到深情的朗诵，可以听到生动的讲述，让听课的人如沐春风。孙老师抛出的每个问题都是精心设计的，没有多余的话，所有的教学语言都为教学目标服务，且行之有效。

教授《钓鱼的启示》一课时，孙老师的语言精练有效。为了使学生加深感悟，孙老师引用古诗《江上渔者》，格言"勿以善小而不为，勿以恶小而为之"加以辅助，收到了很好的成效。再如在学生充分感悟了放鱼难的原因后，老师让学生用"既……又……并且……还……"梳理课文的思路，又用"尽管……还是……"梳理放鱼的无奈心情。这样就使学生对课文有了更精练的把握。最后她又引用孟德斯鸠的话"衡量一个人的真正品格，是看他在知道没有人会发觉的时候做什么"辅助理解课文包含的哲理。孙老师又让学生把本节课学习的感受设计成一句经典的话，把课文的语言内化为自己的人生信条。这个环节中孙老师的示范起到了很大的作用，学生的感悟也很深刻。

不仅如此，在《一个中国孩子的呼声》这节课中，孙老师整堂课的语气和语调都饱含深情，充满悲壮，这样的语言潜移默化地影响着学生，也深深地感染着学生，对让学生理解文本起了很好的推动作用。孙老师的语言没有过多华丽的辞藻，而是用最朴实而贴切的语言去诠释文本，一个手势、一个动作甚至一个眼神，都传达出丰富的感情。

通过这两堂课，我感受到了孙丽霞老师的语言的魅力。

3. 魅力语文需要引导学生身临其境。

孙丽霞老师积极创设情境，激发学生的情感。儿童的情感很丰富，就像静静的湖面，只需一枚小小的石子，就会使它泛起粼粼波澜。一节有魅力的语文课其实也是充满情境的语文课，让学习者能够体会文本的含义和作者的情感。对于学生而言，好的情境创设比过多的语言解说更有效。

在古诗教学《送元二使安西》中，理解"劝君更尽一杯酒，西出阳关无故人"时，孙老师先出示边关荒凉的图片，然后让学生看着图片联想：老朋友即将踏上边关，在这样的路上，可能遇到什么事情？元二走在这样的路上，会有怎样的感想？所有的一切都饱含在这杯酒中啊！

孙老师娓娓道来，仿佛把我们带入了那样的环境中，我们仿佛看到元二孤寂冷清地走在这边关的路上，王维对老朋友的惜别之情更加深重了！

通过这样的一个情境的创设，孩子们很容易就感触到了王维对朋友的那份情谊，那份不舍。这比任何苍白的解释都来得更加生动形象。这不正是语文的魅力吗？

听过孙老师课的人，都能感受到整个教室里肆意流淌的语文的魅力。它从孙老师的语言中飞出来，蔓延到了教室里每个人的心中。这是一种怎样的感觉？一堂课仿佛让我经受了一次情感与灵魂的洗礼，仿佛让我变成了文中的主人公，和他一起喜怒哀乐。这就是语文的魅力！闪耀在孙老师身上的情智魅力！

（金海岸小学　牟春玲）

家长眼中的"她"

那一抹靓丽的彩霞

孙丽霞老师是一个非常随和的人。她给人的第一感觉就是特别有亲和力。不论是面对孩子、家长，还是老师，她从不用俯视的态度待人。她说话时自带暖意，让人很想接近她。

她做事特别认真，又雷厉风行，并且很执着，所以大家都很敬重她。

为了提高孩子们的学习兴趣和学习成绩，她兢兢业业潜心研究课题；为了班级的荣誉，她不惜牺牲个人时间；为了排练大型节目，她患了慢性咽炎，声音一直沙哑，银铃般悦耳的声音一去不复返了；为了班级和学校的工作，她累到心肌炎复发。

可她从不抱怨，从不炫耀获得的荣誉，一些关于她的荣誉和光环还是听别人说的。于是，对她更加敬重。为此，她的爱人曾心疼又半开玩笑地说她特别"傻"，一根筋，就是个工作狂。很多事大可不必亲自去做，但不亲自去做那就不是她了……

从她爱人的话里我听到的是一种嗔怪，是一种特别心疼的呵护。因为他知道，他的工作也很忙，顾不上照顾孙老师和孩子，他希望孙老师能自己照顾好自己。而孙老师也不多辩解，工作照旧。

在我的印象里，孙老师是一个特别有智慧、有才气、有灵气的女性，她的教学领域涉及范围宽广，并且每一项都做得很优秀，是个多才多艺的教育者。她给孩子们编排的体操在全市获一等奖，编排的合唱同样在学校与市里都获大奖；她讲的课也多次在省市获奖，她本人多次获省市级荣誉称号。去年，作为副校长的她，又出版了一本以手工制作为课题的书《神奇的贝》，受到孩子们的青睐。在市图书馆里，孩子们爱不释手地翻阅着这本书，如获至宝。

　　我在想，为何她做什么都那么近乎完美？这固然有天资的成分，但更多的还是她辛勤的耕耘———一分耕耘一分收获！今天就以一首小诗来感叹一下吧！

那是怎样一抹靓丽的彩霞

从早到晚

从春到夏

将那全身的光芒

照耀一季一季的花朵

不知疲惫的"傻瓜"

你的体内

潜藏了多少离奇的分子

又有多少能量没有迸发

看你的流光在岁月里徜徉

看你的情怀在时空里抒洒

看你的色彩挥墨在人生的画卷

看你的容颜绽放得高贵优雅

你是天边那一抹永恒的彩霞

舞动七彩的光

将暖的色彩向流年洒落

于是

惹了季节

醉了岁月

那是怎样一抹靓丽的彩霞……

（秦铭玥家长　宋晓洁）

朋友眼中的"她"

爱事业，会生活

拜读了闺蜜孙丽霞的随笔，多次潸然泪下——被她感动，被她激励，被她"魅惑"，她就像一株散发着浓郁芳香的栀子花，沁人心脾，动人肺腑，久久弥散在我的心头。

她的成功绝非偶然，她比常人付出了更多努力、更多艰辛。当别人忙于玩游戏时，她正忙着写教学随笔；当别人忙于游山玩水时，她正忙着写教育随笔；当我们忙于山珍海味时，她正忙着写生活随笔……

丽霞不是不食人间烟火的圣人，她不光热爱工作，还热爱生活、热爱家庭、热爱朋友。多重身份集于一身，就像一部电影，她既是导演，又是编剧，还是演员、灯光师……每个身份她都尽力做到最佳。

无需赘言，她是一名好老师，真正意义上的好老师。

通过她的教学随笔，我们可以看出她的勤奋执着，爱岗敬业。每天晚上，电脑就是她的最爱，反思一天的课堂教学已经成了她每天的必修课：这个问题设置不够好，那个地方衔接不够自然，结尾拓展不够……如此高质量的教学反思，对于任何一位老师的课堂教学质量提升都是不言而喻的，名师大家就是靠这样的勤奋练就的。

通过她的教育随笔，我深深感受到她的爱生如子，包容睿智。

班里淘气的孩子成成、星星们让人心累，但丽霞以一颗博爱之心包容他们，呵护他们，给他们以完整的师爱，让他们在爱中慢慢改掉不良习气。不求成长为参天大树，做一棵生命力旺盛的小草也是一种成功。

通过她的生活随笔，一个热爱生活、素质高的小女人形象跃然纸上。热爱生活的女人是可贵的、可爱的，她是家庭生活的纽带，是家族兴旺的根基。褪却光环，生活中的她是个好妻子、好儿媳、好女儿。老公工作繁忙，经常出差，家里的大小事务，丽霞总是无怨无悔地全包。公公婆婆身体不好，也是丽霞精心伺候。公公手术后，生活不能自理，她作为儿媳将公公照顾得无微不至。我们说她了不起，而她淡淡地说："没什么。换作你们也不一定比我做得差。"公公最喜欢吃她这个儿媳做的饭，丽霞总是变着花样做可口的饭菜，满足公公的胃口。

公公去世之后，婆婆也几乎不能自理了，离不开人的照顾，每次轮到家里就是一个月时间。这一个月丽霞就得脱一层皮，白天有护工照顾还好，晚上得全程陪伴，她的所有活动全部取消。经常累得筋疲力尽，她却咬牙坚持，任劳任怨。

母亲94岁高龄了，每个周末，丽霞都风雨无阻地回家看望母亲，给母亲带吃的，买穿的，帮母亲洗澡、换衣、梳头发，和母亲唠着家常，说着贴心话。闺女是母亲的小棉袄，岂止是小棉袄，她简直就是貂皮大衣。"百善孝为先"，母亲已经风烛残年，能伺候的时间不多了，多看一眼就多赚一眼，尽尽女儿的孝心。母亲也很心疼她，怕她累坏了，只要婆婆轮到家里，母亲就叮嘱："这一个月就别回来看我了，我很好，别累坏你。"每次她都痛快答应着，但是该来还是来，拿她的话说："世上最不能等待的事情就是孝顺父母。"

对待宝贝女儿，丽霞严格要求，从不娇惯。孩子一直跟随丽霞上小学，从小丽霞就教育她尊老敬老，团结同学，坐公交车时让座，和同学有了矛盾受批评的总是她，一度在女儿的心里，妈妈不爱自己。她爱学生超过了爱女儿，爱事业胜过了生命，女儿为这可没少闹情绪呢。

大家都知道，丽霞的老公也很优秀，事业有成，但在熟悉的朋友眼里，大哥的优秀是因为背后有一个甘愿为大哥付出、情愿替大哥分忧的丽霞，丽霞的优秀成就了大哥的优秀！

丽霞还是一个值得信赖的好朋友，她的朋友就是你的朋友，她的圈子也是你的圈子。对待朋友，她是如此贴心，她的朋友不多，但是很精，都是几年十几年的知己，灵魂之交，生命之交，朋友就是她的家人。

我们俩是初中好友，同时考取中专，我学的是幼师，她学的是师范。由于专业不同，交流不多，工作后见面的机会也很少，等我们再次紧密联系时，已经是接近50岁的人了。但是，我们的感情依旧浓烈，就像昨天刚见面一样，话题一个接着一个，从生活到工作，从人情到世事，侃侃而谈，就连三观都是如此一致。知音，知音！也许我们趣味相投，也许我们阅历相似，感觉更多的还是我们的灵魂交融，心心相通。一对灵魂相通的朋友，才能经受住岁月的考验，长久持鲜。

她的朋友也成了我的朋友，新营小学的宋老师、丁老师，我们从没有过交集，通过丽霞的连接，我们成了好朋友；实验二小的苗副校长、新营小学的许副校长、市医院的妇产科专家苗二姐等也是通过丽霞的连接，我们成了好朋友。我们一起去摘樱桃，吃农家饭，听二姐讲她的治病救人故事。二姐也是个巾帼豪杰，医术高明，医德高尚，令我钦佩不已！仔细分析丽霞的朋友，他们都人品极好，难怪有俗语说，什么人交什么人。的确，品行高尚的人怎会交往猥琐龌龊之人？德高望重之人自有气场，定能吸引优秀之人共同维护。

丽霞是个热心人，谁有困难、有疑惑、有烦恼尽管向她说，她会不遗余力、推心置腹、全力相助。丽霞是一个有教育情怀的人，每次和她交流，总会感受到一种满满的正气、正义。无论何时，她都会用一种积极向上的正能量鼓舞你，帮你点燃那种教育激情。因为她，我也焕发了教育青春。

丽霞的故事很长，几天几夜也讲不完。她的成就让我敬仰，她的为人令我爱慕。能够做她的好朋友，是我今生最最幸福的事情！

一个热爱事业热爱生活的女人，苍天也会格外青睐她！

珍重！我的挚友！

（新营中学南校 刘 娟）

第二章 牵手同行

—— 一起走过的日子

　　绿野部落是一个拥有79个孩子的大集体，每个人都自觉遵守部落公约，践行部落准则，坚守责任，尊重生命，努力上进。实施新教育实验后，绿野人立刻行动起来，晨诵、午读、暮省已经成了绿野人的基本生活方式。我们用精选的诗歌开启美好的一天，用美丽的童书滋润多彩的童年，用卓越的课程拓宽视野，用丰富的活动开发深埋的潜力。绿野的孩子们学会了反思，他们用随笔记录斑斓的生活，倾吐内心的秘密，编织成长的故事，抒写生命的传奇。绿野部落的魅力日渐铺陈开来，势不可当。

一、理想课堂
——生成一段灵魂对话

> 　　课堂是智慧与激情的交响，是师生生命共同成长的地方，教师要用自己的生命去润泽生命，与孩子一起成长。

书声琅琅诵诗行

《阁楼上的光》诵读

　　为了今天的晨诵课，我专门制作了精美的课件，题目是《阁楼上的光》。看着孩子们陆续地就座，我们照例先开始师生问候。

师：早安！可爱的六(5)班的孩子们。

生：早安！可爱的孙老师。

师：新的一天又开始了，让我们以优美的晨诵，开启新的一天吧！

于是，我在大屏幕上出示了美国作家谢尔·希尔弗斯坦的诗——《阁楼上的光》。我先领读了几遍，接着让孩子们自由练读，指名诵读，男女生轮诵。孩子们一遍又一遍地诵读着：

总得有人去擦擦星星，

它们看起来灰蒙蒙。

总得有人去擦擦星星，

因为那些八哥、海鸥和老鹰

都抱怨星星又旧又生锈，

想要个新的我们没有，

所以还是带上水桶和抹布，

总得有人去擦擦星星。

师："总得有人去擦擦星星"，从这句可以看出擦星星的心情是什么样的？

生：很勉强，不情愿。

师：你从哪里感受到的？

生："总得"一词。

师：不擦不行吗？

生：不行。

师：为什么？

生：因为星星灰蒙蒙。

师：所以，既不情愿但又无可奈何，诗中是怎样说的？（引导男生读"总得有人去擦擦星星"，女生再读"总得有人去擦擦星星"。）

师：星星又旧又脏，都有谁抱怨呢？

生：八哥、海鸥、老鹰。

师：它们除了抱怨，就不能做点儿什么吗？如果别人也像八哥、海鸥、老鹰一样，那星星会怎样呢？

生：更旧，更脏。

师：那就换个新的吧！

生：不可能的！

师：齐读最后一句"所以还是带上水桶和抹布，总得有人去擦擦星星"。

师：其实，生活中，有很多事情，你不想做，但也必须得做。比如——

生1：做作业、值日。

生2：倒垃圾、做眼保健操……

师：那这些事谁来做？

生：我们自己做。

师：对，我们可不能像八哥、海鸥、老鹰它们，与其抱怨还不如行动起来。好，让我们再来诵读——

师：还有很多事情，就像换星星一样，我们做不到，又无法改变现实，倒不如改变一下自己，你会有一番别样的收获。诗读到这里，聪明的、作为学生的你总得做点儿什么吧？

于是，孩子们纷纷举手，畅所欲言。

我趁机启发：谁有兴趣把你的观点加在诗里读读看？

杨翱凯第一个站起来，他改编的小诗是：

教室的光

总得有人去做值日，

地面看上去脏兮兮。

总得有人去做值日，

因为老师、同学们都抱怨教室又脏又乱，

想换个新教室不可能。

所以，还是带上扫把和抹布，

总得有人去做值日。

张媛媛则更有深度，她是这样改编的：

教育的光

总得有人去改革，

因为以前的教育理念太需要更新，

总得有人去改革，

国家在重视学生在倾诉，

社会需要新的思想新的人才，

时代的列车等急了。

所以，总得有人拿起钢笔和话筒

给学生一个幸福完整的教育生活——

新教育，教育的光！

接着，许安、范玉洁、徐扬、徐小凡、刘君阳分别读了自己改

编的小诗。我灵机一动：何不让孩子们把改编的诗打印出来，配上图画，出一本诗集呢？就叫作《绿野诗葩》！

今天的晨诵好有成就感呢！

快乐阅读引共鸣

共读《鲁滨孙漂流记》

清明节过后，我和学生共读了《鲁滨孙漂流记》。三个星期的阅读后，我给孩子们上了这节读书交流课。主要流程是：

1. 书情大盘点。

我先考查了学生对整本书大概情节的了解程度，激发他们对作品的回忆；接着引导学生由作者聊起，介绍作品的主要情节。

2. 围绕主要人物，品读重点片段，畅谈感受。

这一环节采取学生自主交流和老师适时出示重点片段的方式，紧紧围绕鲁滨孙的人物精神进行交流，深入理解。学生交流了自己的体会，分享了同伴的感受，深化了对作品的认识，增添了阅读兴趣。孩子们在交流中不仅概括出了鲁滨孙的性格特点——乐观、勤劳、勇敢、智慧等，还能从书中找到相应的段落。在一次次互相补充中，鲁滨孙的形象丰满了，学生的阅读理解能力提高了。在学生对鲁滨孙有了一个比较全面的理解后，主人公这种面对困难毫不畏惧、充满智慧、积极改善生存环境的精神就立竿见影地渗透到了他们的骨子里。讨论时，我认真倾听学生的交流对话，启发他们独立思考，勇于发表自己的见解，引导他们把注意力集中到讨论主题和争论的焦点上，关注小说给人启示的细节和语言，引导学生"由阅读的内容想开去"，为写读后感做好准备。课后，学生们的读后感佳作篇篇，不断涌现。有的以"学会生存"为主题，有的以"勇敢坚毅"为感悟点，生活实际与独特感受交融在一起，让我感受到鲁滨孙已经深深走进了他们的心中。

3. 欣赏次要人物，体验惊险与刺激。

（1）走近鹦鹉感受有趣。

（2）走近野人感受惊险。

4. 延伸阅读，指导写作。

作为教师，对于书中的内容一定要读通、读懂，更要读细，熟知每一个故事情节，只有这样，课堂交流时才能随时调控，做到胸有成竹。教师对于读本，不仅是一个认识过程，更是一个解读过程，要正确解读并通过教学的不同环节向学生传递文本。《鲁滨孙漂流记》内容太多，课堂容量有限，要懂得舍弃，所以我干脆选择了"学会生存"这个主题，围绕这一主题进行教学。我想，通过这样的交流活动，学生对于"学会生存"一定会有全新的认识。

作为学生，他们同样需要把作品内容了解细致。在教学中，我明显感觉到大部分学生并没有细致地去读作品，对书本内容和故事情节的掌握还有欠缺，因此今后我还要加强这方面的引导。

虽然交流课没有我预想得那么精彩，但我还是采撷到了那朵小花，那就是孩子们对鲁滨孙奇迹生存的共鸣——依靠丰富的生存知识和技能，以及面对困难表现出的乐观积极的态度和智慧于绝境中重生，这将是对孩子们一生有用的东西。

我想，下次的共读交流，一定会如我所愿。

习作指导巧设计

写景文章这样写

下午是新学期开学以来的第一次习作课，本单元主题是"走过千山万水，歌咏祖国的自然风光"。根据需要我确立了本次习作的内容：选取校园内的一处景物，仔细观察写下来。

为了引导孩子们写出优秀的作品，我先领他们将本单元所学知识做了一个回顾。通过回顾《记金华的双龙洞》和《七月的天山》，我们弄清楚了观察景物首先要有顺序，要按一定的顺序描写；接着我们又回顾了《桂林山水》一课写山写水的句子，在反复研读欣赏的过程中，孩子们又明确了第二点——写景物一定要抓住特点。怎样写出特点来呢？我以《七月的天山》中写雪峰、雪水、溪流的句子为例，引导孩子们准确体会作者的表达，比如，要仔细观察、合理想象，用排比、拟人、比喻等多种修辞方法。最后，我又和孩子们欣赏了一篇例文，明确了写景的文章要注意做到以下几点：

1. 按顺序描写。（略）

2. 抓住特点描写。

（1）仔细观察，合理想象。

（2）运用多种修辞方法，如拟人、比喻、排比等。

3. 点明中心。

很奇怪，好多孩子竟不愿意写自己熟悉的校园，理由是没有什么可写的。孩子们对这里的一花一草、一人一事太熟悉了，没有新鲜感了。引导孩子们注意观察、留心身边事物，特别是习作前布置学生进行针对性观察是很有必要的。而我这节课，此刻就很重要，那就教学生观察吧。暗自庆幸，幸亏有自写的范文，鲜活的例子，来自校园里孩子熟悉的花草，让学生心服口服。这堂作文指导课，上得生动而又具说服力。

课堂片段留光影

《夜莺的歌声》课堂片段

继续学习《夜莺的歌声》，这已是第三课时的学习了，我先让学生回忆文章四部分的主要内容：诱敌——带路——歼敌——再诱。接着我提出问题："联系这四部分内容来看，你能谈谈小夜莺给你留下了怎样的印象吗？"教室里小手林立，看来孩子们对文章小主人公夜莺很感兴趣，他们纷纷说出小男孩给自己留下的印象是：勇敢、机智……王宇又补充了自己的观点：小男孩还爱国。

"那作者是如何表现小男孩的机智和勇敢的？"这一问题一抛出，刚才很热闹的教室立刻沉寂了下来。我只好再变换提问的角度："小男孩的勇敢、机智表现在哪些地方？"还是沉默。我再问："作者是通过什么描写，来表现小男孩的机智和勇敢的？"这时孩子们总算明白了，他们中有人喊："通过语言，小男孩的语言！""还有动作。"……

"是啊，本文作者通过对小男孩的语言和动作描写，写出了小男孩的机智和勇敢。文章中的语言很有意思，你能找出来吗？读读看，你体会到了什么？"

孩子们在书上圈圈画画，很快找到了。我和孩子们分角色朗读本段对话，孩子们读得有滋有味，很快进入了角色，也体会到了小男孩的机智应变和对敌人的切齿痛恨。

下面几处对话也是以这种方式教学，我们分角色朗读，在朗读中体验角色。孩子们感觉自己就是文中的小男孩，他们为耍弄了狡猾的敌人而高兴，为痛骂敌人感到解恨。他们笑得尽兴，骂得痛快，所有的感情都在朗读中恰到好处地体现了，包括动作部分也是以读代讲，处理得轻松自如。

当我宣布下课时，教室里还是热闹一片，孩子们还沉浸在文章里，讨论声不绝于耳……

课堂提问卡壳时，不要着急给予学生答案，换个角度提问，学生也会换个角度思考。此所谓另辟蹊径。

《记金华的双龙洞》课堂片段

今天，继续进行《记金华的双龙洞》第二课时的学习，由检查复习入手进入新课学习。

从文本入手，我引领着孩子们回顾了上节课的内容，跟随着叶老先生再度欣赏了沿途的风光，收获了一路的喜悦和满足。带着这份心情，我们又继续新课的学习。

在学习外洞这部分内容时，我重点抓描写外洞的句子，感受外洞的特点——"宽敞"；进孔隙，主要抓描写作者进孔隙感受的句子，让学生在读中体验，引导学生欣赏叶老的语言风格，体会叶老的语言特色"真实可感"，并在反复朗读中积累语言。

游内洞，感受内洞的"大""美"。教学时，我主要抓住句子"即使不比作什么，也很值得观赏"进行理解，设计问题："值得观赏的是什么？"学生很快答道："双龙，比作宫室和器具的石笋和石钟乳。"紧接着我又抛出问题："那么叫不出名字的石笋和石钟乳不值得观赏吗？"这个突如其来的问题，似乎把孩子们问住了，但很快他们就发表了自己的看法："内洞里不管叫出名字还是叫不出名字的石笋和石钟乳，都值得观赏。"随着这两个问题的解决，孩子们业已清楚叶老先生这句话的用意了，从而进一步感受到内洞的美。

课上得轻松自如。当我宣布下课时，孩子们还有种意犹未尽的感觉，我走出教室时还有很多孩子追着我，似乎他们还沉浸在课文里。这不能不说是课堂的魅力。

《自然之道》课堂片段

正赶上上新课《自然之道》，所以我通知工作室里的几个老师跟我听课。可没想到一听说我上课，呼啦一下子来了那么多老师，不光有语文学科，还有其他学科的老师。反正是一节常态课，我该怎么上就怎么上。

在课堂上我还是坚决贯彻以人为本的教育理念，我的学生是至高无上的，我绝对不会因为有听课的老师就搞花架子，走教案，我的课一定要扎实、朴实，尤其是常态课。

初读课文，认读生字，分解难写字，这一环节还算顺利；到抓课文主要内容时，感觉多数孩子对课文的主要内容把握不准。虽然我把关键词板书在黑板上——"我们和向导，在（　　　）看到（　　　），结果（　　　）"，但连续叫了几个孩子，几乎都是在复述课文。

学生表达得不顺利，说明在概括课文主要内容这方面存在问题。授之以法很重要，于是我宁愿让进度慢一点，也要停下来等等孩子们。我反复引导孩子们以填空的方式，完成了概括课文的主要内容这一环节。

时间已经过去了二十多分钟，我想：好歹我也久经沙场，不能因为这个影响我的情绪。这样想着，很快就进入了下一环节："请大家快速读文，找找文中哪些行为是愚不可及的。"

接下来，学生从文中找句子，我们一起交流体会，明确了那些因"无知、不听向导的提醒"而导致海龟被食肉鸟捕杀等愚不可及的行为。孩子们交流着，课堂气氛虽不够热烈，但是发言的孩子还是能较准确地表达自己的观点。接着我又问："愚不可及的结果是怎样的？联系课文的第七、八自然段，你可以想到哪些词语？"孩子们想到了可悲、悲惨，等等。

为了体会"我们"和向导的心情，这部分我主要抓住了"看我们做了些什么？"反复引读、渲染，让孩子们通过朗读来感受"我们的愚不可及"给幼龟带来的灾难，从而明确"我们"违背自然规律办事，结果是好心办坏事。由此来悟道。

这节课的设计，最大的亮点是，在"看我们做了些什么"上做了文章。课堂上，能以情激情，能让学生在朗读中受到情感熏陶，深刻感悟到什么是自然之道，明晰道为何物。

《万年牢》课堂片段

上午第二节课临时改上《万年牢》，原因是同级组的战老师被安排周四视导讲课，我答应先给他上一节示范课，于是临时改上第六课。好在这是一篇独立阅读课文，我让孩子们利用很短的时间完成了预习任务，抛出的问题是：万年牢的"牢"字有三种解释：1.养牲畜的圈；2.监狱；3.牢固、经久。

让孩子们预习课文后对"牢"字做出正确的解释，轻松确定了"牢"字应作第三种解释。

文中"万年牢"指什么？"万年牢"在文中一共出现了几次？每次表达的意思一样吗？

通过读书、画句子，孩子们很快找到了第一处："万年牢"指父亲做的糖葫芦产品质量好。"好在哪里？（画出有关句子）作者是如何表达的?"接着又问，"父亲做的糖葫芦为什么质量好？"

孩子们很快回答："父亲选材料（精挑细选）和父亲的制作工艺及父亲高超的手艺。"父亲"万年牢"的产品一定会赢得"万年牢"的顾客，此所谓生意兴隆；要想生意兴隆必须靠"万年牢"的人品，"万年牢"的人品必须要讲究认真实在。由做糖葫芦推及做人，感悟水到渠成。

本节课教学思路清晰，语言机智幽默，实时联系生活，切近学生实际，学生听得津津有味。

《一个中国孩子的呼声》课堂实录

今天上午第二节课，我又为工作室的几个年轻老师上了一节示范课，执教《一个中国孩子的呼声》。这是一个叫雷利的中国孩子给联合国秘书长加利写的一封信。雷利的父亲是一名卓越的军事观察员，精通四国语言，是一位出色的经济学硕士，在执行维和任务时不幸壮烈牺牲。雷利以一个受害者的身份呼吁："救救孩子，要和平不要战争！"

新课伊始，我从回顾本单元已学的课文入手，引导学生说出本单元课文的内容都与一个词语——"战争"有关。我板书"战争"，又板书"和平"，顺势提出问题：看到这两个词语你想说点什么？

王恩乐第一个站起来说："反对战争，维护和平！"我肯定地说："这是你的呼声，是不是我们大家的呼声？"孩子们大喊："是！"

我说："'反对战争，维护和平'不仅仅是你的呼声，不仅仅是四年级七班的呼声，也是全世界热爱和平的人民共同的呼声。今天，孙老师要和大家学习新课。"我板书了题目"一个中国孩子的呼声"，大家齐读题目。我又指着题目中的"中国"提问："看到这个词你有什么感觉？"最后让孩子们把这种感觉读出来。听得出，孩子们是自豪的、骄傲的。接着，我们先认读了本课的词语，然后直接进入文本学习。

"这个中国孩子是谁？""他为什么要呼吁？"对于第二个问题，好多孩子不假思索地回答道："为了爸爸呼吁！"我几乎没给孩子们留出思考的时间，紧跟着又问："仅仅如此吗？"我严肃而认真地注视着每一个孩子。有几个孩子马上领悟到了，小声但又不确定地说："不是，不是只为爸爸呼吁。"我并不急于让孩子们解决这一问题，而是把问题一放，让孩子们从正文的第一至四自然段中画出描写爸爸的句子读一读，看看雷利的爸爸是个怎样的人。率先起来发言的孩子觉得爸爸是个热爱和平的人；我再让孩子用文章中的句子来说，很快有孩子说："爸爸是个卓越的军事观察员，是个出色的经济学硕士。"这些句子在文中很容易找到。但孩子们只从工作上了解雷利的爸爸是个怎样的人，不够全面。于是我出示描写爸爸与"我"分别的句子，引导孩子们重点感悟"深情的目光"是什么样的目光，从中体会爸爸是位称职的丈夫，是位慈爱的爸爸。这时我让孩子们把自己当成雷利，全面地介绍一下爸爸是个怎样的人，用上"工作上""生活上"，规范语言训练。

这样一引导，孩子们的表达就准确了。再次通过阅读文本，感受雷利的自豪和骄傲。

在孩子们被这份自豪包围时，我一个"可是"，让刚才还处于兴奋状态的孩子们一下子沉寂下来。"可是，就是这样一位卓越的军事观察员，出色的经济学硕士，就是这样一位称职的丈夫，一位慈爱的爸爸，现在却……（牺牲了）。"我继续渲染，"爸爸再也不能回来了，雷利再也见不到爸爸了。'如果爸爸能回来，他一定会送我一顶蓝盔，可是现在……我们和爸爸相约，等爸爸凯旋的时候，我们一定带最美丽的鲜花迎接爸爸，今天……'"

这两个句子，我利用了引读的形式，图片配以文字，而我以读代讲，孩子们也从朗读中体会到雷利丧失亲人之痛，从爸爸的遗体上，爸爸张着的嘴里，感受对战争的痛恨和对和平的向往。

文章的最后部分，我以"但是世界并不太平"引出本段文字，让孩子们通过朗读知道世界上还有战争的存在。此时，我配以相关图片和声情并茂的介绍，加深了孩子们对战争的痛恨。

此时的"呼吁"顺势而出——现在再来体会：这个中国孩子发自内心的呼喊是："救救孩子，要和平不要战争！"他的呼喊是为了爸爸，更是为了……为了……为了……孩子们怀着沉重的心情，朗读完这组排比句，脸上的表情更加凝重，这时我再让孩子们读课题，感受呼声的沉重，感受呼声的催人泪下。

这时，我引导孩子："你愿意为和平做点什么？请拿出笔写一写，与同桌交流。"

几乎所有的孩子都在表达：反对战争，维护和平。所以战争是罪恶的，那就让我们为战争敲响丧钟，把战争彻底埋葬，还世界一个和平。就这样在朗读声中结束了本课。

这节课，总体感觉教学设计不错。我从读上下功夫，创设情境以情传情，以情激情。孩子们在朗读中体验、感悟、生情，较好地完成了学习任务。

《中彩那天》课堂实录

应战老师之邀，今天上午第一节课我要为他上节示范课。按教学进度，我决定上《中彩那天》。

虽然事先已布置孩子们预习课文，可从入手解题就感觉到了不顺畅。齐读课文之后，我问"彩"在文中指的是什么？竟然有孩子回答"兴高采烈"。由于这种理解的偏差，我只能再次引导。联系"中彩"二字理解，孩子们终于明白了"彩"在文中是指那辆中奖的汽车。

解题后，我设计了第一个问题："围绕这辆汽车，课文主要讲了一件什么事？"要求孩子们在自由读文中，学会生字、词语。即使是高年级，字词教学也不能放松，我侧重指导了"拮据"的"据"的读音，复习了它的另一个读音，做到了新旧知识的链接。在巩固字音的基础上，我又引导学生理解词义。我并不急于让孩子做出回答，而是让孩子们找出"拮据"所在的句子，让孩子们把"拮据"放入句子中多读几遍，再来理解词义，并告诉学生这是一种理解词语的好方法。对于"梦寐以求"，我

重点引导了"寐"的写法和字义的理解，孩子们对"寐"字的理解稍有困难，我让孩子们查字典，在了解字义之后，再把"梦寐以求"放入句子中体会词语的意思。

"那么父亲'梦寐以求'的是什么？他仅仅是在梦里想吗？他还会在什么时候想？"此处意在让孩子们明白这辆车对父亲而言是多么的重要，为后文父亲痛下决心还车做了铺垫，突出了父亲诚实、守信的高尚品质。

这一环节教学旨在初读课文，学习字词，接着又回归到把握课文主要内容上："围绕这辆车课文写了一件什么样的事？"引导学生回答，教给学生把握叙事性文章主要内容的方法：按事情的起因、经过和结果来描述。随着学生回答，我板书了几个关键词：汽车（起因）、还给库伯（结果）、道德难题（经过）。

这个"道德难题"是什么？学生能说得出，但是说不准。于是，我引导用"是……还是……"这样的句式来规范。在我的启发下，孩子们很自然地明白了这个"道德难题"就是：到底这车是"留"还是"还"？我让孩子们换位思考：假如你就是这位父亲，你觉得这车到底是留还是还？孩子们或许是受课文内容的影响，或许真有一个道德准则，只有极少数孩子想把车留下。我及时地表扬了同意还车的绝大多数孩子，同时机智地进入了下一环节的教学——撇开"还"不讲，直奔"留"。我说："父亲无论还车还是留车，都有他的理由。还车的理由我们先放一放，那么父亲可以把车留下吗？你可以为父亲找出哪些理由来留下这辆车？"很快，孩子们找到了。

理由一：他梦寐以求的是能有一辆自己的车。

理由二："我"家生活拮据（买不起车）。

理由三：商店扩音器叫着"我"父亲的名字（"我"家中奖人人

皆知）。

理由四：替库伯买彩票时间已久他早忘了。

在孩子们一浪高过一浪的回答中，问题轻松地得到了解决。既然有这么多的理由可以留车，可最终父亲是怎么做的？我想现场采访一下"父亲"，你为什么要还车？这可是你梦寐以求的车啊，你为什么不留下呢？随着孩子们的回答，父亲诚实守信的品质逐渐凸显出来。我有意引导孩子们看老师书写本课的另一个生字"德"，我告诉孩子们："为什么'德'这个字'心'上面有一横？这一横可以看作一把尺子，它时刻提醒我们不管做什么事，尤其面对诱惑时，要用这把尺子量一量。诚实守信是做人的准则，是为人之本。所以，孩子们，心上这把尺子绝不能丢！"

我一语双关，既指导了"德"字的写法，又渗透了思想教育，做到了知识传授、能力培养和情感教育三位一体有机结合，挖掘了文本蕴含的道理，使课堂充满了无穷的魅力。

以生命激扬生命

二、窗外声音
——奔赴一场魅力约会

> 　　课堂内，我们勤奋努力，乐学善学；课堂外，我们勇于探索，善于创新。不管在哪里，绿野部落的孩子们永远都是最闪亮的！

绿色科技之旅

　　今天上午，我们六年级七个班的全体同学，到户外进行了一次绿色科技之旅。

　　第一站是黄山固体垃圾处理厂。

整个厂区由填埋作业区、渗沥液处
理区、生活管理区三部分组成。一
下车，远远地看到的那花花绿绿的一
片，就是填埋作业区。空气中飘着一
股刺鼻的酸臭味，我马上捂住了口
鼻。尽管气味如此难闻，但还是有很多工作人员顶着烈日，挥汗如
雨地处理着垃圾。其中的白色垃圾——塑料制品，顽固地留存在土
地里，有些甚至数百年后都不会降解，会造成严重的污染。所以，
大家平时要尽量少制造垃圾。就像孙老师说的，我们要打造无垃圾

班级。

第二站是城市排水管理处。在这
里，污水、河水经过处理，就可以变成
干净的水啦！我们在解说员的带领下，
来到 ETS 温室，这里养着许多花草，全
部生长在净化后的水里，绿油油的，显得生机勃勃。解说员还给我
们展示了三个杯子中的水：第一个杯子中是"进水"，是刚刚从河
水、污水中提取的水，非常浑浊，还散发着难闻的臭味；第二个杯
子中是"出水"，它是经过简单处理后的水，比第一杯要清澈得多，
也没有臭味，但其中还有许多细菌，还不能喝；第三杯水是在"出
水"的基础上进一步处理的干净水。又脏又臭的水竟能变成了可以
用于城市绿化的水，真的好神奇啊！

科技之旅的第三站是日照港。在
日照港展览馆，我了解了日照港的发
展历程，了解了党和国家领导人对日
照港的重视，多次到日照港视察工作

的情况……沿着"回"形参观走廊，我们来到了观光平台。哇！一座座大吊车正在不停地忙碌着；传送带上正源源不断地传送着黑色物品，那应该是煤炭吧？港口上有许多艘轮船，有的停泊海面，有的忙着运载货物，好不热闹。岸边，成千上万的集装箱堆集在码头，很是壮观。

最后一站是大家熟悉的世帆基地。碧波荡漾的海面上，无数只游轮正斩浪前行。和日照港气势恢宏的景象截然不同，这里带给人们更多的是温馨和宁静。我们在海岸边集体合影留念，留下了我们美好的记忆。

旅程结束了。在回学校的路上，看着窗外刚刚绽放的美丽的花儿，还有刚从土地中冒出来的小草芽儿——我不由自主地感叹：春天多美好！希望以后学校能多安排这样的活动，让我们多多接触大自然，聆听窗外的声音，快乐成长！

（辛笑丛）

三、润物无声
——聆听一次生命拔节

特别的爱给特别的你

> 教育之为教育，就在于它是一种人格心灵的唤醒，教育是生命成长的活动和过程。我们在教育中必须特别关注学生的精神世界，要把特别的爱给那些特别的学生。

绿野的大男孩

兵是我班里的一个男生，家住农村。小家伙人高马大，但思想有点单纯幼稚，行为有点反常，动辄打架，是个出名的"惹不起"。

上课不会听讲，作业一塌糊涂。

我刚接手这个班时他就给我来了个下马威，前面违纪的事情还没处理好，他又在美术课上和任课老师发生了语言冲突，真是让人头疼。

那天，我在上班的路上碰见正在等车的他，顺路拉他一起坐我的车。我拉着他的手，让他靠近我坐着。我从谈话中得知，他的父母在一所学校附近做小生意，他有时中午要去那吃饭。于是我跟他说："孩子，你挺辛苦的，以后来这吃饭跟我打声招呼，我可以来回带着你。"然后我又跟他聊了很多，小家伙全然没了刚才的那份拘谨和戒备。我趁机跟他谈到了班级，请他谈谈对我这位新班主任的印象以及班级管理等诸多方面的看法。小家伙思索了一番，然后一句"其实我也不知道说什么"便打开了话匣子。他说："您讲课好，我们都愿意听。您看起来很严厉，其实不，您讲到重点问题时总是来一句'孩子们，你们在听吗？'真好玩，我们都在下边学您呢！同学们都喜欢您。"看着孩子在我面前并不拘谨，我又跟他谈到了班里的卫生、路队等，他听得很认真，并不时地插话。这孩子挺可爱的，可在课堂上就是管不住自己，旁若无人地随便打断别人的话，稍不如意就会在课堂上放声大哭。因此，我又顺势谈到了他的课堂纪律和作业，谈到了美术课上发生的事，指出他的错误，这样做的坏处，对老师的伤害，给自己带来的不好影响。谁知他竟然又哇哇大哭起来。他说他不是不想做好，但就是管不住自己。他还说："老师，以前我都是自己单桌坐最后边，我不习惯和别人同桌。"一脸的委屈。

我一时语塞了。我为孩子有这种想法感到惊讶和不解，更为他内心深处的这种认可产生了一种淡淡的忧伤和不平。把特殊学生放在角落以免影响别的同学，可时间久了这种孩子就变得越发孤僻和不合群。不行，我得纠正孩子的这种心理。于是我跟他讲有同桌的好处，怎样与同桌和睦相处，如何融入集体，感受集体的温暖。最后我又对他提出了一个最低要求，我说："兵，你看这样行不行，你尽最大努力一节课坚持坐住十分钟或者二十分钟，每天坚持做会做的作业并按时上交，有困难吗？"他答应试试。我抚摸着他的头："记住，老师和同学们都会帮助你的，要相信自己，你能行！"最后，我又说："兵，跟老师拉个钩吧，今天的谈话就是一个新的开始，我相信你会处理好今天美术课上发生的事，我相信并期待着你天天进步！"

那次谈话后他主动跟美术老师道了歉，并且给我写了一份保证书，反思了自己的错误。随后，我把他调到最前排和一个优秀生同桌，帮助督促他的学习。我又鼓励大家主动跟他交往。过了一段时间，兵有变化了：他能完成并按时上交作业了，尽管写得潦草；课堂上也逐渐能控制自己的言行了，有时即使管不住自己，但老师一提醒就马上注意了。第七单元的习作题目是《我的成长故事》，他在自己的作文里记述了我和他的这段故事。文章的结尾他选用了可能他认为最好的语言表达了他的那份真情，他这样写道："孙老师，我不会忘记您的，我一辈子都不会忘记您的！"

和风拂绿野

陈成是一个学习困难的学生，反应较为迟钝，语言表达不够清晰，学习成绩可想而知。说实话，对这样的孩子，我怀有恻隐之心，平时格外关注他。有时我有意跟他找话拉家常，夸夸他的发型、穿着。为了让他体验成功的愉悦，有时在课堂上我故意安排他回答最简单的问题。那天的语文课上，我和孩子们津津有味地品读着马克·吐温的《威尼斯小艇》。不知是因为作者生动优美的语言吸引了孩子们，还是孩子们对样子小巧、行动轻巧灵活的小艇充满了好奇，抑或是被我课堂上声情并茂的讲述所感染，总之，孩子们个个脸上泛着红光，兴致勃勃地交流着自己的读书收获，整个课堂沉浸在一片浓厚的学习气氛中。

突然，我在人群中发现了一双眼睛，那是陈成的眼睛，我似乎搜寻到了期盼已久的目光。那目光中有了一分好奇，他左瞅瞅右看看，嘴角还偶尔偷偷向上翘翘。我想此时他的心情准和大家一样，除被文章吸引外，或许还会被同学们高昂的学习热情所感染。我琢磨着该给陈成安排一个表现的机会。于是，我挑选了文中最短的一个句子，微笑着示意陈成来读。在同学们的一再鼓励下，陈成局促不安地站起来，大声地读着："青年妇女在小艇里高声谈笑。"开始，他把"谈"读成了"淡",于是,我帮她纠正了"谈笑"的读音,并一遍遍地领读。陈成终于正确地读出了"青年妇女在小艇里高声谈笑",我如释重负地长出了一口气。在同学们的阵阵掌声中,陈成腼腆中带着满足就座。

虽然安排陈成朗读,让刚才热烈的课堂气氛变得稍显沉寂,但短暂的沉寂丝毫没有影响孩子们的学习兴致。我引领着孩子们继续徜徉在文章里,如同乘坐在窄小轻快的小艇上,灵活自如地穿梭于威尼斯纵横交错的河道上,欣赏着这独有的异国风光,感受着威尼斯这座水上名城特有的魅力……

下课铃响了,但孩子们的学习热情依然高涨,我又一次看到了陈成:他双手捧着书很起劲地读着课文,比平时专注了许多。

爱在那个儿童节

为了赶在放学前把孩子们的随笔及时下发,刚离开课堂,我顾不上喝口水润润嗓子,就连忙投身于批改孩子们的随笔的工作中。不知不觉时间已经过去了近两个小时,正欲活动活动酸麻的手脚,起身的一瞬间我随手打开了亮亮的随笔,一句"我好长时间没有坐爸爸的车了,好长时间没有闻到爸爸车上那股熟悉的味道了"吸引了我的注意。随笔内容不长,我一口气读完了。从孩子的随笔中我了解到：亮亮的爸爸再婚了，已经好长时间没有跟亮亮在一起了。亮亮在随笔中既思念爸爸又怨恨爸爸，发誓一辈子不再理爸爸。在文章的结尾，孩子的怨恨集中于一句话："爸爸，我恨你！"

亮亮和明明是双胞胎，亮亮是弟弟，比哥哥明明更有个性。据说，他们的爸妈是离婚再复婚后又离婚的。本来哥儿俩被判给了爸爸，可是爸爸应酬多，经常顾不上孩子。孩子们作业拖拉，有时上学会迟到，无奈，妈妈只得把孩子们接到身边。

读完亮亮的随笔，我心里一阵阵酸痛，孩子渴望父爱，这是孩子的权利。爸爸的再婚让孩子感到绝望，于是孩子把这份渴望转化成对爸爸的怨恨。作为孩子的老师，除了更加关爱这两个不幸的孩子外，我还有责任化解孩子对爸爸的恨。但直觉告诉我，亮亮的爸爸长时间没有看孩子一定有他的苦衷。即便如此，我也必须了解清楚，然后再给孩子一个适当的解释，帮孩子找回属于他们的父爱。

想到这里，我在亮亮的随笔旁边这样写道："孩子，大人的事情，既然我们管不了，就让他去吧！你需要做的就是管好当下的自己，让自己坚强，让爸爸妈妈省心、放心。还有一点，孩子你一定不要怀疑，那就是：爸爸妈妈是这个世界上最爱你的人。不仅如此，老师、同学，我们大家都爱着你。"

很快我拨通了亮亮爸爸的电话，没人接。再拨，还是没人接。

我理解亮亮爸爸可能是不方便接电话，但我没有泄气，电话从下午一直打到第二天，电话终于打通了。电话里我忍不住埋怨了亮亮爸爸一顿，说再怎么着也不能不看孩子呀！亮亮爸爸诉说了自己的苦衷——正如我所料，原来是亮亮妈妈拒绝让他与孩子见面。

我把孩子对他的思念告诉了他，亮亮爸爸声音哽咽，唏嘘不已。我说："周三就是六一儿童节了。这个儿童节，你无论如何要把孩子接出来，给孩子买个礼物，带孩子好好玩玩，还要亲口告诉孩子你爱他们！有什么困难我可以帮你。"电话里的我很霸道地给孩子爸爸下了"命令"。周四早晨，我看到哥儿俩有说有笑地进了教室，经过讲台，我故意问哥俩儿："这个儿童节怎么过的？"哥儿俩自豪地说："老师，爸爸跟我们一起过的，而且爸爸还给我们买了新鞋。"孩子特意指了指脚上的新鞋，脸上洋溢着幸福的微笑。

班有成成

（一）

　　成成还是木然地坐在那里，同学们都在热火朝天地晨读，而她却无所事事，一会儿摆弄手指，一会儿又翻翻书本。孩子们陆陆续续地来到了教室，这无疑又给本不安心的她增加了一份负担。因为，教室里每进一个人，她不仅要抬头看看，还要很辛苦地目送人家坐下。我只得走过去，低声问："成成准备好了吗，咱们晨读好吗？看！同学们读得多带劲。"成成默默地点了点头，捧起了书……对待成成这样的孩子，就得这样耐心地提醒，不能心急，绝不能指责！我在心里暗暗叮嘱自己。

（二）

　　前些天，成成全家去了云南。周五这天，一进教室我又看到了成成。也许是几天不见的缘故，也许是成成换了套新衣服，总觉得她有点变化。正好想和成成交流交流，于是我抚摸了一下成成的头，温和地问："成成回来了？玩得好吗？"她点了点头。一般情况下，这孩子就用点头或摇头和别人交流。"可以帮老师把书送回办公室吗？"成成直愣愣地看了我一眼，又点了点头。我先走几步进了办公室，成成随后跟着进来，我摸了摸成成的新衣服，上下打量了一番："哎呀！真漂亮！成成，是在云南买的新衣服吗？""嗯。"她高兴地摸了摸衣角，嘴角浮出了一丝微笑。

"云南好玩吗？快跟老师说说在云南游玩了哪些地方？"成成边想边数说着去过的地方，玩了什么，吃了什么。我不时地插话问怎么去的？景色美吗？吃过有地方特色的饭菜吗？看得出成成很兴奋，她竟然说了那么多地方，还简单地进行了一番描述。

我说："谢谢你，成成，好羡慕你！听你讲的云南那么好，老师现在都想去呢！"第一次听成成说这么多的话，第一次看到成成的笑容是那么灿烂。

最后，我对她说："成成，以后见到什么好玩的、好吃的，或者有什么趣事，愿意和孙老师分享吗？"她再一次点头。我拉起成成的手："成成，以后要多说话，要用语言和别人交流，就像刚才和孙老师说话一样。今天你跟孙老师说了这么长时间的话，老师很喜欢听你说话，可以吗？"

听学生讲，是我的第一招。敞开心扉，放下师道尊严的架子，主动亲近后进生，缩短与他们的距离，从拉家常、聊孩子感兴趣的事入手，消除孩子的戒备心理，打消他们的顾虑，让他们走近老师和同学，敢于说话，放松心情！

（三）

前段时间因忙于六一儿童节目，似乎有些冷落成成了。每天上完课后，满脑子装的都是关于节目排练的事，其他事情都无暇顾及了。5月28日下午接到通知，我们班除了演节目的同学外，要和其他班的同学一起，到市电视台演播大厅，参加"日照市庆祝'六一'及颁奖晚会"。通知传达后，令我没有想到的是，没有参演的14位同学中竟有5位同学以种种理由拒绝参加本次活动。这里边竟然也有成成，这是我万万没有想到的。我环视四周，终于找到了一个既批准又不批准的理由："下午不参加活动的同学，必须让家长给老师请假，否则必须参加。"我说得很坚决。

午饭后，我提前赶到了学校集合处，发现了队伍中的成成。不知为什么，我突然心安了好多——其他同学都可以不去，但是成成得去。她是队伍中不可缺少的一员。节目演出非常顺利，非常成功，博得了观众一阵阵掌声。也许是这个原因，或许是我想为成成做点什么吧，六一儿童节那天这个节目将作为保留节目在我们学校演出，我突然决定再次演出时，让成成、丹丹等同学也上台表演。主意定下了后，我赶紧让成成、丹丹试演。不承想，就一句简单的台词，我教了一遍又一遍，可她俩就是不入戏，更不用说还有动作表演了。看来，在临近演出的这两天的时间里，让她们完成表演并和大家配合一致，实在是太难了！算了！万一因为她俩影响了节目的演出效果就不好了，我于是自我安慰：以后还有机会，下次吧！

果不其然，我班的节目再一次在学校演出成功，精彩的表演赢得观众阵阵掌声。可我怎么也高兴不起来，因为我很内疚，我没能让成成、丹丹登上舞台，我让她们失去了一次锻炼的机会。而我也失去了一次实施成功教育的机会，因为成功有时就缘于一次又一次的尝试！可我这次没有把握住。也许，会有机会的，我给自己安慰。创造机会，马上开始，我要为成成、丹丹搭建一个属于她们的舞台。对绿野的孩子，我必须做到不抛弃、不放弃，一个也不能落下！

孩子，你辛苦了

周五下午，和往常不同的是，学校没有开大会，级部里由厉主任主持开了个小会，传达了学校的指示及近期工作布置，会后又带领班主任到各班检查破损的桌凳，并做好统计。我们班是检查的第一站，清点了有关的桌凳，发现问题也不少，看来还要加强学生爱护公物的教育。

此时，离放学时间已经过去了半个多小时。除了往常走得比较晚的李钰琪等几位学书法的同学，今天的教室里还多了亮亮、明明和琪琪三位同学。他们三个人忙着整理摆放不齐的桌子、凳子，之后，又清扫了教室内残留的细小的垃圾。我担心他们回家晚了，表扬了他们后就催促他们快点回家。等我转了一圈儿再次回到教室，看见讲台一侧又多出了一堆垃圾。原来，三个孩子挪动了多媒体讲台，把讲台下积压了很长时间的垃圾清扫了出来。看着他们脱掉了外套埋头大干的样子，额头上浸满了细小的汗珠，我心里既感动又不安。放学这么长时间，他们默默无闻地承担了本该属于值日生干的工作。不仅如此，天天被我们忽视的卫生死角，今天也被彻底清扫了，而这完全出自三个孩子的自觉自愿，能不让我感动吗？说来真惭愧，当了孩子这么长时间的老师，亮亮、明明这对双胞胎，我还是分不出谁是谁。于是，我就问怎么区分哥儿俩，弟弟明明告诉我，哥哥亮亮脸上有颗痣。的确是，哥哥脸上有一颗小小的痣，我默默记住了。交谈中得知，哥儿俩现在跟母亲住在一起，在沟南村租房子，而母亲又在五莲做事，两个星期来家一次，平时都是哥儿俩自己做饭，中午在助学园吃。俩孩子的家庭情况我是知道的，只是，母亲在五莲做事我刚知道。

听了孩子的话，我心里酸酸的，作为老师同时又是一位母亲，我心疼两个孩子，此时安慰已是多余，我只有鼓励，鼓励孩子在逆境中学会自立、坚强，这比什么都重要。

写这篇文章，是想让亮亮、明明知道，在绿野部落里，你们不孤单，我们一路同行，一路相伴。有困难的时候，别忘记跟大家打个招呼，我们会帮助你们的。我还想告诉绿野的其他人，伸出你们的手，用你们的真诚和热情，温暖明明、亮亮。所有的绿野人要记得，每天能见到哥儿俩，一定要问问："亮亮、明明，有什么需要我帮忙的吗？绿野是我们的家，我们是相亲相爱的绿野一家人！"

最后，请让我代表绿野人深情地道一声："辛苦了，亮亮、明明！辛苦了，琪琪！"

绿野没有孤单

早想把家里的那盆绿萝搬到教室，可是它太高、太沉，只好选了盆兰花。赵一迪帮我把兰花放到窗台上。中午的阳光透过玻璃，洒在窗台的兰花上，兰花舒展挺立的绿叶上闪着细碎的亮光。教室里暖融融的，早到的孩子已开始练字。或许这位新来的客人，还没有引起大家的注意。但，我怎么也得提醒孩子们，绿野新来了位客人，别让它太孤单。于是，我说："窗台上的这盆兰花是老师从家里带来的，大家可要悉心照料它呀！不过，它有点孤单，大家可以帮帮它吗？"

我不得不承认，绿野的孩子很有悟性，他们太有灵性了。无须把话说得太直白，他们就知道该怎样做了。果然，第二天晨读时间，教室里多了几盆绿色植物。第三天，又多出几盆。花盆大小不一，盆里的植物种类不一，但相同的是，每一个花盆里都彰显着生命的活力，都散发着耀眼的绿色。有了这些绿色葱茏的植物点缀，教室里越发呈现出一片勃勃的生机。我想，绿野就应该这样，绿野的孩子，热爱生活。

绿野部落里有几个孩子，因家庭原因，孩子心灵上有些孤单。我们每个人都要主动接近他们，和他们推心置腹地交流沟通。生活上关心他们，学习上帮助他们。要经常问问他们："需要我帮忙吗？"

让他们感受到集体大家庭的温暖，感受到师生给他们的关爱。只有这样，才对得起"绿野"这个名字，才有资格加入绿野部落。因为绿野人要把热爱生活、尊重生命、关爱他人、积极进取、和谐发展，当成自己不懈的追求。我们要用一生的行动来实践和证明：绿野没有孤单！

一枝一叶总关情

绿野部落的成员性格迥异，学习习惯差别很大，需要帮助的学生大有人在。怎样让每一个绿野人都能顺应发展规律茁壮生长，是我这个班主任每天苦思冥想的问题。尤其是绿野里的那些弱者，他们的生命更需要我们的尊重和呵护。

云是一个很文静的女孩，白皙的小脸蛋上嵌着一双美丽的大眼睛，人长得俊俏可爱。刚接手班级不久，这个小女孩很快进入了我的视野。引起我注意的不是云的靓丽外表，而是她与众不同的举动——我发现云不管写作业还是做课间操，总有一只手藏在袖子里。起初我还提醒过她，后来我了解了云的一些情况：她的左手有残疾，当她渐渐懂事的时候，知道了自己手的异常，于是那只小手就被她有意地藏在袖子里了。漂亮的短袖衫、连衣裙也只能是小姑娘的奢望了。也因为云有一只残疾的手，学校里好多艺术队都把她拒之门外。这对孩子来说是多么的不公平！看着伙伴们一个个参加喜欢的训练队，一次次表演着精彩的节目，云的眼神里流露出的只有羡慕。这一点我看在眼里，我知道处在云这个年龄的女孩子，是多么渴望穿上漂亮的花裙子，尽情展示自己的才艺，放飞自己的梦想，而对于云来说这是多么遗憾的事。于是，我一直在努力帮云圆一个梦。

读书节期间我编排了一个情景剧《那些老事儿》，在剧本的结尾，我专门给云设计了一个单独上台表演的机会，让她为剧情做一个总结。她表演得很好，是用那只藏在袖子里的小手帮助完成的动作。后来，我们的这个节目被选送参加日照市的庆"六一"演出，按照选拔组的要求，我得找云说明人家的要求。我知道我很难张口，但我又不得不说出我的意思。我跟她讲了这次演出的重要性，演出的质量要高，不合适的演员要换。然后我又问："云你能不能勇敢地把你的手展现给大家，完成你的动作？"聪明的云立刻明白了我的意思，她小声地告诉我，她要退出演出，让我重新换人。说完，泪水从她红红的眼圈里滚落下来。我抚摸着云的头说："你不要急于表态，回家和妈妈商量商量，明天再告诉老师可以吗？"

送走了云，我的心突然不安起来。我有点后悔：我干吗要跟孩子说呢？干吗要让孩子把手伸出来呢？我甚至觉得我这样做是不是有点残忍。想起刚才云流泪的双眼，我无法想象那晚我的几句话会带给云什么样的心情。我很快做出决定，一定要让云登上这个大舞台，能到市电视台演播大厅演出，这是多么难得的机会，对孩子来说，这也是她成长道路上一次难忘的经历，我一定要成全她。我可以改剧本，可以改动作，改得适合云表演，哪怕是影响了表演效果我也得改。剧本修改后，我让云背着手上台完成了她的表演。

当看着我们的节目博得观众的阵阵喝彩时，我为孩子们精彩的表演叫好。特别是我看到云穿着我设计的服装，表演着我专门为她设计的动作，在音乐声中走向舞台的时候，我再次为自己能帮助孩子圆梦感到莫大的欣慰。我想，总有一天那只隐藏起来的小手，也会有力地拉起更多的小手，把他们送到更大、更高的舞台。

榜样的力量

　　我始终坚信：榜样的力量是无穷的，榜样是可以互相影响、互相感染的。你想让学生成为怎样的人，你就要首先成为那样的人。给孩子们做个榜样，你会发现他们慢慢地成了榜样。日常生活里，我把表扬和批评都流淌在文字里。和孩子们共享的随笔，也是一堂深刻反省自己、鞭策自己的思政课。

幸福在一声声的"再见"里

每个人对幸福的理解不一样，因而衡量幸福的标准也不一样。

我认为幸福是一种感觉。很庆幸我是一名教师，每天和孩子们生活在一起，同时拥有了一颗天真烂漫的童心。和孩子们一起成长，一起快乐，我由衷地感到幸福。

每天早晨，我都早早到校。看到第一批到校的孩子，他们坐直了身体，捧起了课本，有板有眼地大声晨读，我感觉好幸福。因为，孩子们已经养成了一到校就晨读的好习惯。在反复的朗读中，他们收获了很多：《落花生》教会了他们做人要做有用的人，不做只讲体面而对别人没有好处的人；《钓鱼的启示》给了他们道德实践的勇气和力量，更重要的是他们能从读书中感悟，在人生旅途中《通往广场的路不止一条》……想到这，我由衷地感到这是一种幸福。

中午到校，我看到第一批到校的孩子，他们坐直了身体，摆好了练字本，一笔一画，工工整整地写着每一个字，我感觉好幸福。因为，孩子们又多了一个好习惯。他们用工整的文字抒发着对祖国的眷恋——《别了，亲爱的中国》，他们拿起笔以《一个中国孩子的呼声》向全世界呼吁："要和平！不要战争！"他们互相鼓励《一定要争气》，他们立下豪言壮语：《为中华之崛起而读书》……想到这，我由衷地感到这是一种幸福。

每天，我走进教室，看到孩子们能主动整理摆放不齐的桌凳，主动弯腰捡起一片纸屑，友好地提醒一些纪律涣散的同学，热情地帮助学习困难的同学……我感觉好幸福，因为孩子们懂得了责任与荣誉。看到孩子们在活动中知道了自律，在交往中懂得了真诚，在学习中拥有了自信，在生活中学会了感恩……想到这，我由衷地感到这是一种幸福。

每天中午或下午放学，我把学生送出教室，看到孩子们整齐有序的路队，我感觉好幸福。因为，我们的队伍不管走到哪里，不管有没有老师跟送，都是一道亮丽的风景线。我目送孩子们离开大门，又总会听到孩子们亲切地告别："孙老师，再见！"看到孩子们挥手告别，灿烂的笑容挂在脸上，我感觉好幸福。

我就这样幸福着，幸福着我所从事的教育事业，幸福在孩子们一声声的"再见"里。

在你们的心里从此永远有个我

我时常享受着被孩子们关爱、惦记的幸福。对为人师的我来说，这是一份特殊的幸福。

那是入冬以来最冷的一天，我站在操场上陪孩子们做完操，只觉得浑身都冻透了。课间操结束后，我和辅导员张老师跟随着退场的学生边走边聊。一阵寒风袭来，我下意识地打了个寒战，把冻僵了的双手紧贴在脸上。这个动作不知被哪个同学注意到了，在操场台阶处与孩子们相遇时，有个声音从队伍里传出来："老师，这么冷的天，您以后不用陪我们做操了，我们能做好！""是啊，老师我们能做好！"说话的声音显然是几个孩子。是谁说的？孩子们整齐有序地走着，丝毫没有发现有谁和这支队伍两样。我和张老师相视笑了："先谢谢你们关心老师，你们做操都不怕冷，老师还怕吗？"

队伍继续整整齐齐地前进。望着孩子们渐渐远离的背影，我和张老师又感慨了许多。孩子们真的太可爱了，好似我们陪操是为他们，因而，这大冷天的，让他们心里很过意不去。

接着张老师又动情地给我讲了一件事。那天他像往常一样送放学的路队，也许是因为老师手里比平时多了一个包，自己都没在意，但路队长赵政却看在眼里，他小大人似的对张老师说："老师，您提了这么多东西，不用送路队了。"见老师没答应，他就一个劲地劝老师："真的，老师您不用送了，我们能走好。"他又谈到了孩子们的其他表现，不住地夸孩子们太懂事了，太让人感动了。

张老师是这个学期才和我搭档的，他有这种感觉很正常。其实，在我们五年级五班，这样的故事几乎每天都在上演。那天中午放学时下起了雨，我没来得及拿雨伞就跟下去了。我一边指挥着孩子们互相照顾着打好雨伞，一边叮嘱要注意安全。看到我没打伞，孩子们竟然把自己的伞让给我。见我不接，孩子们又着急起来，几乎是异口同声地说："孙老师，您不用送了，您快回去吧！"

这就是那群经常让人感动的孩子，他们当中也有和我一样没带雨伞的孩子，他们不怕淋雨却担心自己的老师——一个比他们的妈妈年龄还大许多的人。他们中有上课期间调皮的，也有作业偷懒经常惹我生气的。那一刻，我懂了，孩子们在和我相处的这五百多个日子里，把我平日给予他们的，不管是温暖的鼓励还是严厉的警告，都以这种朴实关心的方式回报了。

被学生感动也是一种幸福，是老师特有的幸福。五年级五班的孩子们让我很感动，因为，在你们的心里从此永远有个我。我知道，总有一天你们会展翅高飞，但老师一定会把这份感动放在心灵最深的地方，然后用一生的时间去享受这份情感带给自己的回忆与感动。

由雅文的作业想到的

雅文的作业在班里展出后，雅文就成了孩子们的榜样。好多孩子也反思了自己的日常表现，更重要的是暗自较劲要赶超雅文。孩子的想法逃不过我的眼睛，这正是教育孩子的大好时机。为了让孩子们保持住这份学习的热情，我给大家布置了一个作业：以《由郑雅文的作业想到的》为题写一篇随笔，要求写出展览雅文作业后的所见、所思，并写出自己的真情实感。

雅文的作业的确给孩子们带来不小的触动，孩子们在随笔中尽情流露，他们发自内心地佩服雅文，也发自内心地反思自己，文章中流露出了自己积极上进的愿望。我读着孩子们的随笔，就像和每一个孩子促膝交谈，孩子们的真情时时感染着我。

我很高兴，我更期待……

总得做点什么

离开孩子们又一周了。本来工作按部就班地进行着，就怕节外生枝，一是，落下的工作还要想办法补；二是，孩子们的常规习惯正在巩固和养成期，不知道中断了这一周的工作，是不是还要从头再来。怀着一种忐忑和侥幸，我貌似坦然地例行着会议的安排：该听课的听课，该参观的参观，努力想让自己放松起来。可偏偏我这人天生就爱操心，也许是离开得太匆忙，总觉得孩子在家有些不放心，天天让我欢喜让我忧的 79 个孩子，教我如何不想念。于是周三下午我给实习的李老师发了条信息，了解了一下班里的情况。

果不其然，李老师在信息中一个"镇不住"让我顿觉一盆冷水从头浇到脚后跟。我知道班里有那么三五个不让人省心的，一旦老师不在，就可能生出事端，让班里不安生。虽说是早有预感，但我还是不愿意相信这是真的。我原以为，和孩子们以心交心，用我的宽容能换来孩子们的自觉，用我的鼓励能换来孩子们的自律，用我的人格魅力能感动影响孩子。我宁愿多讲几遍，也不愿意随意大声地呵斥他们。我期待着他们能明白我的心，虽然这得需要时间。我也知道，好玩是孩子的天性，但是不能总是玩，学生的责任和义务还是应该要有的。"少壮不努力，老大徒伤悲"，玩物丧志当以警钟长鸣。调皮对孩子来说也不是什么大毛病，但要分场合。如果经常地调皮捣蛋甚至影响课堂纪律，那就是个大问题了。如果对别人的提醒不以为然，将很难赢得别人的尊重。作为学生，应该让自己那颗躁动不安的心静下来，听听涌动的春潮，看看那阁楼上的光。对！明天的晨诵就诵读谢尔·希尔弗斯坦的一首诗——《阁楼上的光》。借这首诗，我要和学生交流，让孩子们明白，其实生活中有很多事情，如果你不想做，但又不得不做，你改变不了现状，那就改变自己吧！

相信，聪明的孩子，你们也一定会明白，作为学生总得做点什么！

绿野的今天

周一的优秀班级颁奖，绿野人着实受打击不小。从昨天到今天，绿野的各项改进工作全面启动，执勤班长认真负责，路队长不甘落后，所有的人都在行动。其他课纪律也有进步，教室里安静多了，干净多了，桌凳及学习用品的摆放整齐多了。

值日生李业钦、孙圣强能提前到校做值日，就连李知鹏下午放学后也主动拿起扫把，清理了同学们走后留下的细小垃圾。

路队照例很好，北队吕浩然没来，来若彤主动负责巡视，发现问题及时处理；南队贺浩然见缝插针，灵活机动，带队绕过了别班的队伍，整齐有序。两支路队的良好表现，反映出我们绿野人的训练有素，以及关键时刻大家的良好配合，体现出强烈的集体荣誉感。我希望这些不是昙花一现，教室里的变化，不只是因为我的督促，班干部的检查，抑或是孩子们的一时热度，而是孩子们的自觉行动。我希望孩子们能如随笔所写：绿野不言败，绿野有实力。

今天训练升旗时，这一点又得到了验证。为了让所有孩子都能参加小学阶段的最后一次升旗仪式，我做了特别请示，最后，学校同意我们这支人数最多的献词队伍登台。下午，第一次合成训练，不管是升旗手队伍，还是献词队伍，孩子们的精神风貌太给力了，不愧为我们绿野部落的孩子。下周一登台时，希望绿野的孩子们不负众望，给全校师生留下最难忘的瞬间。因为，绿野人走到哪里都是耀眼的。绿野人，是一群有实力、有素质的人。绿野的风采是实实在在做出来的，不信，你来绿野，绿野人随时等你检验！

学会走路

宇航是个规矩的孩子，不论是在学习还是课堂纪律方面，他都堪称孩子们学习的榜样。

十岁左右，正值男孩子调皮甚至是撒野的年龄。有时因冲动忘了约束自己，偶尔犯点小错误也是难免的，可贵的是怎样对待自己的错误。

周一升旗时，校长向全校师生传达了每月一事。规定2月份我校学生要"学会走路"，并列举了日常生活中、学校活动中看到的学生"不会走路"的现象，让学生真正懂得并努力做到该怎样走路。

第二节课间操时，宇航等三位同学因参加学校排练掉队了。此时，四楼教室里三个年级的孩子已按时到达操场，平日拥挤的楼道里顿时显得宽敞了许多。了解到三位同学掉队的原因后，我赶紧催他们跟上队伍，别耽误了课间操。宇航的第一反应是迅速跑了几步超越了其他两个伙伴。可瞬间，他又折了回来，规规矩矩地从排头返回到队尾，而且嘴里还在自言自语着："我不能跑！"

目送宇航三个人的小队伍整齐有序地离开，我一阵窃喜，想必是校长国旗下的讲话内容他们听进去了。是的，好习惯体现在日常生活的每一个细节中，那就从学会走路开始吧。

希望所有的孩子，都能像这三个孩子一样学会走路。

四、卓越课程

——编织一串多彩梦想

教师要有课程意识，课程意识是教育发展新形势下教师应持有的一种教育观念。研发课程，我们必须相信，比学科知识更重要的是学生的全面发展，比教学任务更重要的是教育的任务。作为教师，一定要善于捕捉教育的良好契机，整合教育资源，实施对学生生命存在与发展的整体关怀的教育，给孩子一种健康的生活和成长方式。

感恩课程

"感恩"说起来容易，做起来可就不那么简单了。一个人如果没有一颗感恩的心，就很难感受到世界的五彩斑斓，也体验不到感情的珍贵，更无法懂得生命的真谛。

活动篇——那段充满惊喜与感动的日子

三八妇女节期间，我组织班里的孩子发起了一个"叶对根的回报——每日留芳"系列活动，目的就是让孩子们懂得感恩，从懂得感恩父母做起，学会感恩老师、感恩同学、感恩社会。的确，现在的孩子这方面缺失得太多了，这是我们家校义不容辞的责任。三八妇女节已经过去很长时间了，孩子们的资料上交不及时，我也没来得及梳理，所以这事就耽搁下了。今天与大家分享一下，让我们重温那份温馨与感动。

通知1

致家长朋友的一封信

亲爱的家长朋友们：

你们好！值此三八妇女节到来之际，为了让孩子更懂得感恩，体验父母养育自己的艰辛，我们计划开展"三八感恩周——叶对根的回报"主题系列活动。请您留心孩子每天的感恩行动，并保存与活动相关的文字、图片或视频等宝贵资料，记录下孩子与您的美好瞬间。活动结束后，如果孩子的感恩行动也感动了您，那么，请把您的感动告诉我们。我们共同努力让感恩成为孩子们的一种自觉行为！

请写下您对本次活动的建议或意见。

班级：_____　学生签名：_____　家长签名：_____

日照市金海岸小学
2012.3.3

通知2

讲妈妈感动你的故事（3.5）

尊敬的母亲们：

　　你们好！从今天开始我们的"叶对根的回报"主题感恩活动开始了。"每日留芳"，就是您的孩子将在未来一周内每天给您一个惊喜，希望您能全力配合。不管您的孩子做得怎样，只要是出于真心和真情，就请您接受，留好每一个珍贵的瞬间，并及时写出您的感受。谢谢！提前共祝节日快乐！

通知3

同心卡（3.6）

亲爱的家长朋友们：

　　大家好！今天是3月6日，常言道：母女同心，母子连心。你们也这样认为吧？那就动手画一张同心卡，把您和孩子彼此的心里话也留在同心卡上吧。

通知4

送给妈妈的歌（3.8）

亲爱的同学们：

　　今天是3月8日，是所有女性的节日。你身边就有一位伟大的女性——世间最爱你的妈妈。老师知道，你们都懂得感恩，深爱着自己的妈妈。表达爱的方式有很多种，今天，就让我们献给妈妈一首动情的歌吧！

通知5

送感恩树（3.9）

尊敬的母亲们：

　　你们好！感恩活动"每日留芳"，今天您将收到您的孩子亲手为您做的感恩树。那可是他们花了几天的时间精心准备的。树根是您，孩子没有忘记您的养育之恩，每一片叶子都是他们对您的祝福，每一片叶子是他们对您的承诺，诚心可鉴！

通知6

给妈妈放假（3.10—3.11）

亲爱的同学们和家长们：

　　早上好！今天是周末，我们的感恩周"每日留芳"安排在双休日的活动是"我给妈妈放天假"。我们的感恩周系列活动就要结束了。从孩子带回的家长反馈来看，绝大多数孩子每一天都能按要求送给家长一份惊喜，每一份惊喜里面都有家长们积极的参与，谢谢家长们的配合。活动结束了，家长们一定有话要说，那就写一写吧。知道吗？孩子们也开始写了！这次活动的照片家长有吗？我们也想见证那份感动！再次感谢。

以生命激扬生命

家长篇——感恩活动话感动

贺小满妈妈

一年一度的三八妇女节又到了，我们又老了一岁，四十岁就在眼前，心中有颇多感慨。正好孩子的学校今年妇女节有个感恩系列活动，活动中有一项内容就是让孩子的妈妈写一写自己的感受。好多年没有提笔写东西了，从哪开始写起呢？想到什么就写什么吧。

首先是小满在感恩活动中制作的一张心意卡，而且还是两个版本。一个是电脑绘画版，一个是手工卡纸版。也许是对自己的制作水平不太满意吧，做好后，她自己对着作品长叹一口气。先不评价小满的制作水平怎么样，但心意足够了，妈妈无比感动。宝贝，你知道吗，不管别人怎么评价你的作品，在妈妈眼里那就是完美！

真正让我感动的是小满写的那篇《感恩·三八》。看到孩子的这篇随笔，好久不流泪的我，眼泪怎么也止不住了。因为好多原因，自从小满上学后，一直是我一个人带着她，个中的辛苦和艰难，别人是永远也理解不了的。我曾经无数次问过自己：这样的付出究竟值不值得？

因为自己一人带孩子，所以出差和旅行就成了奢侈的愿望，除非能带孩子一同前往。我工作的单位还算不错，每年妇女节都组织女同胞们出去玩几天，但是那个时间孩子并不放假。所以，在自己的需要和孩子的需要之间我必须做一个选择：我出去玩，我的孩子怎么办？天下的母亲都一样，肯定会把孩子的需要放在第一位。为了不影响小满正常的学习和生活秩序，自从小满上学后，每年妇女节我都选择了留在家里陪孩子。虽然错过了许多美景，但看到孩子那张写满灿烂和快乐的小脸，我内心无比满足。试问如果不能与我的孩子一起快乐，那我的快乐从何而来呢？孩子问过我："为什么别的妈妈都过妇女节，你怎么不过呢？"我顺口说了一句："我出去过妇女节了，你怎么办呀？"

本以为只是随便说了一句，孩子还小，对这些事情不会理解的。但孩子写的这篇随笔，真的是让我震撼。我的小满长大了，懂事了。虽然她不是那种善于表达自己内心想法的孩子，而且也从来没有向我表达过什么感想，但是从她的随笔看，她的内心深处已经能理解我了，还有什么比这个更能让我欣慰的呢？这就是最好的礼物，这是妈妈过妇女节以来收到的最给力的礼物！

看过一本书，名字叫《我不是一个完美的小女孩》。的确，每个孩子都有这样那样的小问题，为人父母就是帮助孩子克服这些小问题的，而不是当孩子出现问题的时候，我们立即化身为一只"火鸡"，对着孩子横加指责。我需要准备十足的耐心陪着孩子长大，因为我不是一个很有耐心的妈妈。孩子的随笔教育了我，做人要用心，做妈妈更要用心，多去发现孩子的优点。也许我很平庸，给不了孩子多少成功的经验，但我可以把失败的教训告诉给她，让她少走弯路；我不敢保证她将来能够成为祖国的栋梁，但至少我有能力、也应该让她成为一个快乐的小女孩，有个健康的身体、乐观的心态，积极进取的人生态度。

最后是孩子写的那篇感恩活动的体会。周末孩子放学回来后，说老师让写一写感恩活动的体会，妈妈你也得写。我说好吧，不过得你先写完了，我才能写呀，要不然我怎么能完整地体会一下呢？孩子写得可能有点儿文理不通，但我一个字也没有帮她修改，保持纯粹的原创，而且我还拍成了照片保存下来。因为我觉得这篇体会最难得的地方是反映出孩子懂得了孝道。中国是一个讲究孝道的国度，"百善孝为先"，我的女儿在她不到十岁时，根据她非常浅显的所见所闻，以她本色的笔触写出了这个非常传统的道理，做妈妈的我真的是非常欣慰。

小满在一天天地长大，妈妈也要跟着你一起成长，妈妈要用自己的行为向你示范：什么叫责任心。小满你需要用你自己的行为向妈妈证明：我懂了！

路漫漫其修远兮……

让我们母女一起努力吧！

赵一雁妈妈

首先感谢学校组织这样有意义的活动，在活动中让孩子们学会了感恩。

妇女节每一年都有，而每一年都过得比较平淡。今年过了一个

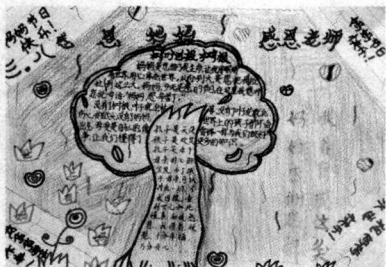

别样的妇女节，因为一周里女儿不断给我制造惊喜：昨天收到孩子做的贺卡，今天是千纸鹤，改天是用纸叠的杯垫，还有精心画的画，以及深情的拥抱。我都非常激动，同时也感觉到女儿长大了，懂事了，我很开心。

看着女儿像模像样地做着家务，高高兴兴地对我说："妈妈，祝您节日快乐！"我发自内心地感受到了幸福和快乐。同时感到母亲的责任重大，小孩子一天天长大，妈妈希望孩子永远带着这颗感恩的心，去感谢那些教育她、帮助她的人，做一个对社会有贡献的人。

谢谢女儿，希望今后你在成长的路上，不管遇到多大的风雨，请你记住，妈妈会陪伴你一起度过。

愿你一生幸福、快乐！

王宁妈妈

在今年的三八妇女节，班级开展的"叶对根的回报"活动，让孩子知道感恩父母，对我也有很深的触动和帮助。儿子回家给我唱歌、朗诵诗歌、手工制作"心"的贺卡等，让我在感受到幸福的同时，也意识到了自己对母亲一直以来无私付出的忽视，心存内疚（说句心里话，我对这个节日的认识远没有老师和孩子深刻）。节日当天，我也给我的妈妈献上了我的祝福——一束象征母爱和健康的康乃馨。这份礼物让母亲感到幸福和突然，也让我明白幸福其实很简单，爱也要大声说出来！

感谢学校！感谢老师！感谢我的孩子！

张译丹妈妈

自从学校开展感恩活动以来，张译丹以往以自我为中心的缺点改正了许多。最近，张译丹放学回到家里，第一句话总是先说："姥姥好，我回来了。"吃饭时，她总把第一碗饭盛给姥姥。尽管只是一些小小的举动，但确实让人感到欣慰。当我遇到伤心事时，孩子总是开导我："妈妈，我们不去想、不去问、不去理、不去管，我们要好好活着，并且要好好地生活。"

听了孩子的话，作为母亲还有什么坎过不去呢？相信学校的这次感恩活动，一定会使孩子受益匪浅。感谢学校，感谢老师。

马子钰妈妈

转眼间子钰十周岁了。在妈妈的心里，子钰还一直是个饿了喊妈妈、渴了喊妈妈的小孩子。她慢慢地成长到了四年级，我平日里也没怎么让她做家务。学校组织的"每日留芳"感恩活动，让我真实地感受到：妈妈的子钰长大了！

子钰知道心疼妈妈、理解妈妈了，像个小大人一样，跟妈妈说知心话，给妈妈唱歌，给妈妈捶背，还给妈妈送上了好多美好的祝福。今天子钰趁着我们不在家的工夫，将房间收拾得干干净净，而且还重新布置了一番。我们回家后真有一种耳目一新的感觉，高兴的心情无法形容，感动极了。

在此，我也以一颗母亲的心，真诚地感谢学校组织的感恩活动，感谢老师对孩子的无私教育，使得孩子在美德教育方面能够健康成长。

厉浩然妈妈

今天，浩然中午回来的时候，特别高兴，他告诉我他学会折纸鹤了。吃完午饭，他就不停地折纸鹤，他说要折好多好多。晚上回来的时候，我帮他把纸鹤用线穿起来，像风铃一样漂亮。然后他高兴地说："妈妈，送给您。"我非常开心。虽说只是一串小小的纸鹤，却包含了儿子的全部心意。他说这一周每天都要给我一个惊喜，我高兴地期待着。

晚饭后，浩然做完作业，竟然破天荒地自己削起苹果来。看着他那笨拙的样子，我忍不住拿过来要帮他。可他严肃地说："不，妈妈，我能行，这个苹果我一定能削好。"我只好坐在那儿静静地看着。两分钟能削好的苹果，他竟然用了十几分钟。看着他那认真的样子，我忍不住想笑。苹果终于削好了，他高兴地递给我说："妈妈，给您吃，这可是我亲手为您削的啊，快尝尝。"我咬了一口说："嗯，这个苹果真甜，跟平时自己削的就是不一样……"

这个三八妇女节虽然忙碌，却非常开心。因为学校开展的"叶对根的回报"这一活动，孩子在这一周的表现让我非常开心，也非常感动。虽然孩子为我做的都是一些小事，但是我感受到了孩子的真情实意。这一活动，让孩子懂得了感恩，让家长享受了回报，希望学校多开展这样的活动。

隋欣然妈妈

今年的三八妇女节学校举行了"叶对根的回报"主题感恩活动，要求孩子每天给妈妈做一件事情感恩母亲。看到孩子每天都给我精心准备礼物，我心里特别高兴。

孩子每天读诗、唱歌、干家务，给我不一样的惊喜。从她那稚嫩的声音里，我听出了她的用心。当我看到那双小手伸进冰冷的水里把一只只碗洗得干干净净，踮起脚把桌子擦得锃亮，还有每次洗漱时帮我挤好的牙膏，放好的洗脸水，我的心就被幸福包得满满的。虽然有时孩子也会惹我生气，但此时我幸福无比。

欣然，做你的妈妈很幸福！

苏轩妈妈

转眼之间又是一个三八妇女节来临。今年，我过了一个难忘的妇女节。

今年的三八妇女节学校开展了一系列的活动：一张小小的卡片，凝聚了孩子对妈妈的祝福；一幅简单的绘画，表达了叶对根的感恩；一首诗歌，感受到孩子对妈妈的爱……以前一直觉得孩子不懂事，通过这一系列的活动，我感受到了孩子的心意，体会到了什么是幸福。这是我收到的最好的节日礼物，我要将这些礼物珍藏起来，直到永远。

卜宇飞妈妈

儿子，你好。

学校组织的感恩周活动真的很好，它让你学会了感恩，做了许多让父母惊喜的事情。尽管有些事情做得不是很完美，但是我心里还是感到十分欣慰，十分欢喜。

当你把洗脸水端到妈妈眼前时，妈妈觉得你一下子长大了，像个小大人；当你用小手给妈妈洗脚时，妈妈的双眼湿润了，这还是平时"妈妈我要……，妈妈我要……"的儿子吗？在这次感恩活动中，你学会了做一些让妈妈惊喜的事，这让我看到了另一个你。相信无论做什么，你都能行。妈妈相信你，儿子！

妈妈给你提一个小建议：把字写得漂亮一些、认真一些好吗？遇到事不要着急。学会感恩，不仅要感恩父母给了你生命，更要感恩父母、老师对你的教育，感恩你生活的环境，感恩学校，感恩同学，你的心情会很轻松、愉快，一切会变得更美好，你也会变得更加优秀。

希望你学会感恩，学会爱身边一切美好的事物。

郑雅文妈妈

感谢老师组织的这次活动，让我过了一个不同以往的三八妇女节，也让我过了惊喜连连的一周。看着女儿写的一段段感人的话，看着她小大人一样地干着家务活，我知道女儿长大了，懂事了，知道关心别人，懂得感恩社会了。有了老师的精心教导，我相信郑雅文将来一定会成为一个对社会有用的人。

校本课程

校本课程一定要彰显地方特色，一定要立足于学校实际，一定要立足于学生实际，让学生看得见、摸得着、做得到。孩子们在动手实践中启迪智慧，汲取经验，拓展生命的高度和宽度，探求生命的真谛。

模块一　神奇的贝

海文化教材

神奇的贝

主编　孙丽霞

山东友谊出版社

模块二　有趣的叶子

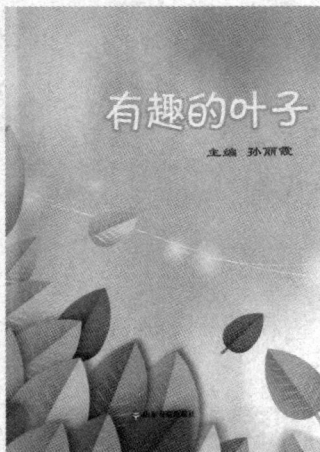

有趣的叶子

主编　孙丽霞

模块三　金沙趣石

海文化教材

金沙趣石

主编　孙丽霞

山东友谊出版社

以生命激扬生命

节日课程

　　传统节日在中国人心中有着非常重要的地位。每一个节日都有其特殊的含义。父母在，家就在。家人在一起时总会被浓浓的亲情包裹，那是一份期盼，一份寄托，更是一种文化。每一个传统节日我都会精心设计，带领孩子们在探究与体验中感悟中国传统文化的博大内涵：春节包饺子，端午节包粽子，中秋节做月饼……和孩子们开启一段生命成长的旅程。

粽香飘过端午节

问题与思考

1. 你知道端午节的由来吗？

2. 端午节期间，各地有哪些风俗？

3. 粽子有几种包法？

4. 怎样科学食用粽子？

学习与探究

1. 了解端午节的由来。

2. 端午节的各种风俗活动。

3. 巧手包粽子才艺展示。

实践与体验

活动一：端午由来久。

探秘：写一份关于端午节知识的研究报告。

活动二：大手拉小手，欢乐包粽子。

构思：1. 准备包粽子的材料。提前三天泡好粽叶，洗干净；提前一天泡好糯米，准备好捆扎的线绳；可以根据个人口味准备各种添加食材，如花生、葡萄干、大枣等。

2. 分组合作包粽子。

3. 煮粽子，吃粽子。

活动三：端午节才艺大比拼。

构思：1. 端午诗词吟诵。

2. 端午节手抄报。

生日课程

生日是每个孩子一年中最重要的"节日"，小"寿星"希望能被别人记住并收到祝福。绿野部落基于满足每个人对爱和集体归属感的需要，把生日写入班规，为每个孩子"量身定制"一首生日诗，在班级为孩子们庆生。让每一位小"寿星"，感受到被集体关注，认识到自己的重要。简单而又不失隆重的生日仪式，点亮了孩子的七彩童年。渐渐地，一个温暖的、有凝聚力的班集体在不知不觉中形成了。

绿野再次被感动包围

今天是焦飞宇的生日，昨天晚饭后，我一直在琢磨：该送给焦飞宇一首什么小诗呢？后来我从他的名字上得到了启发，"飞宇"——这不正是家长寄予孩子的期望吗？希望他理想远大，志存高远，飞向宇宙！我虽不能考究正确与否，但单从家长给孩子取的这个名字来看，"飞宇"这俩字就够响、够大的了。于是，我选取诗人纪弦的诗《你的名字》做了修改，制成了幻灯片。

我早早地赶到学校，待学生到齐后，我宣布："今天绿野又有一位同学过生日，这个小'寿星'就是焦飞宇，让我们一起为小'寿星'送上我们的生日诗。"大屏幕上赫然出现了这首被我修改过的《你的名字》。我先一句句领诵，孩子们一句句跟着朗诵。当我们动情地读"爱写随笔的焦飞宇"时，我看到孩子们送去的不仅仅是祝福，更多的是羡慕。再看焦飞宇，他满面羞涩但掩饰不住内心的自豪。孩子们高声读着"写你的名字——焦飞宇！""画你的名字——焦飞宇！"于是带有焦飞宇名字的诗，在孩子们满含深情的朗诵中，一次次响彻绿野的教室，我们的小"寿星"感动得眼含泪光。

集体朗诵结束，孩子们纷纷献上了各自的祝福。小"寿星"焦飞宇早已是泪流满面。当我问焦飞宇有什么话要说时，这个孩子被感动得只说了一句"绿野，我们永远是一家"就已经泣不成声了。我被孩子的这份真情所感动，也流泪了。不只是我，还有好多好多孩子也被感动得流泪了。我分明感觉到，此时的绿野已经被感动包围了，"绿野处处见真情"再次被验证了！

迟到的祝福
——写于田芸菲的生日

周日，公务员考试监考结束后，我轻松地走向停车的方向。突然几个熟悉的身影跃入我的视野。定睛一看，原来是班里的几个女孩儿。孩子们也发现了我，她们大声地跟我打起了招呼。

原来是田芸菲今天过生日，她约了三个好伙伴一起过。问明情况后，我嘱咐孩子们要注意安全，并对芸菲说了一声"生日快乐"，告诉她，下周一老师给她补上这个生日。

想着第二天要给芸菲补过生日，刚吃过晚饭，我就坐下来改了一首小诗，做成幻灯片，准备晨诵时间送给芸菲作为礼物。

周一升旗仪式结束后，利用第一节课最后二十分钟的时间，我带着大家给芸菲过生日。一打开幻灯片，"迟到的祝福"几个大字赫然出现在大屏幕上，紧跟着出现了一行字——送给田芸菲的生日礼物，接着是一首小诗。我和孩子们一遍遍地诵读着。

看得出芸菲很开心很激动，脸上泛着红晕，笑得小嘴都合不拢了。孩子们羡慕地看着芸菲，同时也把最美好的祝福送给了芸菲。三个好伙伴也分别走上讲台，送上了真挚的祝福。那一刻，我们的绿野是如此温馨，如此幸福，整个绿野变成了欢乐的海洋。

鹏的生日

今天是农历四月初八，对绿野来说，这又是一个特别的日子。因为几个星期之前，我已经得知今天是鹏的生日。担心自己事儿多会遗忘，所以我特别做了两手准备：一个是把写有"四月初八鹏的生日"几个字的小便条，夹在自己的语文课本里，以便天天提醒；另一个是把它专门存在手机的备忘录里。实际上早在两周前，我已经选择好了一首生日诗送给鹏，并且精心制作了幻灯片。

鹏生日的前一天，下午放学后，我在走廊里与鹏相遇。只见他一手拿着抄子一手拿着扫把，正在清理卫生区域残留的垃圾。我本想告诉他，我记住了他明天过生日，可转念又想，还是暂时保密吧，明天再给他一个惊喜。于是，我故意装出一副若无其事的样子，督促他放学了按时回家，注意安全。

想起鹏平日在班级的表现，以及他在同学们心目中的形象，我担心明天好友送祝福的环节，万一冷了场怎么办？我想既然要陪鹏过生日，一定要让他收获集体的温暖，让他感受到大家对他的友好和祝福。于是，我先找到李钰琪、汉鹏飞，表达了我的想法，并安排他俩一定要准备好送给鹏的祝福。

第二天一到校，我又找了班里的几位优秀学生，分别安排他们给鹏送祝福，并要求他们暂时保密。就这样，我们的筹备工作悄悄地进行着。孩子们已经陆续到齐，我又专门请同事岳老师给我们全程录像。

一切准备就绪，鹏的生日会如期举行。我先宣布："今天绿野又迎来了一位小'寿星'，他就是鹏。今天我们绿野的孩子要和鹏一起过生日，分享一份特别的快乐。"话音刚落，孩子们已把最热烈的掌声送给了鹏。接着我把准备好的诗，投在大屏幕上，我和孩子们一遍遍地诵读着，把真挚的祝福、美好的期待，通过优美的诵读送给了鹏。我趁机进一步启发："在这个特别的日子里，孩子们一定有很多话要送给鹏。谁想第一个说？"

于是，我事先安排好的孩子们逐一站起来，送出了对鹏的祝福

以生命激扬生命

和期待。我故意说了句："瞧！鹏你多有人缘，这么多朋友给你送祝福，你太幸福了！"

举手的再次多起来。汉鹏飞说："我愿做你永远的好朋友，祝你生日快乐！"李钰琪说："你会成为一名人见人爱、花见花开的大帅哥，生日快乐！"董宵更是直接引用了毛泽东的诗"孩儿立志出乡关，学不成名誓不还"送给鹏，表达了对鹏的美好期待。站起来的孩子或送祝福，或送名言，或寄希望，字字句句都是孩子们的肺腑之言。鹏被孩子们的祝福包围着，带着满脸的幸福和感动。他满脸通红地坐着，过了一会儿又把头埋在手里，趴在桌子上。我知道，他哭了。他感受到了这份集体的温暖与美好，感受到了大家对他的友好和期待。我想他在生日这天收获了他从未有过的感动，因为他一直有个错误的观点，认为"好学生"不愿意和他玩，而今天，送给他祝福的竟然全是班里的优秀代表，这一点他是绝对没有想到的。

在同学们的祝福声中，我们又一起为他唱起了《生日歌》。在歌声中，我把小"寿星"请上了讲台，让他谈谈感受。鹏满怀深情地对着全班同学鞠了一躬，抱着我再次泪流满面。我知道，孩子的心灵受到了深深的震撼，他会成为我们心中想要的那个孩子。

今天，当着七十九个孩子的面，我撒谎了。因为这个孩子比别人更渴望一份真诚的友谊，一份集体的温暖，一份同伴的祝福，尤其更希望能得到优秀学生的关注。但我的谎言完全是为了帮助这个叫鹏的孩子完成他的小小的心愿，让他感受到集体的温暖和友爱，让他更好地融入集体之中。

今天，因你而独特
——送给莹莹的生日诗

你有没有发现今天的阳光不一般，

你有没有发现今天的风儿不一般。

昨天一切还是那么普通，

今天一切都亮闪闪。

你有没有发现今天大家的微笑不一般，

你有没有发现今天大家的举止不一般。

昨天一切还是那么平常，

今天一切都不平凡。

只因为今天是8月28日，

这是属于我们喜爱的你的不平凡的日子。

我们掬满满的微笑给你，

我们盛满满的祝福给你。

在这个收获的季节，

在这个喜庆的日子，

在这个幸福的时刻，

善良可爱的莹莹啊，

让我们一起向着明亮那方走去……

孙老师祝绿野的莹莹生日快乐，超越梦想！

绿野与你肩并肩

"祝你生日快乐，祝你生日快乐……"

一首悠扬的歌曲，由绿野人一起唱响，只为庆祝绿野大家庭的一员——李知鹏的生日。

之前，孙老师宣布了一条班规，就是我们集体给同学过生日。于是我们就统计出了毕业前能在学校过生日的同学名单给了孙老师。后来，班上的同学过生日时，孙老师就会利用晨诵的时间，在班级为他们举行庆祝生日的仪式。

今天的晨诵时间到了，孙老师为什么要重新打开一个文件夹呢？哦！天哪！直到孙老师打开文件时我们才知道，原来今天是李知鹏十二岁的生日。正当我们惊叹时，岳老师背着摄影机进来了。孙老师说："为了记住这一精彩的时刻，就让岳老师来给我们全程录像。"话音一落，全场顿时响起一阵热烈的掌声。这次生日，老师送给李知鹏一首诗——《信念》。哦，老师一定希望李知鹏的心中有一颗信念的种子，慢慢发芽，最终长成参天大树。同学们更是一个接着一个地送上了祝福。此时，李知鹏已经泣不成声，他站在讲台上，千言万语化作一句话——"谢谢！"

你永远不要忘记，绿野与你肩并肩。

（刘昱君）

特别的生日

李知鹏，生日快乐！

一个平常的星期二，却有一个不平常的生日祝福。每当孙老师打开 U 盘，投出一首祝福的诗，我们知道，又有一位同学要过生日了。

那天是李知鹏的生日。幻灯片还没开始播放的时候，李知鹏已经热泪盈眶了。难怪，能过一个这样有意义的生日，谁能不感动呢？全班同学陪你过生日。这时候，看见岳老师背着大包小包地进了教室，来为李知鹏拍摄生日过程。

李知鹏，今天是你的生日，我祝福你：生活的道路上还有许多坎坷，有许多绊脚的石头，但是你一定能战胜它们。希望你每年过生日时，一定要记得，在六年级时和绿野的同学们一起过的这个特别的生日；你一定要记得，在你十二岁生日这个特别的日子里，孙老师给予你的殷切的期望；你一定要记得，同学们对你充满深厚友谊的生日祝福。我正这样思绪飞扬着，这时，听见孙老师说道："还有许多同学要在中学度过自己的生日了。"我忽然热泪盈眶。

唱着生日歌，我们表达了祝福，分享了快乐。

李知鹏，祝你生日快乐！祝你在今后的日子里，笑口常开，学习进步，充满活力！

（焦莹莹）

最好的生日

人世间有太多的真情，但绿野今天的真情流露，让我格外不能忘怀。

早就接到田芸菲的生日邀请，因为一些原因没去，没想到今天，全班帮她补回来了。

那是周一的早晨，我们又开始晨诵，在期待中等待一如既往的小诗。可今天，小诗变为了生日祝福。我回头看了田芸菲一眼，她也很惊讶，微微张开了嘴巴，迷茫的眼睛直直地盯着多媒体屏幕——那生日祝福的对象，明明就是她。

在老师的带领下，我们读起了祝福诗。称呼变为了爱称"芸菲"，一开始还有几个同学在"坏笑"，读着读着，都成了大家最真挚的祝福。

事后我问田芸菲："你觉得这个生日怎么样？"她掩饰不住内心

的激动，自豪地回答："这是我过得最开心的生日！"

....（杨翱凯）

绿野，一个和美的家

过了十二岁的生日，我才真正认识了"绿野"：它不仅仅是绿色的、向上的，更是和谐的象征，美好的期待。

周五，是农历的三月二十七，也是我的生日。孙老师和全班同学给了我一个最好的生日礼物，伴我度过了一个最美好的生日。

晨诵时，孙老师打开多媒体，屏幕上慢慢出现了几张精美的幻灯片。幻灯片上显示出一首简短、美妙的诗，而那首诗，写的正是我的名字——焦飞宇。

老师用充满期待的语气领诵着，同学们用饱含深情的语气跟读。听着听着，我眼眶一热，眼泪情不自禁地流了下来。从小到大，每年的生日我都会收到若干礼物，但我从来没有经历过这样有意义的生日——有老师的精心准备和同学们的美好祝福。看到他们友好而动情地一遍遍诵读着带有我的名字的诗，我有点儿不知所措，感动的热泪还在不断地流淌，心里想的全是那首诗。我暗下决心，一定要像老师所写的、同学们所说的那样，让自己的名字大起来，走到哪，也要把自己的名字自豪地画出来，唱出来。

最后，教室里响起了生日歌，泪水模糊了我的双眼。在欢快的歌声中，我隐约地看见了老师和同学们用饱含期望与祝福的眼神，微笑地注视着我……

放学回家的路上，我一直在想：绿野，绿野，你究竟是什么呢？难道只是一个响亮的名称吗？不完全是；难道只是绿色、向上的象征吗？有这个意思；但我总觉得还不仅如此，她应当还有更深更重的内涵，那就是老师对我们的美好期待。

通过观察我发现，老师的期待就是同学们和睦相处，打造一个和谐的绿野；老师的期待就是同学们健康向上，打造一个奋进的绿野；老师的期待就是同学们每一天都平平安安，打造一个安全的绿野；老师的期待就是绿野家园里干干净净，打造一个环保的绿野……

绿野，就是这样一个和美的大家庭。我相信，不管走到天涯海角，绿野的朋友们都会为有这样一个和美的精神家园而骄傲，都会：

写我们的名字——绿野，

画我们的名字——绿野，

等到有一天，当"绿野"这个名字大起来时，

啊，那该多好，多好……

（焦飞宇）

第三章 多彩生活

——一首生命的诗歌

"师生共写随笔"是新教育的实验六大行动之一，意在通过教育日记、教育故事等形式，记录、反思师生日常的教育和学习生活。

为了让学生喜欢写随笔，起初我坚持每天读一篇自己的随笔给他们听，内容无非就是每一天的教育生活，我眼中孩子的日常表现。

有时是表扬，有时也有直指现象的委婉批评。被表扬的同学，两眼发光，脸上抑制不住内心的喜悦；有不良表现的同学虽然老师没有点名，但也会对号入座，一脸的羞愧。身为班主任的我，此时一定会抓住一次教育机会，与学生进行心灵沟通。然后，我会让孩子对我的文章谈谈自己的看法。最后我告诉孩子，这就是随笔，它可以记录自己一天的生活，可以反思自己的成功与收获，也可以总结自己的失败与教训，还可以倾诉心中的秘密。

我鼓励孩子们试着写随笔，并从中找寻乐趣。于是，写随笔成了绿野孩子的生活习惯，成了绿野的交流方式。

就这样绿野人在写随笔的过程中，学会了体验生活，学会了反思自己。

一、教学随笔

所有教师，特别是年轻的教师，一定要坚持写教学反思、教学日记、教育故事、教育随笔，这是一种踏踏实实的教育科研活动。这些反思可以帮助我们改进自己的教育实践，重建自己的教育思维，对改善自己的教育实践和教育观念具有十分重要的作用。既反思教学目标，又反思组织教学，也可以对教学过程中具体的学习活动进行反思。在坚持反思中提高自身素质和教学的效果。

希望以下的教学日记和反思能给你一点启发。

且教且思

从头开始

我正陪着学生观看《开学第一课》，一低头瞥见了摆在桌面上的郑雅文的暑假作业。我顺手翻开了雅文的《暑假生活》，每一页都写得那么认真；禁不住又看了看雅文的日记，每一篇日记从内容到形式，都看得出孩子的认真和用心。好奇心驱使我一气看完了雅文的读书笔记和练字作业。"得让大家看看雅文的作业。"我的脑海里马上有了这个想法。直到今天上午第二节课，当我把全部的假期作业查完后，我更加坚定了要在全班同学中展览雅文的暑假作业的想法。

雅文的作业到底是怎样的作业呢？单说她的练字作业和读书笔记：二百五十字的田字格稿纸，雅文从7月8日开始到9月2日结束，每天坚持练一张纸字，字迹工整，书写规范、纸面整洁，从第一页的第一个字到最后一页的最后一个字，几乎看不到任何涂抹的痕迹。练字的内容为本学期课文1—7课的抄写。练字内容之多、练字程度之认真，让我这个做老师的都惊叹不已。

读书笔记选用B5纸张的笔记本。从雅文所做的笔记中可以看出，暑假中雅文每天能坚持读书，每天坚持做读书笔记，从7月9日开始到9月2日结束，每天一页读书笔记，摘抄了大量的文字，而且每一页笔记都书写规范、认真、有条理。相比有些不求质量、应付作业的孩子，雅文不正是大家学习的楷模吗？

下课前，我将雅文的作业发下去，把展览雅文作业的任务布置下去，要求大家认真看，一页页仔细看，对照自己的作业看，看后谈谈感受。

孩子们都谈了自己的感受，他们都自愧不如。涵涵说："郑雅文练了一万多字，而我才练了不到两千字，在这方面我差远了，怪不得郑雅文字写得好。"在大家一致认为雅文优秀时，我又抛出一个话题：从雅文的表现中，你感悟到了什么？你怎么看待雅文的优秀？大家畅所欲言。我又启发大家回顾了雅文的课堂纪律、学习态度、班级活动的参与及其他方面的表现，大家无不表现出对雅文的羡慕与佩服，同时他们也感觉到了雅文的优秀是与她的辛勤付出分不开的。

今天是开学第四天，在有些同学暗自较劲要超越雅文的同时，班里也还存有一些不合节拍的音符。比如假期作业，直到今天仍有四个孩子没有完成。我每天都提醒并耐心地等待着。

按计划上新课《小苗与大叔的对话》，我检查预习。当问及季羡林是谁，有何贡献时，全班一片沉默。经检查发现，全班只有少数几个孩子查阅了有关季羡林的资料，而大多数孩子并没有完成老师布置的这个预习任务。其实在第一课学习时，我已经发现了不少学生不太重视课前预习。虽已提醒，但效果还是不佳。

众所周知，课前预习是顺利进行新课的有力保障。像今天的新课学习，简要了解季羡林是本节课的一个重要的预习内容，而好多孩子缺乏课前预习这个意识。孩子们本身不太重视预习，以往的预习也是，标标自然段序号，圈圈字词而已。从检查结果看，多数孩子连深入地读上几遍课文也难以做到。

"这样不行，一定要让孩子学会预习，更关键的是要从态度上重视预习。"主意已定，我当然已不能执行前面的备课计划了，于是我重新调整上课思路，以人为本，以学定教——既然孩子连预习都不会，那就从指导孩子预习入手，一切就从头开始吧！

课 外 课

以生命激扬生命

下课了，我还没来得及走出教室，又被涵涵"粘"住了。他跟我谈起了他的观点："为什么不还车就不道德了？父亲把车还给了库伯，他就是傻。"

没办法，我只好边走边跟他聊："涵涵，那是库伯的彩票中的奖，虽然彩票是库伯托父亲买的，但当时父亲已经确定了库伯的彩票是带 K 字的彩票。中奖的彩票是带 K 字的，也就是这车就该属于库伯。而如果父亲为了得奖而篡改了彩票，就是违背了自己当初的承诺，这就是不讲信用，不诚实，通过这种不正当的手段得到奖就是不道德的。"

可是涵涵还是坚持："父亲就是太傻了。"我说："涵涵，你是不是认为，不占便宜、做好事的人都傻？这是你的世界观出了问题，这是非常危险的。"涵涵振振有词："我在一本书上就看到过，有人说雷锋做好事，就是傻瓜！"

这样说着走着，我们就进了办公室。放下书本，搬过椅子，坐在椅子上，感觉我的身高和涵涵的差不多了。看着面前的涵涵，我想此时再讲多少大道理也是白费。但是作为老师，无论如何都不能让孩子带着这种认识走出我的办公室的。思忖片刻，我爱怜地牵起了涵涵的双手，轻轻拉他到我跟前。我对孩子做了这样一个假设："涵涵，人生有时有很多不测，如果有一天你走在路上，突然遭人绑架。这时你大呼'救命'，而路人扬长而去，你会说这些路人因为缺少正义而聪明吗？如果有一天你出发到一个离家很远很远的地方，而你的钱物不小心被盗，你没钱住宿，没钱吃饭，没钱买票回家。此时，如果有个好心人，热心地帮你渡过难关，你会说这个帮你的人傻吗？"这时，涵涵终于改变了看法："嘿嘿嘿！不傻！"

我说："涵涵，生活中有很多人需要我们的帮助，如果你能经常帮助那些需要帮助的人，那么当你遇到麻烦时，别人也会向你伸出援助之手的。"最后，我又拍了拍涵涵的肩膀说："涵涵，你记住，要将心比心，换位思考，帮助别人就是帮助自己。做好事的人，会永远被人称赞的！"涵涵笑眯眯地离开了办公室。也许是我的解答还令他满意吧。

或许涵涵暂时还是不能完全认同"父亲还车"这一举动，但我借题发挥纠正了孩子道德认识上的偏差。涵涵一定明白了一个道理：做好事的人受人称赞，受人尊敬。作为一名老师，也要上好每一节课外课。因为在很多时候，课外课与课内课相比，更是个大学问。

课堂因你们而精彩

上午第二节课，又有老师来听课，我正按教学程序一步步进行着《中彩那天》的教学。当布置孩子们自由读课文时，我巡视到涵涵身边，竟发现涵涵连课本都没有拿出来。我说："涵涵，把课本拿出来好吗？你看大家读得多带劲！"涵涵把桌子上撕碎了的纸片聚拢起来，一边掏书，一边嘟囔着："干吗要还车？"我说："涵涵有意见？那我们先读书，待会儿你起来发言啊！"我安抚好涵涵，走向讲台，教学活动继续进行。

此时我和孩子们正在热烈地讨论一个问题：围绕这辆汽车，课文主要讲了一件什么事？我一边提问孩子，一边启发引导孩子们注意表达要准确。这时，涵涵旁若无人地从座位上起身朝教室外走去。我知道，这孩子会很快回来的。果不其然，也就三分钟的时间他又回来了，若无其事地站在讲台边，用手抚摸着我正在使用的多媒体展台。台下听课的老师都一片惊讶，不知所措地看我如何处理。

这时，黑板上我已经根据学生们的回答，板书了几个关键词：

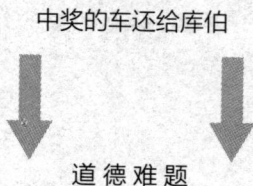

中奖的车还给库伯

道德难题

涵涵这是有意考验我呀！这个小家伙。当然，我是绝对不会错过这样的教育机会的。于是我揽着涵涵，指着黑板："涵涵，你能对照黑板上的板书，说说围绕着这辆车，课文主要讲了一件什么事吗？"涵涵是个聪明的孩子，这样的问题是难不住他的。他脱口而出的回答立刻赢得了伙伴们的掌声。我趁机鼓励："涵涵回答得真好，你总能给大家带来惊喜。现在请涵涵回到座位上，待会儿还有问题等你解答呢！"带着老师和同学们的鼓励，涵涵安静地回到了座位上，脸上写满了兴奋。涵涵的回答，带动了全班同学的学习热情。接下来我的一句话又激发了同学们的参与热情："现在谁来挑战涵涵，按事情的起因、经过和结果，说说课文主要讲了一件什么事？"

真可谓"一石激起千层浪"，随着故事的深入发展，当我让孩子们讨论父亲有哪些理由可以留下车时，课堂上气氛空前活跃。孩子们小手林立，涨红着脸蛋儿，纷纷读句子、谈感悟、说理由。而我穿梭于孩子们中间，幸福地倾听，巧妙地点拨。我因孩子们高涨的学习热情而备受鼓舞，更为孩子们能够深入文本收获到知识而兴奋不已。

下课铃响了，还有很多的孩子"围攻"我，不肯"放过"我。他们还在叽叽喳喳地发表着自己在课堂上还没说过瘾的话题。我不忍打断孩子们对这节课的沉迷，但是课间十分钟时间太短，孩子们还有下节课的学习任务，我只好收拾好书本，在孩子们的簇拥中迅速离开了教室。

听课的几位老师对我说："不愧是特级教师啊，不光课上得精彩，突发事件也处理得精彩！当时我们都担心坏了，你看你稳稳当当，有条不紊，真服了你了！"

其实也没什么，我觉得这就是一节常态课，无非是我巧妙地抓住了课堂突发的事件，多了一份情，多了一点儿智。至于精彩，是因为孩子们，是因为涵涵。感谢四(7)班的孩子们，我的课堂因你们而精彩！

阅读教学要引领学生走向思想的高处

上一次讲《中彩那天》，就父亲中奖得到的车是"还"是"留"的问题，和涵涵展开了一番争论。涵涵的观点：车不该还，父亲是个傻瓜。小孩子这种认识倒也可以理解，如何在道德的十字路口引领孩子？作为老师我自然不会错过这样的教育机会。不过涵涵这孩子认准的事很难改变，所以谈话过程是艰难的。我是费尽心机，晓之以理，动之以情，引经据典，好歹说服了涵涵，纠正了这个孩子的观点。

今天在课堂上又遇到了类似的问题。上午我为老师们上一节示范课《钓鱼的启示》，文中有一句话是这样说的："父亲划着了一根火柴，看看表，离鲈鱼捕捞开放日还差两个小时。"对于这两个小时，我让孩子们展开讨论：跟其他禁渔期比较，这两个小时真的有那么重要吗？你怎么看这两个小时？孩子们众口一词，"重要"的理由是："因为还不到鲈鱼捕捞开放期，钓到的鲈鱼必须放回湖里，虽然只差两个小时，就是两分钟也不行。"大家慷慨激昂，很快就这个问题达成了共识。我正暗自得意，涵涵却喊出了不一样的声音："我认为这两个小时并不重要。"于是，我不得不中止即将进行的下一个环节，示意涵涵谈谈自己的观点。涵涵站起来继续重复自己的观点："我认为这两个小时并不重要。""说说看。"我微笑地注视着他。"因为这两个小时鲈鱼不会排卵，所以没有必要把捕到的鲈鱼再放回湖里。"瞧！涵涵的思维就是这样特别，如果就这两个小时鲈鱼到底排不排卵的问题再探讨一番，嘿！这课还不知扯到哪里去呢。于是，我来不及细想就打断了他："涵涵，你不要用这么极端的例子来回答这个问题，好吗？至于这两个小时鲈鱼产不产卵，我还真拿不准，咱们课下再聊好吗？"我示意涵涵坐下。

一切尽在预料之中：下课后，涵涵果然又"粘"上了我。他质问我："你为什么不让我发言？"我说："没有呀，老师和你说咱们课下再聊，现在我们还可以继续交流。"他说："这两小时就不重要，在这两个小时里鲈鱼一定不会排卵，所以，在这个时间里捕捞和两个小时后的捕捞是一样的。""那你的意思，这鲈鱼可以留下？""嗯。""不管鲈鱼排不排卵，只要捕捞时间不到，钓到的鲈鱼就得放回湖里，这是个道德问题。""不，就不放！"

我语重心长地说："我不希望这是你的道德准则。道德问题就是这样的是与非的问题，没有任何人强求你必须怎样做，就像文中没有人非得强求谁把钓到的鲈鱼放回湖里。当然你可以放回，也可以不放，但作为所有坚守道德底线的人，一定会选择把鲈鱼放回湖里。对此，我们一点儿也不用怀疑。"

课前准备的铃声已经响起，我不想让涵涵耽误下节课，只得长话短说。我拉起涵涵的手，严肃而认真地说："涵涵，人的一生中，会遇到很多很多的难以割舍。但是有'舍'才有'得'，我们每一个人都应该用道德规范来约束自己的一言一行。老师希望你也能这样做，做一个坚守道德的人！"

目送涵涵进了教室，我才放心转身，暗自思忖：希望刚才的谈话涵涵能懂，即便暂时不理解，也希望只是时间问题，我满怀信心，热切期待！一位老师，做好孩子人格方面的引领，比传授知识还要重要。

在教学反思中成长

教学日记十二则

2012年2月14日 星期二

这是新学期的第一节语文课，教学内容为《古诗词三首》。因为课前没有布置学生预习，我不知道课是否能上得顺利。后来发现我的担心有些多余，其实孩子们已背过了这三首古诗词。因此，课堂上我发挥正常，孩子们学得轻松多了。

对于《独坐敬亭山》一诗，我充分挖掘了古诗的内在魅力，声情并茂地一遍遍引读，一遍遍吟诵，把作者因"鸟飞云飘"产生的孤寂之感和与敬亭山相伴的两不厌之情渲染到极致，以至于一节课孩子们对此诗的吟诵也达到了"读它千遍也不厌倦"的境界。

2012年2月16日　星期四

今天学习《桂林山水》一课，虽然我课前已经布置了预习，但课上检查预习时，竟发现多数孩子仅仅是标画了自然段。当我对照课题问"桂林在哪里"时，全班哑然。没办法，这节课只能暂停，我得教孩子们到底该怎样预习课文。于是我以《桂林山水》为例，从课题入手，初读课文认读字词，联系上下文理解词义。每解决一个问题，我就让孩子们注意发现、总结方法，并将方法归纳写在黑板上，再一一引领孩子们在预习中落实。原本要学习《桂林山水》，结果将新授课改为了预习课。这节课重点指导了孩子们如何预习新课，相信孩子们一定有所收获。

2012年2月16日　星期四

下午按课表本应上作文课，但是课文刚开始学习，单元结束后才能写作，于是，作文课改成了讲读课。因为上节课引领学生预习充分，所以课上得还算顺利。两节课轻松结束，孩子们也学得愉悦轻松。反思一下，这节课上得顺利的一个原因当然是课文预习得充分。其实，还有一个重要原因，就是语文课本身是充满魅力的。它的魅力在于文本，更在于教师。教师要善于挖掘蕴含在语言文字里的魅力因素，再加上教师自身的魅力，进而展现出语文课的魅力和光彩。

2012年2月17日 星期五

为了巩固上节课的预习方法，这节课我决定还是引领孩子们预习《记金华的双龙洞》。我给孩子们定了四个阅读目标：

1. 初读，标画自然段，标画生字词，学会生字词。

2. 再读，读通句子，读准字词。

3. 第三遍读，整体把握课文主要内容。

4. 第四遍读，结合课后习题再读，弄清自己读懂的和没读懂的问题，做好标注。

孩子们积极反应，对应目标进行预习。为了巩固预习方法，我又领孩子们一条条落实。如果孩子们每次预习都能自动按以上要求去做，那该多好。期待！

2012年2月20日 星期一

第二节课上课伊始，我先检查了孩子们对《记金华的双龙洞》一文的预习情况。总体不错，多数孩子已基本掌握了预习方法。所以，课文讲解进展顺利。

孩子们通过读课文，先理清了课文的顺序：沿途—外洞—孔隙—内洞。接着逐一研读。通过以读代讲，孩子们充分感受到沿途优美的风光，体验到作者愉快的心情。通过朗读重点解决了第一部分内容，虽说完成任务不多，但这节课孩子们学得很扎实。

2012年2月21日 星期二

"当老师当出职业病了，你谁都想管。"这是老公经常笑话我的一句话。想来也是，我不仅当老师当出了职业病，当班主任也当上了瘾。虽然现在我不担任班主任了，但也经常"越位"，抢些"分外"的事干。

就说今天上午第三节课吧，按课表我跟孩子们上安全课。因为最近有种感觉，班里部分学生学习一直进入不了状态。开学都快两个周了，部分同学还是懒懒散散，拖拖拉拉，课堂上注意力不集中。尤其是课前准备，老师已进了教室，竟然还有些孩子跑来跑去的，一副旁若无人的样子。尽管我一再强调，还是没有很大改观。于是，我忍不住犯了"班主任瘾"。孩子们坐端正后，我又开起了班会：讲习惯，讲安全；联系学生实际，我讲到该如何晨读，如何午练，执勤班长该怎样做，优秀学生该如何做好表率，其他同学该如何体现主人翁的意识，所有同学都要坚持做到"入室晨读""入室午练"或"午读"；我还纠正了孩子们日常路队、卫生中存在的问题；甚至，对孩子们日常的坐姿、走姿、室内物品摆放都做了要求，期望他们能尽快养成好习惯，并让真正的好习惯伴他们成长……我激情澎湃地用不乏鲜活的事例旁征博引，由习惯到安全。既讲了课本知识，又进行了有益拓展；既完成了学科教师的教学任务，又尽了一份班主任的职责。

不知道孩子们领不领情，会不会嫌我一个任课老师多管闲事。没办法，职业病嘛！当班主任上瘾！

2012年2月22日 星期三

今天上午学习第四课《七月的天山》。因为这是一篇独立阅读课文，文质兼美，浅显易懂，所以教学时，我引导孩子们反复朗读课文，边读边想象，感受语言之美，用词的准确，尤其着重引导学生感悟作者是如何表达，如何把文章写美的。在阅读中我注重渗透写法指导，做到了读写结合。

这节课，我教学思路清晰，点拨到位。孩子们顺利地完成了学习任务。

2012年3月8日 星期四

下午是两节习作课，由于写作时机不成熟，就暂改上语文课了。第一节处理《自然之道》的尾巴工作，想象向导的心情，体会向导的悲叹。联想加拉巴格岛金色的沙滩上，幼龟鱼贯而入，浩浩荡荡入海的壮观景象，想象幼龟入海的心情，做小练笔：幼龟入海的美好憧憬与遭到食肉鸟啄食的悲惨情景形成鲜明对比，强调了我们的无知，以及我们的"好心"给幼龟带来的灾难。

本节课我通过朗读、想象、练笔，引导学生一步步悟道，深入浅出，恰当合理。

2012年3月9日 星期五

今天上午我本打算进行第二单元测试，可是一看上交的语文练习册少之又少，于是只检查了一个缺少的作业，又整理了一下妇女节感恩周系列活动的资料。

其实，我早就发现有些孩子不按时上交作业，特别是对老师讲评过的错题，三番五次不改错，我一直想找个时间进行处理。今天终于找到机会"借题发挥"了。于是，我从学习习惯、学习态度、感恩等方面讲起，又感慨了一番。我越说越激动，慷慨激昂，事例鲜活，既"晓之以理"又"动之以情"。孩子们眨着眼睛，神情严肃，听得也很专注。说实话，这帮孩子的学习习惯、整体素质还是有待改善的，多数孩子作业应付，不管对错，以写完为标准，学习主动性欠缺，加上个别家长对孩子的学习不太重视，于是造成孩子对学习缺乏热情。当然，也有不少孩子，乐于学习，态度端正。如果这样的好孩子在班里占绝大多数，他们就会以榜样的力量感染和影响整个班级。期待！

2012年3月12日　星期一

上午第一节课，张老师要为校长培训班提供一节示范课。接到通知，我稍做安排后决定去听课。因为张老师是我工作室的成员，又是我们缔造项目组的成员，做同事以来，我还没来得及听她的课，今天正好是个机会。

我来到二年级(7)班教室，环视了一下四周，感觉到了张老师的用心。墙壁上各个专栏体现了一种班级文化，学生精神风貌也不错。总之，教室的整体感觉让人非常舒服。晨诵结束后，大屏幕上出现了一些画面，有交警、医生、环卫工人等。此时张老师让学生观察画面，提出了问题：图片中都有谁？他们在干什么？学生回答后张老师意在表述：他们让我们的世界更美丽。此处问题设计得趋向性不强，有点儿牵强附会。接着屏幕再现画面，出示新课内容《花婆婆》，导入的问题还可以设计得更简练些。

正文教学，张老师完全采用讲述的形式进行，教态亲切自然，故事伴画面娓娓道来，偶尔设计疑问，给学生思考的空间，最后又让孩子创作绘本。整节课还是不错的。

我觉得以下几个方面还可以做得更好：

1. 老师的情感不到位。讲绘本，故事中的角色是否应根据故事情节的变化语气也随之变化，否则，一个调子下来，学生会产生听觉疲劳，无法引起学生足够的兴趣。

2. 绘本的魅力挖掘不够。应该让孩子多观察，多想象。文本的东西关注太多。

3. 讲故事的过程中，应该调动孩子多种感官参与。说说、想想、做做、演演等。

4. 讲故事的过程中应该有问题意识。教师应设计巧妙的问题，给孩子足够的思考空间。

这是一节低年级的绘本教学课，本人对此缺乏研究，只谈感觉，意在商榷，不当之处，敬请原谅。

2012年3月13日 星期二

"今日事，今日毕。"的确应该如此。有时工作一落下，就会一拖再拖。现在我手头有两件已落下的事情了：其一是"缔造项目的实验方案"，前段时间理了理就放下了，这一放竟然搁了两三周。今天，无论如何也得完成这项工作，否则我觉得愧对领导了。说干就干，下午送走了学生，我就进了工作室，一待就是五六个小时。在这段时间里，我完善了缔造项目的方案，制定了一个实施附件方案。第二个落下的工作是整理妇女节感恩周的部分资料。虽然晚饭没吃，我竟然没有半点儿饥饿感，静静地待在工作室里，独享这份工作的快乐——我带领学生进行的主题为"叶对根的回报——'每日留芳'感恩"系列活动。活动自3月2日开始，到3月10日结束，早就应该总结一下此次活动了。有的家长对这次活动给予了很高的重视，配合得很好，这从上交的感言可以看出，但有的孩子的资料也不全。收齐资料固然很重要，更重要的是，我想通过这个活动，给家长一个难忘的节日，给予孩子的则是一种教育，一种朝向生命的情怀，一种成长的力量。

2012年3月15日 星期四

早晨不到七点半我就进了教室。此时，教室里只有稀稀拉拉的七八个人。我抽查了昨晚布置的必背古诗，依依、然然、鹏宇等几个孩子背得很熟。但是仍有几个孩子背不过，特别是琪琪、玲玲等几个孩子，多次都不能顺利背过了，我只好让他们拖时背诵了。我又抽查了必背古诗打印册，结果发现好多孩子没按要求写完整。这里面有学生自身的原因，也有家长的原因。面对三番五次的要求后还有如此的表现，我真是感慨万千。想想当时为了保证学生的必背古诗更有成效，我特地设计了这个册子。同组战老师按要求排好版，洪硕的家长承担了绝大多数的打印工作，子钰的家长挺身而出，慷慨地分担了剩余的打印工作。家长的义举让我感动万分，想不到孩子们及少数家长却不重视这本诗册。学生没有利用好这本册子不就是无视家长的付出吗？少数家长不及时评价孩子在家的背诵情况，这已经不是一次两次的了。我不禁有些忿忿然：在学校我们每天课前坚持背四至五首，每一首新诗我们或抽查或互背检查，可为什么在家背诵这一关就过不好呢？真是想不通！真是不理解！只是辛苦了洪硕和子钰的家长。但不管难度多大，我也要坚持。明天，明天我还要督促，还要做好我该做的。也许，我可以改变一下工作思路，相信家长也一定能够做得更好！加油！

教育无处不在

道德教育不要过于文字化、大纲化，否则就削弱了道德教育的功能。道德教育应该存在于具体的生活中，在孩子与孩子的交往、孩子与老师的交往中。一个用心做教育的老师，总是善于抓住和创造自然的德育活动，在活动中培养孩子的良好品行，使孩子的心灵在自然的环境中得到净化，人格得到提升。

教育无处不在

中午送完路队就到了学校的门卫室。因与同事有约，我在门卫室等候，一边注视着过路车辆，一边漫不经心地翻着几张报纸。

"我要与你同归于尽！"这时我才注意到门卫室的签到桌旁边两个男孩子的存在。一个歪斜着身子侧着，另一个弯腰趴在桌子上。说话的正是这个趴在桌子上的小男孩，身体看上去挺柔弱的，脸上写满了稚嫩。怎么也不敢想象，这句凶狠的话竟出自这样一个可爱的小孩子之口。这时，另一个小孩子大约看到了家长，径直跑了出去。于是传达室只有我和这个说话的孩子了。我突然又爱管闲事了，总觉得应该对孩子说些什么。我微笑地注视着孩子，顺便问了起来："小朋友，你知道'同归于尽'是什么意思吗？""知道！""那你说说看，'同归于尽'是什么意思？""就是两个人一块儿死！"小家伙不甘示弱。"可是为什么两个人要一块儿死呀？""不想活了呗！""可是非要选择去死吗？"我紧追不放。"因为没有办法了才去死的。""是呀！孩子，人在绝望的情况下才选择去死，同归于尽的人一定是绝望了，实在没有办法了，才这样做的，那是迫不得已做出的决定！所以，孩子，这个词不能轻易说出口的。"我抚摸着小男孩儿的头。

已看见马路对面的同事的影子，我起身准备离开。孩子若有所思地点了点头。

我不知道这个可爱的男孩子是否听懂了我的话，但不管他听懂没听懂，我觉得作为一名老师，作为孩子的长辈，我一定要这么做！

班里有个星星

星星是我刚接任的四年级的一个女孩儿。关于她的一些不良习惯的有很多传闻，之前的老师、同学都对她敬而远之。因为有了先前的了解又加上班里学生的劝说，有一段时间我对她听之任之。心想，反正这也不是一天了，就听之任之吧。

可是，有一天我改变了自己的想法。那一天我经过星星的身旁，她的桌子上摆满了各种各样花花绿绿的小玩意儿，桌洞里酸奶、方便面、糖块，应有尽有，地面上散落了很多的食物渣。她见我在她身边停住了，便用手把桌面的东西拢了起来，紧紧地用手按住，连看我都不看。我说："星星，瞧你长得多漂亮。"星星抬眼瞥了我一眼。我继续说："咱们班这么多孩子，我最先认识的就是你。你是我第一个叫出名字的，知道为什么吗？"星星摇了摇头。"还不是因为你长得漂亮呀！"我抚摸着她的头，脸上始终挂着微笑。我看见星星的眼睛里闪过了一丝亮光，嘴角向上画了一道弧线，少了往日的那份仇视。我接着说："这么漂亮的孩子会扫地吗？"她不屑地说："扫地？谁还不会？""那你去拿两个笤帚，和老师一起把这扫干净好吗？这么脏的地方有点儿给你这么漂亮的小姑娘抹黑了！"于是我带着星星三下五除二，把她的桌面、桌洞、脚下的地面全部清理干净了。

接着我说："星星，我们忙了半天，怎么感觉桌面还是不太让人舒服呢？"星星看了看周围同学的桌面，小声地说："老师，我的东西太多了。"太好了，这就是我想要的。我说："果真如此。来，老师帮你整理整理。我们把不需要的东西放到书包里，中午放学先带回家怎么样？"星星点点头。放学时我看见星星背上了那个装满物品的书包，高兴极了。

练字时间，我特意走到星星身边。星星的桌面上不再如往日般零乱了，有的只是些该有的文具。但星星摆弄着语文课本不知该干什么。我弯下身子说："星星果然是个好孩子，今天的桌面多干净！""老师，我今天没带玩具，也没带零食。""是呀，星星都是四年级的大学生了，哪能像幼儿园的小朋友一样还要带玩具、带零食？""羞死了！"星星这样说道。我趁机说："你看你是学生嘛，你的任务是学习，星星想不想学习？""想学，但学不会。""你这么聪明的孩子怎么可能学不会？再说老师可以帮你呀！来，咱们现在就试试。"于是我教星星认读学过的字词，读刚学过的古诗。我看得出孩子并不是不聪明，只是心理上排斥学习。这时我突然产生了一个想法：在我的班级我要让这颗星星闪光！

老师，我也想要个同桌

从那天起，我开始注意星星了，和她的交谈也多了起来。起初只是和她聊一些无关紧要的家常小事，慢慢地星星和我不那么生分了，有时竟会主动往我跟前凑。后来我就因势利导，提醒她要和别的同学一样晨读、练字。课堂上我始终关注着她的表现，哪怕她刚坚持坐了三两分钟，我也赶紧表扬："瞧，人家星星坐得多端正。"她于是马上坐得更好。虽然她隔三岔五地也还是带些小食品，但没再像以前那样带得多、摆得乱了。我就表扬："你看星星现在进步大了，基本不带零食和玩具了，而且也懂得讲卫生了。"听到表扬后星星赶紧把仅有的小食品装到书包里。一段时间后，她真的不再带这些东西了。而且我发现，她特别喜欢打扫自己的周围，有时放学时还要帮助值日生做值日。我表扬星星多了，她也慢慢和我亲近起来了：有时夸我真好，有时夸我漂亮，有时还非要送我个小玩具。有一次，她带来一包瓜子和几块糖，放我桌上就跑。我追出去，她却说："老师我今天没带零食，那是给您的！"

因为星星是单桌，所以自习课上我经常坐在星星的桌旁批作业、看试卷，顺便提醒星星做点什么。看得出，星星很高兴。后来我发现星星的话多了起来，不再像以前那样寡言少语，脸上的表情也丰富起来了。

可是，这张脸突然有一天又没了笑容。那天早晨，我早早到了教室，看到同学们都在聚精会神地晨读，我就回到办公室，翻了翻教材，准备了要上的新课。这时办公室的门缝里闪进了半张脸，那是星星的脸，那张脸不再有笑容。见了老师的星星，也不再像前几天那样看见我就会喊一声"孙老师"！这孩子有事，我赶紧招呼："星星进来呀！有事吗？"星星手把着门不进也不出，眼睛盯着地面好像在躲闪着我，一脸的不高兴。

我越发肯定孩子有事。我站起身，拉着星星让她靠近我坐下。我抚摸着她的头："星星因为相信孙老师才过来跟孙老师谈事的，我猜对了吧？""老师，我也想要个同桌。"声音几乎是飘进我耳朵的，很小，怯怯的，近乎哀求的语气。我怔住了，我想到了尽可能想到的事，可唯独没有想到会是这件事。我一时无语，竟然不知该说什么。见我没表态，星星仰起小脸可怜巴巴地又说了一遍："孙老师，我也想要个同桌。我就这一个要求。"声音虽然小，但几乎是带着哭腔喊出来的。我抚摸着星星，心情异常难受：怎么也没有想到星星会跟我提这样一个要求。要个同桌，这难道是个要求吗？过分吗？我把星星紧紧地搂在怀里，好像突然找到了自己丢失多年的孩子。紧紧地揽着她，我的心在颤抖，我真想哭：自上学至今星星几乎都是自己一张桌子，没有同桌。她几乎没有朋友，也几乎没有谁在乎她的存在。她漠然地独来独往，她可能也忘记了她是集体中的一员，这种生活她好像已经适应了。如今，我无法考证星星是怎样做出这个决定的，但我觉得孩子的这种合情合理的要求我有什么理由不满足呢？于是，我马上拉着星星到班里，让同学们评价星星近来的表现。表扬了大家的爱心和评价后，我抛出话题：谁来做护花使者和星星同桌，和老师一起帮助星星进步？结果是不言而喻的，星星终于有了自己的同桌。

大家用真爱感化着星星，星星也在回报着大家。她有礼貌了，讲卫生了，特别是爱劳动了，主动承担了教室里两个大窗子的保洁工作。

爱学生，更要爱特殊学生，因为他们更需要教师全身心地用爱去包容、接纳，帮助他们融入集体，感受集体的温暖。

无言的结局

我开始过分地关注星星了。单独给她开小灶，晨读和练字时我让星星坐讲台上。我教她读书、认字、写字，每天单独给她布置作业单独检查，经常给她听写，经常表扬鼓励她。会背的古诗我让她在课堂上背给同学们听。起初她不肯，只愿意背给我一个人听，我就琢磨办法带动同学们鼓励她。就这样她敢于在集体面前背诵古诗，读"词语盘点"这些较容易的知识了。一段时间下来，星星真的认识了很多字，尤其是对"词语盘点"掌握得很不错。听写出错越来越少，每天坚持写字，每次都把写的字送给我看，星期天也能坚持做些简单的作业。

但这样一来，她好像只信任我一个人了。天天跟在我后面，我下了课她就跟去办公室门口来回转悠。上别的课她也不进教室，说多了就哭，还说她就喜欢学语文，别的课不想学。考虑到安全，考虑到这样特殊的学生好不容易有点儿进步，我想慢慢来吧。再说，跟着我总比在外边转悠强。于是，我答应让她进了办公室，在办公室一角给她放了一个凳子。每次给她布置上作业，她都能按时完成。并且这孩子很勤快，越表扬她越有干劲，抢着在办公室打扫卫生，抢着给老师倒水，甚至还抢着接办公室里的电话。老师们开玩笑说她给我做秘书很合格，她信以为真。于是她真的自封为我的秘书了。别人问她是谁，她会高兴地说她是孙老师的秘书。在这样一个特别的孩子看来，这是最好的称呼了。我尝试让她回教室，跟她讲了很多遍道理，她才答应去课堂。结果在课堂上她又严重违反课堂纪律，被任课老师赶到了办公室找我处理。我很严厉地批评了她，她哭着告诉我她只喜欢语文，一上别的课她就头疼。我一时无语，特殊的孩子只能特殊对待了，既然她在办公室能学点儿，那就先在这学着吧。也许有一天她会突然开窍，懂得老师的这份苦心。

从那以后，她跟我跟得更紧了，而且还会察言观色。有一次我在课堂上急着赶课，没有跟她交流，结果她在我的语文书里放了一张小纸条，上写："孙老师你为什么不理我了？"我怕伤了孩子，赶紧解释原因，并对她提出新要求。那段时间星星真的是快乐的，整天哼着小曲，行为很规范。有一次听写"词语盘点"、默写古诗，她竟然连续五次得九十分以上，同学们送给了她最热烈的掌声。期末考试时，她凭自己的努力取得了前所未有的成绩，期末总结会上我也给了她前所未有的荣誉。放假时，我单独给她家长写了一封信，报告了孩子的进步和取得的成绩，并提出建议，告诉家长在长假中怎样督促等。

　　只可惜，后来新学期开学我又接了个新班，不知不觉离开星星所在的班级已近一个学期。元旦前的一天中午，我经过星星所在的班级，突然想看看同学们的午练怎样（我们学校多年来一直坚持早晨入室晨读，中午入室练字，简称午练）。星星就站在教室外，看见了我，边跑边说："孙老师来了，我也要回位坐好了！"

　　虽然我不教星星了，但每次见到她，我都会爱怜地抚摸着她，心里总有一种说不出的滋味。再后来，星星上了初中，我见她的机会更少了，但我会经常想起这个特别的孩子。

　　像星星这样的孩子，我们做老师的几乎都遇到过，能够改变他们的最好的方法就是爱。要相信，爱的力量神奇而伟大，它能够震撼学生的心灵。一个眼神，一句话，一旦进入学生的血液，化作他们信念的一部分，将会产生意想不到的教育效果。

　　我期待着星星在爱的雨露下有个幸福的未来。

"让我喜欢你"

　　课间操结束后，我找到了走在队伍后面的奕含。

　　奕含是一个看起来很文静的女孩。平日话不多，有时干脆就不说话，尤其是在语文课堂上。我接班以来，就没有见她主动举手发过言，偶尔叫她回答问题，她通常也是红着脸、低着头几乎不言语。她的作业出错率较高，我有时也委婉地提醒过她，今天正好借机会跟她聊聊吧。

在操场上的椅子落座以后，我开始了话题。我先表扬了奕含的书写进步很大，又跟她提了练字。小姑娘听得很认真。接着我又说了老师对她的印象："孙老师很喜欢你，喜欢你文静的外表，更喜欢你文静的外表下有一颗不服输的好胜心。"我列举了曾经带过的班里的几个文静的女孩儿，她们的多才多艺，她们的阳光自信，她们的优秀表现等。我说："孙老师希望你也是这样的女孩儿，你可以做这样的女孩。"

我趁机委婉地指出她的不足之处，在学习、纪律、活动方面给她提出了一些建议和要求。当然，我以鼓励为主，奕含不住地点头称是。我还让孩子谈谈对老师的感受，孩子说得很诚恳，说感受到了老师的关心。我说："孙老师是一个追求完美的人，因为我喜欢我教的学生，我希望我的学生永远是优秀的、卓越的，所以我对我教的学生高标准、严要求，对学生的走姿、站姿、坐姿，甚至一举一动我都严格要求，这在一定程度上可能约束了你们，你能理解吗？""能！"她使劲点了点头。

我抚摸着奕含的头说："因为你是我喜欢的孩子，所以我希望你会学习，多读书，在课堂上能积极回答问题，主动参加活动，自信些，你是优秀的。奕含，老师有个要求，你愿意满足我吗？"

她又用力地点点头。我说："我的要求是'让我喜欢你'，你愿意做我喜欢的孩子吗？""我愿意！""那好，从现在开始，你就是孙老师心目中最喜欢的女孩儿了，而且你一定也能做一个最优秀的女孩儿，老师不会看错你的，今天的谈话就是我俩的约定。"

送走了奕含，我内心不免自责起来。的确，接班以来，我跟孩子沟通交流的少了，往往上完课就离开了孩子的视线，很少和孩子这样促膝而谈。如果给自己找个借口，是因为不当班主任；可是作为一名教师，我没有任何理由可以去包容我的这个借口。

惭愧，惭愧……

迷路的孩子，回来吧！

休整了一个假期，还真有点儿想孩子们了。早晨起了个大早，想早一点儿回到教室，可是，没想到车在离学校不足二百米的路上整整被堵了近半个小时。停稳了车，我飞也似的奔向了教室。可是眼前的景象立刻挤走了我对孩子们久别的思念与期待：教室里满是污渍的地面上躺满废纸，特别刺眼的是，一个用来回收废纸的编织袋毫无顾忌地摆放在书架边，旁边还堆积了一些废纸；更让人难以接受的是，粉笔头、黑板擦、无用的书本肆无忌惮地侵占了原本整洁的多媒体讲台；再加上个别同学旁若无人地叽叽喳喳、交头接耳，使原本杂乱无章的教室更增添了无序的混乱。明摆着的事实，前段时间我休病假，疏于管理班级，孩子们也放松了对自己的约束，好不容易养成的好习惯全部丢掉了。看来我这班主任的工作又得从头做起了。

当机立断，我提前进入了工作状态。我认真地跟孩子们谈孔子的思想，要求孩子们养成自觉思考的习惯，鼓励孩子们要相信自己"我能行！"再跟孩子们重温作为学生应该有的好习惯，恢复以前的执勤班长值班制，布置今天立刻要做的事，明确明天乃至以后应该坚持的好习惯。带着对孩子们的真诚与信任，对孩子们的期待与希望，我心情激动，不知不觉和孩子们讲了一节课。

孩子们，回忆我们曾经的荣耀，回忆我们所得的每一面流动红旗，你还会无动于衷吗？整齐有序的路队里有你，大声晨读、认真练字的队伍里有你；升国旗时你庄严肃穆，课间操你认真规范，楼梯上你没有忘记轻声慢步靠右行，入校门你自觉成队，校园内你讲文明、懂礼貌，走廊内你不大声喧哗，不追逐打闹。执勤的老师称赞你，临近的班级羡慕你，因为你曾经是我们学校的样板班级，因为你曾经是校园里一道亮丽的风景啊！可是，今天是怎么了？

哦！我明白了，老师知道，你们不过是临时迷路了。这不是你们的错，是老师不在你们身边，你们暂时迷失了方向。孩子们，没关系，幸好你们没走远，我在大声地呼喊着你们：迷路的孩子，回来吧！

你们听到了吗？

作业发下来了

今天下午，配套练习册发下去了，这是开学以来的第一次作业。在批阅过程中，除去两本没有写名字外，我总觉得还少了几个熟悉的名字，逐一清点发现，果然是少交了六本。本着"惩前毖后，治病救人"的原则，我让没交作业的同学主动站起来：一来是让不交作业的同学在同伴面前萌生一种羞耻感，达到自我教育的目的；二来是有意考验一下不交作业的同学是不是诚实，敢不敢承认错误。不出我所料，调查结果很明了：浩浩一时疏忽忘记了交作业，并且为自己的疏忽流下了内疚的眼泪，我想这个孩子绝不会再犯这样的错误了；丹丹、陈成等同学因为作业有难度根本没有完成，也许还有其他的原因，只希望这些孩子能更加自觉、更加上进，在学习上不服输，啃下这块硬骨头。可偏偏是这些孩子的学习状态让人担忧，课堂上不会听讲，也不会主动回答问题，作业竟然不按时上交，我很为这些孩子担忧。还有不到三个月时间就毕业了，这些孩子如果带着这样的成绩、这样的学习习惯步入初中，结果是不言而喻的。孩子你哪天才会明白，在人生的起跑线上，你们不能落下，现在你们怎么就不着急呢？你们没有感受到家长焦急的心情，没有看到老师的担忧吗？我是说过"孩子们长大了，我不会批评你们了"，可是，你们知道老师为什么不批评你们吗？是对你们的纵容吗？不，你们错了，那是老师给你们一个思考的空间。聪明的你，感受到老师的宽容里对你们的期待了吗？相信你们一定能知错就改，相信你们也会因此改变自己的学习态度，因为最好的教育是自我教育。

作为学生，不写作业或不按时上交作业都是错误的。但能在同伴面前站起来，跟同样不交作业但拒不承认的同学相比，你们多了一份勇气。勇于承认错误，这是诚实的表现，也是负责任的表现，更是做人最起码的品质。加油，孩子，老师期待着你们的进步！

找回曾经的美好

不知不觉开学已经两周了。第一周，我和孩子们差不多都是在焦躁不安中度过的。因为刚过完年，虽说是开学了，但心还牵挂着浓浓的年味，没有完完全全地收回来。但是，即便年再好也还是要过完的，我们终究还要开启新的篇章，迎接新的一年。

既然这样，那就动手干吧！首先，从班级日常工作做起，恢复执勤班长值班制。重点抓好晨读、午练，找回原来的好习惯。其次，抓路队，总体要求后，重点抓好路队长要以身作则，做事干脆利索、大胆泼辣、敢于负责任。再次，抓班级卫生和室内环境。理清了思路，接下来得有配套的措施。我清楚我带的这群孩子，绝大多数孩子的情商很高，他们善解人意，懂得体谅老师。更重要的是，这群孩子都有强烈的集体荣誉感和责任感。他们曾经有过各种各样的荣誉，曾经拥有让别人羡慕的光荣史，这一切都是孩子们不懈努力的结果。虽然有段时间稍有放松，但我相信孩子们在荣誉面前是不肯服输的，他们会很快找回自我的。

绿野的孩子我了解，我决不会对他们大发雷霆横加指责，我一定会循循善诱，晓之以理，动之以情，用真情感化他们。

写随笔是和他们交流的最好的方式了。我从班级现状给我的感受，到回忆他们曾经在路队、晨读、午练中的出色表现，努力地帮助孩子们回忆起那份遗失的美好，那份曾经拥有的荣耀，字里行间流淌着我对孩子们的信任和期待。我大声地呼喊着："迷路的孩子，你回来吧！"或许是我的真诚打动了孩子，或许是我的信任点燃了孩子们的激情。很快，班级工作渐入轨道。我乘胜追击，环环相扣，抓典型、找榜样引领，工作快马加鞭，教室里一天天有了明显变化。尤其是房少聪和范小迪的执勤日，学生表现总体不错，卫生也有了好转，当然还没有彻底改变乱扔废纸的现象。最有成效的是路队，队伍整齐了，说话的少了。首先要感谢两位路队长的认真负责，当然全体同学的积极配合也是功不可没。

总体来看，两周时间，多数孩子已经找回了那份美好，更多新的美好也在继续：我发现很多孩子和我一样喜欢上了写随笔，而且能一直坚持写。这些孩子在写随笔的过程中学会了观察和思考，一件微不足道的小事都会引起孩子们的写作兴趣。他们写自己的所见、所闻、所思、所悟，记录自己的生活故事、成长轨迹。孩子们的文笔更加流畅了，关键是他们学会了道德的长跑，学会了意志的磨炼，学会了自我检点、自我激励。许多孩子学会了反思，他们在反思自己每一天的学习和生活。

孔子曾这样说："吾日三省吾身。"一个人能够从小学会反思，这是多好的一种品质呀！希望其他孩子，在榜样的带领下，也能坚持写随笔，并且能形成一种习惯。这样坚持下去，不仅孩子们的写作水平会有一个质的飞跃，而且还会拥有人生中最大的一笔精神财富。

细微之处见精神

细节无处不在。通过一件小事，就能看出一个人是否有责任感。在我的督促下，经过孩子们的一番整理，教室里看起来顺眼了许多：桌凳摆放整齐了，纸屑处理干净了。我的心情顿时好了许多。毕竟是开学的第一天，我知道松散了一个假期，有些好习惯孩子们已经淡忘了。作为班主任，需要及时不断地提醒才会有效。于是，课间操后，我走进教室，眼前的一切进一步验证了我的担心：一进门，几张横七竖八的桌子格外刺眼，地面上零零散散地多了些不该有的纸屑。我很无奈地暗暗叹了一口气。目睹孩子们陆陆续续地进了教室，我不动声色地期待着，一个、两个、三个——早进来的几个孩子对纸屑视而不见，边走边交谈着回到了座位。顿时失望与不安涌上心头，我不甘心地继续在人群里搜寻、期待着。我终于等到了我想看到的一幕：刘洋进来了，他挂着一脸的微笑。我无法猜测这微笑源于哪里，总之这并不重要，重要的是刘洋一进门就注意到了这几张歪歪斜斜的桌子，于是他悄悄地走过去，轻轻地把桌子摆放整齐。一切是那么自然，自然到就好像是对待自己的桌子。紧接着蒋文政进来了，这个在老师心目中做事一贯认真的孩子，果然没有辜负老师对他的信任，他发现了躺在地面上的废纸，也是很自然地弯腰捡起。

虽然是几个简单的动作，可我就像欣赏艺术品一样欣赏着两个孩子，心里得到莫大的安慰，内心深处有了一种满足。从这两个简单的细节中，我看到了两个孩子心灵的可贵，这种可贵之处表现在两个孩子的责任心上。事实上，有些事情并不是需要费很大的力气才能完成的，做与不做之间的差距就在于——责任。不守纪律、随意乱扔废纸，说到本质，就是一种不负责的表现。首先是对班集体不负责，更是对自己的不负责。没有做不好的事，只有不负责的人。责任承载着能力，一个充满责任感的人，才有机会充分展现自己的能力，才有机会获得成功。

孩子们，生活其实是由一些小得不能再小的事情构成的。像我们每天上课、做作业、做操、值日，这的确是一些具体的、琐碎的、单调的事，也许你觉得过于平淡，也许你认为是鸡毛蒜皮，但这就是我们的生活，是我们日后成就大事不可缺少的基础。所以，无论做人做事，都要注重细节，从小事做起。一个不愿做小事的人，是不可能成功的。不会做小事的人，也做不出大事来。

细微之处见精神。老师真心希望责任能成为你们每个人的一种习惯。

教育，让我的生活诗意徜徉

拥抱你，新教育

—— "全国新教育实验研究"专家报告会有感

　　我有幸参加了3月5日在市实验学校举行的"全国新教育实验研究"专家报告会。听过很多次的报告，但从来没有像今天这样兴奋激动过，也从来没有像今天这么平静过。

　　这不是矛盾吗？不，绝对不！因为，新教育的核心追求是：帮助师生过一种幸福完整的教育生活。通过新教育实验能让我们实现过上幸福完整的教育生活的愿望，这能不让人兴奋吗？"新教育实验是一个理想的教育实验，新教育是一群为了理想而活着的纯粹的人，是为了帮助人类不断地走向崇高从而也让自己不断地走向崇高的人。""新教育以非凡的感召力，让很多身处'迷茫'之中的教师找到了方向，看到了希望，让无数教师感动、感奋，进而投身其中。"我反复咀嚼着朱永新教授编著的《新教育》一书，内心涌起一阵阵热浪，浑身上下每一个细胞都洋溢着激情。

　　多年来，我一直和孩子们以真诚沟通，用心灵教育。学生多，

就会有各种性格类型的特殊学生的存在，有时也很难百分之百地控制住自己的情绪。后来我就想起来写随笔，在班里和孩子们交流。我写孩子们的种种表现及我的感受，我决不横加指责，我一定会晓之以理，动之以情，字里行间写满了我对他们的期待和包容。孩子们听着，内疚着，反思着，也努力地改正着，我发现这比直接批评效果好多了。于是，我就坚持写，写我和孩子们的生活，写班里发生的故事，写完就交流，不仅交流内容和方法，还交流思想。后来我发现孩子们也写随笔了，他们用随笔反思自己一天的生活和感受。所以，当听到卢志文院长讲到新教育的六大行动时，我心情异常平静，因为，我觉得在某些方面我实际上已经开始行动了。

新教育理念中提到"无限相信学生和教师的潜力"。基于这一理念，新教育认为，必须为师生的成长和发展搭建舞台、创造空

间。给教师多大的舞台，他们就可以演绎多大的精彩；给学生多大的空间，他们就可以创造多大的辉煌。新教育理念中还提到"聆听窗外声音"。一名学生、一位教师，如果仅仅生活在校园，仅仅生活在课堂，仅仅阅读教科书，仅仅做练习题，听不到窗外的声音，看不到窗外的世界，老师和学生是难以真正成长的。不管是从新教育的五大理念还是新教育的六大行动中，我都能找到自己非常认同的观点。仔细品读这些著述，我觉得新教育就是我寻觅已久的知音，是我的导师。"众里寻他千百度，蓦然回首，那人却在灯火阑珊处！"新教育，你让我望眼欲穿地等了你好久呀！

我曾经有着自己的教育梦想，我很想把自己的班级打造成独一

无二的班级。我多么希望能像常丽华老师那样有做事的自由，可以选择自己该做的事，可以经常走出去聆听窗外的声音。这次，新教育你来了，我看到了希望，我真诚地呼唤你，我要热切地拥抱你！

长在心田里的银杏

新营小学靠近校园东墙的小路上，有几棵粗壮的银杏树。每年秋天，金色的银杏果缀满了枝头，银杏叶把挺拔的银杏树打扮得金碧辉煌。秋风乍起，银杏叶翩翩起舞，银杏果沙沙作响，真是好美的秋之韵。

记得那时，我差不多是学校里每天到校最早的老师。每次经过银杏树下，我都会抬头仰望。我天生喜欢这树，它的叶子摸上去滑滑的。我更奇怪，它为什么会长成一把把可爱的小扇子呢？大自然真是鬼斧神工。

只叶子就够可爱的了，然而还会结金色的果子。关键是，它不像其他果树一样，需要施肥、打药等精心管理。有好多树是中看不中用，或中用不中看。可银杏树就不同，它不仅好看，而且浑身是宝：银杏叶可以制成银杏茶，和银杏果一样都有神奇的降压功能。

小时候，邻居家有棵银杏树。大概那时还没有人认识银杏的药用价值吧，邻居嫌它不成材、没用，于是，一斧头砍了当柴烧了。

我心疼地捡了几片落叶，宝贝似的收藏了好长时间。一直到现在，我还有这个嗜好，见到银杏叶就忍不住想捡几片夹到最喜欢的书里，既当书签又当标本。看书前总会拿在手里，像欣赏一件艺术品似的欣赏它。

工作后，我进了城，在公园里见到了不少的银杏树。后来，我到了新营小学，可以天天见到银杏树。我走在树下，偶尔还会幸运地受到银杏树隆重的礼节：银杏叶一片一片飘落在头顶，倏地又亲吻了额角，洒落肩上，然后羞答答地落地，都还没来得及看清是哪个"小淘气"呢，忽又飞来几只俏皮的"黄蝴蝶"轻盈追风，旋又飘然落地。

不经意间，小路上已是金色一片。我置身于这样的环境，感觉整个的人也光亮灿烂了许多。

后来，我们班搬到了教学楼南楼，我的自行车也换成了小汽车。每天出入学校，我不再经过那条有银杏树的小路了，和银杏树见面的机会逐渐少了。

突然有一天，学校传达室门口多了两个袋子，门卫老贺说是收获的银杏。我这才记起，唉！整天忙碌着，已经好长时间没看银杏树了，心里一阵自责。

"噔噔噔"跑上了三楼教室，早来的孩子们已经很习惯地开始早读了。我巡视了一番，放心地回到办公室。拿出课本、教学用书，梳理了教学思路，又批改完了作业，起身离开办公室。再次走进教室，环视一周，孩子们都到齐了，晨读的声音一浪高过一浪地，让我这个班主任颇感欣慰。我班孩子入室晨读的良好习惯和自觉意识，是全校有目共睹的。

我很自然地在教室里巡视。眼神经过亮亮时，我分明感觉到亮亮有点儿不自然，他似乎在躲闪着什么。以我多年的班级管理经验，这小家伙肯定有问题。我不动声色地走近了亮亮，发现亮亮手上沾满了花花绿绿的颜色，桌面也留有色彩的痕迹。我问怎么回事，这小家伙吞吞吐吐不肯说。我说："跟我去趟办公室，去前要考虑好该跟我说什么。"这是我处理班务的习惯，一般不会当着所有孩子的面处理一个孩子或少数几个孩子的事。原则是"我给你留足面子，但你必须跟我说实话"。

我刚进办公室坐定，亮亮就来了，他手里捧着一些五颜六色的东西，哗啦啦往我桌上一放，说："孙老师，我错了。""你这是弄了些什么呀？"亮亮走上前拿起一个小盒子："这是硕硕爸爸出差买回来的。"当我耐心地听完亮亮的话后，终于把事情搞清楚了。

硕硕的爸爸出差回来给硕硕买了几盒彩石，亮亮好奇，说借一盒研究研究。亮亮找了各种大小不一的鹅卵石，仿照着搞起自己的作品。刚才那是正忙着"创作"呢！

我也禁不住仔细欣赏起这盒彩石。这些大大小小、形状各异的石头被巧妙地涂上了各种色彩，还绘制了各种小动物图案，还有各种脸谱，煞是招人喜爱，怪不得……我把脸转向亮亮："让我看看你的作品吧！"亮亮磨磨蹭蹭地从口袋里拿出一个绿色的小玩意儿。我仔细一看，那是一个小西瓜，还挺像呢！"还有吗？都拿出来！""没，没有了。"亮亮嗫嚅道，但眼睛不敢直视我。"看着我，真的没了？"亮亮见我一副不罢休的样子，只好又从口袋里摸出几个奇形怪状的东西。我一一端详着：有小兔子，有两个脸谱，还蛮像呢！还有一个像小乌龟，但材料不像是石头，很轻很轻。正想问亮亮，还没开口，亮亮就说了："孙老师，那是我用杏核做的。""杏核？"我翻过来覆过去地看着，琢磨着，突然，心里乐开了花。"你呀，可真厉害！东西先放我这儿，回去上课。""孙老师，我错了。那——我借硕硕的，说好，下午要还的。""续借，我再借你的。"我突然很武断地跟孩子说了这番话。

其实，当亮亮告诉我这小乌龟是用杏核做的时，我也从中受到了启发。因为，我想到了学校门卫处的那两袋银杏果，下午有节综合实践课，我们有事干了。中午放学前，我安排孩子们，下午带彩笔、桌布。孩子们问干什么用，我说："恕不奉告！"

下午上课时间到了，我神神秘秘地将两个用报纸包得严严实实的方便袋放到讲台上，故意看了看大家但没说话。短暂的沉默后，孩子们却沉不住气了，他们嘀嘀咕咕的，满脸疑惑。我慢慢掀掉方便袋的"面纱"露出了真面目。"银杏！"孩子们异口同声。我安排了四个同学，让他们分给每人一大把银杏。看着面前的银杏果，孩子们再次小声议论起来。有几个俏皮的男孩子，正有滋有味地品尝起了银杏果。

这时，我打开了投影仪，屏幕上摆放着我从亮亮那里"硬借来"的彩石。我们一一欣赏着，大家惊叹不已。最后，我又把亮亮的作品放到展台上。我说："刚才咱们看的彩石是花钱买的，你看，这些作品，是没有成本的，他是一个孩子的作品。""啊？谁呀？这么厉害？"

大家又七嘴八舌地议论起来。我看了亮亮一眼："现在，让我们用热烈的掌声，欢迎作者给我们讲讲他的创作经历。"亮亮大大方方地给大家讲完了他的创作故事。我接着宣布："下午的综合实践，就是发挥你们的想象力，奇思妙想绘银杏。""耶！"教室里欢呼声一片。

放学前，我把彩石还给了亮亮。我不但没有批评他，反而说：

"没耽误你事儿吧？谢谢你，给了我灵感。"亮亮接过彩石赶紧说："没，没——"接着涨红着脸说："孙老师，我知道以后该怎样做了，您放心。"我笑着拍了亮亮一下："回吧！"亮亮转身离开了办公室，可不一会儿，一个尖尖的脑袋从门缝里钻过来："孙老师，你太有才了！"我正想回话，人一溜烟跑远了。哈哈哈！调皮的笑声洒了一路……

城里的银杏树越来越多，我对银杏的感情也越来越深。看看相册里的照片，这帮孩子都上高三了。突然，好想他们！

为爱忙碌

退却了白天穿梭在校园的忙碌气息，昨夜，我又独自坐在灯前，只为完成今天的这份作业。周围除了偶尔的汽车马达声外，世界静得仿佛只有我一个人了。伏案，随手写下"为爱忙碌"四个字，心中有一种说不出的感动。仔细回顾二十年来的工作历程，走过的每一步其实都是在为爱忙碌。

爱，是人类永恒的话题，也是人类最基本、最自然的情感。但教师的爱又有所不同，因为他爱的是学生，是别人的孩子，这是一种特别的爱，神圣的爱。

1. 爱得艺术点——热爱学生是老师的天职。

学生是有思想、有感情的活生生的血肉之躯，这就要求班主任在教育过程中应充满人情味，充满对学生的理解、信任、尊重，做学生的良师益友。用情谊去感化他们，用理解去说服他们，从而促使他们改正错误，让他们在教育的细微之处，体察老师的一片苦心，感受老师的一腔真情。

那天经过教室门口时，我发现室内有人影晃动。我走过去一看，见教室里除正正外还有两个孩子，一问才知上音乐课。在我的催促下，其他两个孩子很高兴地上音乐课去了，而正正没有想去的意思。我说："正正赶紧走啊，要不更迟到了。"正正说："孙老师我不愿意上音乐课。""为什么？""不为什么，反正我不愿意上。音乐教室里凳子不够，还得自己带凳子，太麻烦了。""哦，原来如此，你是嫌带凳子麻烦才不去上课的。"我边说边走近了正正，"这好办，来，孙老师正想锻炼锻炼身体，我帮你搬凳子，不过课咱还是要上的。"小家伙见我真要搬凳子，立刻脸红了，连忙笑着摆手："不用！不用！我自己来。"他抄起凳子刚离开教室，我也跟了出来准备进办公室。谁知他竟然在走廊上哇哇大哭起来，边走边哭。我想他这课是肯定不能上了。

我把他带进办公室，好歹劝他止住哭声。一问，才知这个思维简单的孩子不上音乐课的理由竟是那么简单：音乐课没有固定座位，学生们都愿意和好伙伴坐在一起，而他的周围没有他喜欢的伙伴。他还说，有些同学上音乐课在一起交头接耳。为了证明他说得对，他非要带我去巡视音乐课堂。

跟正正从音乐课堂回来，我们又进行了一次长谈。我肯定了他的优点：善于发现问题，要不老师真不知道同学们在别的课堂上的表现，这是关心班级的表现。不过跟老师反映问题，要注意方式方法，特别是要注意自己的形象，不能像个小孩子似的说哭就哭，影响不好。

后来，正正经常跟我建议路队中的问题，我于是有了一个大胆的想法：让正正当路队长。鉴于他的学习和纪律以及在同学们中的威信，让他当路队长同学们能服吗？我跟正正多次谈话，鼓励他；在班会上，我列举了正正能胜任的理由，表扬了他对路队的建议；再由班委几个同学发表肯定意见；最后正正表态发言——就这样，正正走马上任了。

正正带着老师和同学们的信任带出了一支文明有序的路队，带出了一支我放心的路队。有一天，我突然发现正正的新路队旗上比别人多了一件装饰——旗子上的一层透明薄膜。那是正正担心弄脏旗子而给它穿上的"保护衣"，而这一切都是孩子的自觉行动。老师的信任成就了一个原来有缺点的孩子，老师的真情感化了一个特殊的孩子。

2. 爱得宽容点——宽容大度是班主任的涵养。

没有不犯错误的孩子，但有时孩子犯了错，不必让孩子一定要承认错误。学习部长跟我汇报，正正已经连续四次没写作业了。经过了一个漫长的暑假，看来这孩子老毛病又犯了，我当即决定跟他谈谈。和正正一同过来的还有另外两个没完成作业的学生，他们说明了原因，认识到了错误。我对他们提出了要求就让他们回去了。接下来是我跟正正的谈话，我问正正为什么没完成作业，他扬了扬头嘴巴噘得老高气哼哼地说："心情不好呗！"我看他一副不配合的样子，知道这家伙又要犯犟了，我知道此时我得顺着他说。"哦——心情不好，这的确会影响学习，老师有时也这样，心情不好的时候什么事都做不好。不过，心情是可以调节的，要老是心情不好，那可不行。"接着我告诉他怎样做，直到把他说笑了。最后我又问："正正现在心情怎么样？"他抿了抿嘴说："还行。""看得出比刚来时好多了。你瞧，心情是可以调节的。以后遇到心情不好的时候要学会自己调节，也可以说出来让老师帮你，千万别影响到你的生活和学习。"他说："孙老师我知道了，我回去把作业补上。""没问题，孙老师相信你会做好的。"

临别时，我又拍了拍他的肩膀："看，正正比老师高出一头多了，长高了也懂事了，回去吧，孙老师祝你天天有个好心情！"我跟孩子的谈话，像是在拉家常，和风细雨，让他心服口服，"润物细无声"。宽容既是一种气度，一种胸怀，一种美德，也是一种智慧，同时还是一种有效的教育手段。我因为宽容了他暂时没有完成作业，由此引起了他的道德震撼，效果比粗暴的惩罚更好。

3. 爱得无私点——公正无私是班主任的境界。

教师不同于其他职业，不仅仅是传授知识，更重要的是教育学生健康成长。只有以高尚的人格熏陶学生，才能真正帮助学生树立正确的世界观和人生观。"学高为师，身正为范。"当走上三尺讲台时，我们的心里就应该装着公平和公正。不管学生有怎样的历史，不管学生的家境如何，我们都要一视同仁，爱学生更要爱特殊的学生。

以前我一直认为，我们从事的职业平凡，我们没有特殊的权力，谈廉洁不是多余吗？然而教师的道德素质是我们民族精神大厦的重要支柱，一旦师德整体滑坡，我们民族的精神大厦就会轰然坍塌！

基于以上认识，多年来我严格要求自己，做到了为人师表，爱生如子，无私奉献，廉洁自律，公平竞争班干部，公开透明进行班级事务评议，每周两次前后调换、左右轮换调座位等。从教以来我也尽最大努力做到拒绝家长的宴请，从不委托家长办私事，也从没有做过任何形式的有偿家教。当然这些事实际做起来很难，我也有难违人情的时候，也真做过三番五次拒绝家长进门、拒绝家长宴请的事，我也因此遭到一些家长的埋怨，说我傲气、难沟通、架子大，令我很苦恼。每当遇到此种情况，我都要更加关注他的孩子，以实际行动消除家长的不理解。我也曾遇到过被家长误解的时候，但我从未因为这些影响到我对他们孩子的教诲和关爱。因为我始终坚持教师对孩子的爱是一种无私的爱，决不能把对学生的爱和自己的利益联系起来。

工作中我越来越认识到：廉洁不仅仅是一种行为，更是一种思想、一种境界；廉洁自律也不光是不贪污，关键是思想正、灵魂净、心灵洁。

我已近知天命的年龄，作为灵魂的工程师，我会和大家一道坚守廉洁从教的阵地。我们虽然平凡，但我们的脊梁支撑的却是祖国的未来；我们虽然清贫，但我们的双手托举的却是明天的太阳。

让我们继续发扬"捧着一颗心来，不带半棵草去"的优良传统，净化新营校园这块纯净的圣土，共同维护新营教师廉洁奉献的师德操守！为我们的民族撑起伟岸的脊梁！

爱我所爱，为爱忙碌，我今生无悔！

"您的微笑对我很重要"

微笑的妙处，不言而喻。但是，要想真正做到微笑着面对一切，太难了。毕竟，在纷繁的生活中，超脱淡然的人不多。我是一位教育工作者，整天生活在孩子堆里，前几年年轻气盛，免不了跟那些调皮捣蛋、纪律涣散、学习落后、做事拖拉的学生发脾气。有时在课堂上，因为几个孩子的错误，我竟大发雷霆，停课整顿，让一些无辜的孩子跟着受牵连，每每吓得他们胆战心惊。然而好多次电闪雷鸣之后我又后悔不迭。

一个偶然的机会让我改变了以往的做法。

那天很轻松地结束了一堂课，我忽然萌生了一个想法：让孩子们给老师提提意见或建议，并一再声称不管提什么意见老师都不发火。看着孩子们顾虑重重的表情，我当机立断改成书面交流。在七十八份书面交流中有一封信引起了我的特别注意，信的大体意思是说：有一次我提问她背课文，她一紧张忘了，当她尴尬到不知所措，准备挨批时，老师却和颜悦色地劝她不要紧张，面带微笑地期待着。她从老师的微笑中得到了鼓励，结果很顺利地背完了课文。她在信的结尾这样写道："老师您知道吗？您的微笑对我很重要，是您的微笑给了我自信和勇气，其实，我们都希望能天天看到您的微笑。"信的中间用彩笔画了一个大大的笑脸。想不到老师的一个微笑对孩子是那么的重要，让孩子这样记忆犹新。

以后的教学中我经常对自己的教学行为进行剖析，课下也经常反思：今天，我是否微笑了？而且，多年来我一直告诫自己，坚持做到怀揣一颗平和之心、一颗包容之心、一颗博爱之心，时刻不忘做到耐心和恒心。对待家长，真诚热情，换位思考；对待学生，学会欣赏，推己及人；不因落后而放弃，不因残障而歧视，不因平凡而忽略。关爱每一个学生，关爱生活和工作中的一切。坚持下来你会发现，在课堂上微笑是一种习惯，面对学生微笑是一种享受，微笑着别人的微笑是一种幸福。

我不可以选择天气，但我可以选择心情；我不可以选择容貌，但我可以选择笑容；我不可以选择时光，但我可以选择不停地感悟！拥有一颗平和之心何其重要。教师是敏感多情的，工作中往往成功与挫折相伴，友谊与非议相随，压力与动力并存。让我们学着去微笑，因为你在对别人微笑时，也将会看到别人的微笑。

请把你的微笑留下，因为你的微笑对学生很重要。

让生命与诗歌相伴，一路芬芳

今天终于忙完了。

连续三天，白天上课、批改作业，晚上回到家还要完成自己的作业——山海天教育局安排我给全区的老师上一节示范课，还要做个讲座。时间紧，任务重，推脱不掉，只能硬着头皮上阵。找材料备课，几经修改，昨天才确定下来。至于讲座，讲啥？安校长让我讲讲语文课该怎样上，意思是让我对语文学科教学谈谈看法。题目真的很大，我感觉无从下手。

上午教研室张主任过来看现场，他提示我谈谈教学思路。这样一来，感觉作业简单些了。下午放学后，我就着手考虑这节课的教学设计。写着写着，就展开了，后来干脆决定，就以这节课为例，谈我的古诗教学吧。确定了题目，我立即行动，查阅资料，结合自己的体验、感悟，写了我对古诗教学的看法，以及小学古诗课该如何上得扎实有效而充满魅力。晚上，我伏案工作，奋笔疾书，洋洋洒洒写下近四千字的文章。完稿时，已是凌晨一点，肚子叽里咕噜乱叫，方才想起昨天的晚饭竟忘了吃。饥肠辘辘地躺下，感觉身体真的有些疲惫，但大脑却一直处于高度兴奋之中。难怪有人说，睡觉前不能用脑过度，免得影响睡眠。

这样似睡非睡地挨到了天亮，起床后仍然像机器人似的，每天必做的几个程序结束后，我驱车赶往学校。今天还有一个特殊的任务等着我。

我被安排第二节课讲。课前没有熟悉学生，只让杨老师安排孩子把古诗读熟。孩子的学习情况，特别是孩子们对古诗的学习停留在什么水平，我一概不知。课前才感觉略有后悔，真应该听取杨老师的建议，提前熟悉一下学生。果然上课一开始，就遇到了拦路虎，问"元二"——不知，问"王维"——好歹有学生略知，但又把"安西"读成"西安"。好在自己是久经考验的老战士，稳住自己，安慰自己，要跟好学生，视学情及时调整教案吧。随着教学环节的推进，孩子们也找到了上课的感觉，课上到最后，孩子们也不断有精彩的表现。

课结束了，可孩子们意犹未尽。对他们来说，这是一节全新的课，这是一节最真实的课，也是孩子们最有收获的一节古诗课。我希望，在我和同事的共同努力下，能为山海天的孩子们打开一条通往古诗殿堂的路，让古典文学的精华渗入孩子们的血液中，让每一个生命在诗歌的滋养中更加丰盈，让每一个生命在成长的路上与诗歌相伴，一路芬芳。

给孩子读点书吧

孩子刚刚踏入校门，许多家长就开始为自己的孩子报上了各种各样的培训班。他们热衷于把孩子所有的时间都控制在课本和各类培训中，希望孩子集各种特长于一身，却忽视了读书这种最有益、最重要的活动。常听家长抱怨孩子不喜欢读书，对一些好书，许多孩子只是象征性地看上几眼，做不到深入细读。在生活中，我们也经常看到：许多孩子除了图画、卡通书之外，根本不会阅读。一本卡通书可以在班里传来传去，孩子们百读不厌；孩子们上网玩一会儿游戏，感觉比吃一顿大餐还爽。

读书少已成为这一代孩子的悲哀。电视、电脑、网络、卡通漫画，有太多的东西填充着他们的时间和空间，静静地坐下来读几页书，几乎成为不可思议的事情。

我想告诉家长的是：在人类所有的活动中，"阅读"应该算是一项最高尚、最有益的活动了。读好书可以使人睿智、博学、高尚和优雅。读书足以怡情，足以傅彩，足以长才；读书使人开茅塞，除鄙见，得新知，增学问，广识见，养性灵。因为书中有着广阔的世界，书中有着永世不朽的精神，虽然沧海桑田，物换星移，但书籍永远是新的。"读书好，好读书，读好书"，这是冰心奶奶留给我们的至理名言。历经苦难的高尔基说："书籍使我变成了一个幸福的人。"可见，读书是何等的重要。就学习语文而言，广泛阅读，能开阔学生的视野，陶冶学生的情操，扩大学生的知识面，拓宽和活跃学生的思路。而且，通过大量阅读，学生将学会分析和鉴赏，提高自身的文化素养，还可引来学生写作的源头活水。众多的学情调查结果表明：经常读书的学生语文成绩好，写作水平高。

所以，让孩子读点儿书吧！阅读撼人心弦的高贵作品，亲炙伟大性灵的教化，吸收超越生老病死的智慧精华，让目光投向更广阔的时空，让心灵沟通过去和未来、已知和未知。

让孩子读点儿书吧！文学的、艺术的、知识的、科技的、思想的、生活的——只要是好书，就开卷有益；只有博览群书，才能知识渊博；只有与书为伴，思想才不贫瘠，身心才能得到陶冶，生活才能充满情趣。

和孩子一起读点儿书吧！妈妈们少看部电视剧，爸爸们少安排次应酬。晚饭后，全家人安排一点儿读书时间，可以轮流为家人诵读美文佳句，可以与家人分享读书的收获，交流李白的潇洒，谈论苏轼的豪放，思索鲁迅的冷峻深邃，感味冰心的意切情长。客厅内柔和的灯光，明净的茶几，几杯冒着热气的咖啡，几个不同姿势的读书人，在这个被电视、网络填充着的喧嚣世界里，何尝不是一道独特而亮丽的风景！

给饺子留出空间

我是很少包饺子的。想吃饺子，去超市绞好肉，一个电话打给母亲，母亲赶紧和好面，剁好馅，等我回去把绞好的肉一掺和，我们有说有笑的，一顿饺子就包完了。临走连吃带拿，这样就是两顿。今天，我又绞好肉，给母亲打电话。电话里母亲笑呵呵地说："我们都在包饺子，就差你了，快来吧！"到家才发现姐姐们、侄子们全家都来了，一下到了十几口人。一阵忙活后，热气腾腾的饺子端上了桌子。可是眼前的饺子实在是让人大跌眼镜，一个个或挨挨挤挤地躺在盘子里，或嘴张腹裂地躺在算子上，完全没有了往日丰满的神采。不等大家问，我赶紧解释："是我掌勺的没掌好，大家凑合着吃吧。"母亲问明情况后说："你们小锅小灶的做饭惯了，人乍一多当然没数了。"

母亲一边把每个盘子里破碎得厉害的饺子夹出，逐一换上完整的饺子，一边说："下饺子一定要多放水，水富裕一些，给饺子留出足够的空间，这样饺子就不会破碎了。"一会儿，夹出的碎饺子垒满了父亲母亲的碗。父亲率先端起碗："快吃吧！味道很好。"九十多岁的父亲母亲在生活中是不浪费一粒粮食的，碎饺子哪怕只剩一张皮，他们也不舍得扔掉，当然也决不会让别人吃。

　　给饺子留出足够的空间，有两层意思：水放得多一些，等水沸腾的时候，饺子可以上下自由翻滚，有足够的活动空间；水放少了，限制了饺子的活动空间，饺子靠得太近，粘在一起，互相拥挤，哪有不破的道理？

　　给饺子留出空间，这同样适用于培养人。在学校，老师培养学生，要给每位学生提供施展才能的空间，任他们去想象、去发挥、去创造。但同时还要注意观察，不要让某些有不良习气的学生靠得太近，形成小帮派小团伙。在单位，领导培养员工，切记不要事无巨细，事必躬亲，以致下属工作起来缩手缩脚，工作上缺乏主动性和创造性，遇事犹豫不决没有主见，甚至缺乏独立工作的能力。领导应给下属和员工们充分施展才能的空间，鼓励他们冒尖，这样下属们可以在工作中自由发挥，尽显自己的才华。这样利于领导在众多的员工中发现他们的过人之处，使之形成队伍中的骨干力量。但这些骨干靠成绩取得了一定的群众威信，也要防止他们粘在一起，在工作中拉帮结派，形成小圈子。所以，在工作中要让员工之间保持一定的距离，给他们提供宽松的工作环境，安排不同的工作岗位，既不要让他们靠得太近而粘在一起，又不要让他们因碰撞而受伤。

来世还做您的女儿

在柳枝发芽的清明时节，我又回到了娘家。而我的老父亲已不再像以前那样笑眯眯地在老家门口迎接我。他离开得是那样匆忙，那样彻底，走得是那样无私，那样无畏，令我猝不及防。跪在父亲还有体温的身体前，看着父亲那张安详的脸，我怎么也不相信这是真的，因为两天前我还聆听过父亲的教导。然而，父亲就这样走了，一点儿都不顾及我撕心裂肺的伤痛。人们都说死亡是痛苦的，可是我的老父亲啊！为什么您的嘴角还挂着微笑？都说您去的地方是天堂，可我说什么也不愿您留在那里。父亲，您走后的这二百多个日日夜夜里，我想念您的心从未因时间的流逝而改变，思念您的痛苦也从来没有因为时间的消逝而减轻。苦涩的记忆中，常常浮现您的音容笑貌。这伤感的清明节，丝丝细雨伴着我的泪飘落。那深沉凄凄的感觉，是无言的相思弥漫在深邃的苍穹。

跪在您的墓前，泪水又一次奔涌不止，一个土堆是阴阳界线，把我们爷俩儿无情地隔开。我在心里悲切地呼喊：父亲，我是您的小女儿，是那个老是让您惦记没有长大的小女儿。父亲，我来看您了，还有您的女婿，您听见了吗？为您上炷香吧，让缕缕青烟带去我们深切的问候；再焚烧些纸钱，寄托我们无限的哀思；为您献上一束万寿菊，再摆上您最爱吃的手抓饼和乌梅。父亲，您知道吗，无论千山和万水都不能阻挡我对您的思念，思念您的心直到永远，永远……

我再也听不到您喊我的乳名了，再也没人可以任我撒娇了。

追随记忆，流连逝去的岁月长河，一幕幕感动的画面定格在我的眼前，一缕缕难忘的情怀牵动着我的心扉，涌上心头的往事流淌在记忆的伤心路上。滴滴的泪珠连缀成段段的回忆。回忆是那样清晰，那样幸福，又是那样刻骨铭心，段段回忆催我泪如雨下。

跪在您的墓前，我喃喃地诉说着衷肠：亲爱的父亲，您好吗？好想您哪！我虽然过得很好，可是生活中因为没有您而少了太多的温馨和幸福，少了那份四世同堂的天伦之乐。有您的日子里，家是那样的宽大和温暖。因为您是那样慈祥，那样善解人意。您的公正无私，您的忍让包容，您的仁慈严格，您的勤劳奉献，撑起了一个好大好暖的家。

您一生并没有轰轰烈烈的事业，却一辈子受人敬重。正直、善良、勤俭、奉献是您一生的作为，也是您用一生践行的格言。您虽不识字，但知晓天文地理，熟稔戏曲传说。您生前是村里最高寿的人，也是备受村民爱戴的老人。您德高望重，儿女面前不怒而威、说一不二，可待外人却友好和善、礼让宽容。您忠厚耿直，从不媚俗，从不欺弱，凡是认识您的人都说您老是个好人。也难怪您去世后，替您守灵的人满屋、满院子甚至排到了大街上，替您看守坟墓的多达八十几人，因而您也成了偌大的村子里走得最风光的老人。

父亲，您知道吗？夜深人静的时候就是我最想您的时候。多少次您伫立在我的梦中，您还是那样慈祥。虽然您活到九十四岁的高龄，但我还是觉得您把我抛弃得太早，因为我还想在您跟前撒娇，还想听您讲淮海战役中，您夜行几百里地忍受着脚上磨起的血泡，七天七夜不下火线运送伤员的故事。我更想尽尽做女儿的一片孝心，多想为您端茶送饭，多想为您捶背揉肩，而您为什么不给我这样的机会呢？"树欲静而风不止，子欲养而亲不待。"父亲，您的离去是女儿今生今世永远抹不去的伤痛和愧疚。我知道您还有很多未了的心愿，我也记得您曾经的嘱托。亲爱的父亲，请您在九泉之下放心吧，我会努力工作、好好生活的，我会尽自己所能照顾好老母亲和全家的。

如果有来世，我还做您的女儿。

有一种情叫感动

我无法承受父亲突然离去的沉重打击，连日寝食难安，又加上流感高峰，我终于撑不住了，发烧、咳嗽、咽喉疼痛、浑身难受。今天已是第五天输液了。

打完针我又匆忙赶到学校，因为要赶批第三篇作文。我坐在办公桌前，下午的阳光透过玻璃照在身上，顿觉有一种舒适的、暖洋洋的感觉。于是我顺手脱掉了外套，就这样轻装走到教室，像往常一样把当天的作业写在黑板上，而后想转身离开教室，因为下节是张老师的活动课。人还没到教室门口，先是贺浩然的声音传入我的耳朵："孙老师，您穿得太少了，您多穿点儿衣服。"接着是梁静怡："老师，您已经感冒了，还穿那么少。"语气中带点儿责怪。但我更深切地感受到这份责怪里包含着一份浓浓的关心。接着学生们几乎是异口同声地说："老师，您多穿点儿！"那一刻，我感动极了。

其实上午在课堂上，已经上演过了动人的一幕：第一节课，我给孩子们上《珍珠鸟》，可连续的咳嗽让我不得不在讲课过程中中止了几次。懂事的董书瑞悄悄地把金嗓子喉宝放在我的讲桌上，然后又悄无声息地回到了座位，一切都是那么自然。长大了，学会关心人了，我为他们的举动叫好，同时也为自己的成功暗喜。

多年的班主任工作让我感悟到：教育教学就是教师和学生的真心交流，是一种真情感动。工作中我和孩子们不断传递着激情和快乐，我时时感受着被孩子们包围、关心、贴近的幸福，常常和孩子们分享着学习上的成功体验。"投之以桃，报之以李。"于是，我会时常享受着孩子们的这份情意，这份情就叫感动。

让一让又何妨

教育无时不在。那天中午放学后，我带着小孙子去他家吃午饭。车子驶进了小区，拐弯处，远远地看见了一个腿有残疾的女人，领着一个小男孩儿从花坛走下来，正准备穿路而行。我有意减了减速，准备让这个腿有残疾的女人先过路。女人拉着孩子在确定了我让行的情况下，才开始过路。女人的动作很不灵便。

女人和孩子刚走到路中央，突然从我车后冲出了一辆黑色汽车，一点儿也没有让的意思，连速度都没减，车子绕过女人和孩子的右侧，画了一个弧冲过去了。女人和孩子显然受了惊吓，一个趔趄险些摔倒。

可惜对方车速太快，我的注意力只在女人和孩子身上，竟然没看清对方的车牌号。我想不能错过了这次教育机会，于是我问："续涛，你看，其实刚才我们的车子离那个阿姨很远，我完全可以把车开过去，可是我为什么先让那个阿姨过马路呢？""因为阿姨腿不好，而且还领着孩子。"我为孩子的细心感到高兴。于是我说："续涛真细心。是啊，姑奶奶看着这个阿姨走路不方便，就故意让她先过的。续涛，你要记住，残疾人、老人和小孩都是弱势群体，任何时候，我们都要关心和帮助他们。"我一边开车一边教育小孙子，让他知道关心和帮助别人是一种美德。小家伙似懂非懂地点头，也许他真的理解了这一点。

可是对那个黑色汽车司机，我真是大不理解：一是你不可能看不到这个正准备过马路的女人，她走路如此不方便，还领着一个孩子，你让让又有何妨？何况人家已经走到了路中央。二是"车让人"体现了一个人的文明素质，何况你面对的是一个腿脚不便的女人和孩子，你做人起码的道德哪里去了？三是车子进了生活小区，正值小学放学的高峰，车速这么快，多危险啊！

《礼记》云："人不独亲其亲，不独子其子，使老有所终，壮有所用，幼有所长，矜、寡、孤、独、废疾者皆有所养。"孟子说："老吾老以及人之老，幼吾幼以及人之幼。"几千年前的优秀传统文化教育后人要敬老爱幼，并为我们树立了做人的典范。在建设和谐社会的今天，我们更要秉承古训，广施仁德，老爱少，少敬老，不仅要爱自己的老人和孩子，也要学会爱别人家的老人，爱别人家的孩子。将心比心，换位思考，其实我们每个人都能做到。

适当放慢节奏是为了跑得更远

有一个这样的故事：有人牵着一只蜗牛去散步，蜗牛已经在尽力地爬了，但每次总是只能挪动一点点，人拉它，催它，吓唬它，责备它，甚至踢它，蜗牛仍然不紧不慢地往前爬。人没有办法了，只得任蜗牛慢慢往前爬。

蜗牛爬得慢，是由它自身的条件决定的。你想，它那么弱小的身体，在哪里不能借宿？可大自然偏要它走到哪里都要背着自己的房子。它负重前进，走得慢是可以理解的，而人却因为它走得慢而责备它甚至踢它，是不是太不近人情了呢？

受先天素质的影响而存在差异的还有很多。让兔子和乌龟赛跑，当然是兔子跑得快。虽然兔子跑得快，但未必它就能跑得远。假如让它们用一生的时间去比赛的话，那么，兔子将永远是个失败者，因为它的生命旅程是远远不及乌龟的。乌龟跑得慢，但它可以用自己漫长的一生来延伸跑的路程。你能因为乌龟一时跑得慢而指责它吗？

　　朋友在一所知名中学里当老师，我们虽是邻居但极少见面。偶尔见的时候，也只是看见他匆匆离去又匆匆归来的身影。一次，我们在买菜的路上同行，顺便聊起了工作。我说："你挺忙呢，每天都走得那么早，咱俩住这么近都见不着面。"他说："我们学校七点五十晨读，我得早到校。"我说："不就是五六分钟的路程吗，可我感觉你七点就走了。"他说："习惯了早走，这样可以督促早到校的学生学习。还有，我早点儿到教室，学生们也不好意思来晚了。"我问："你们学校这样要求的？"他说："没有，你说咱们干了个良心活，学校要求不要求咱都得对得起自己的良心吧。现在的孩子好多得需要你督促着学，我们学校的老师，特别是我们做班主任的，谁都是提前到校，谁都不愿意落下工作，谁都不希望自己班里的孩子出个什么事。没有哪个领导做特别的要求，我们已经成了一种习惯。"

　　由此我想到了自己，我突然间感到一阵悲凉，我感觉我就是那只蜗牛。每天行色匆匆地穿梭于教室、办公室，从课堂上下来，陷入永远批不完的作业堆里，上课、跟操、送队、处理班务，要积极主动干好职责内的所有日常工作，还要应付许许多多的各类检查，还要忙于繁杂丰富的各种活动，还要履行各种名目繁多的特色义务。你是班主任，光会教书育人不行，你得全才，得是个多面手，什么文艺、体育、科技，你都得有两下子。否则，有些活动你就应付不了。自然，你做这样的班主任是洒脱不起来的，整天围着工作团团转也不一定能干好。这样想来，繁重工作下的老师多像背着房子的蜗牛，我感觉我现在就似蜗牛，有时我想快点儿走，可是负重的我有时就是提不起速，批几本作文就花眼，颈椎病腰椎病轮番折磨着我，很多时候的我感觉力不从心。当然，我是教师群体中的个例，年龄稍大点儿，身体素质稍差点儿，我只能是蜗牛似的行走了。

其实我们的工作节奏有时是可以放慢一点儿的，紧张的工作之余一定要稍加放松，有张有弛才能更好地工作。高度紧张下的繁重工作时间久了，人的体力和精力都会透支，透支的身体自然也会影响到工作。

如此想来，工作不是一天可以完成做好的，我们可以在适当范围内提高工作效率，多留一些时间去享受工作，享受生活，你的人生才不会有很多的遗憾。

生命是有限的，而我们可以把有限的生命以"慢"的姿势拉长。适当放慢节奏是为了跑得更远，用"慢"的姿势和节奏来丰富我们的心情，丰富我们有限的生命，这也是为了更好更有效地工作。

凡事得做足了

再次和张传芬老师相遇是在朋友的聚会上。

碰巧张老师上午刚参加完学校的亲子诵读。席间，我不免谈论起此事，一夸张老师携儿子、儿媳和俩孙女参加的节目极其精彩，二夸选材极好，三夸表现形式好，四夸组合好。张传芬老师，这个播音界的专家前辈，在日照可以说是无人不晓。所以，我一开了个头，大家就围绕着这个话题，纷纷赞不绝口。张老师一脸的谦虚，同时跟我们讲起了这个作品的由来。最后张老师说了一句："我被儿媳邀请参加这个比赛，也是赛前才决定的，我想既然是参加比赛，就要给所有的家长做个引领，凡事得做足了，才能把事情做好。""凡事得做足了"，张老师的这句话重重地敲击在了我的心坎上。

那夜我又习惯性地失眠了。不同的是，这次是张老师的那句"凡事得做足了"这五个字犹如跳动的音符，在我脑海中的键盘上弹奏出一曲曲滔滔不绝的乐章。

凡事得做足了，体现着一种严谨细致的工作作风。

某校为庆祝建党百年华诞，举行"诵读经典，传承红色记忆"的亲子诵读活动，这个活动很有意义。可是，作为活动的组织者，首先把工作做足，比如，人员组织、场地和音响安排、环节衔接、评价考核标准、评委培训等常规的会前准备工作。除此之外，还有一个必须做的准备工作，就是对参赛作品的审核。此次诵读作品要紧扣主题关键词"红色"和"经典"，严格审查作品，否则就会跑题。这是个竞选性质的比赛活动，看得出每一个参赛的家庭都特别重视，甚至有祖孙几代上阵的同登舞台的。音乐、PPT、服装、道具应有尽有，好多家庭是下了大功夫的。可是相比参赛的家庭，主办单位的工作并没有做足。比如，评委没有按时到位，比赛时间推后了十几分钟；参赛的诵读作品，符合主题的勉强占一半。

这件事又让我不由得联想到张老师的那句话：凡事得做足了！就拿这次比赛来说，如果把所有的准备工作做足了，就会避免上述事情的发生。如果追究责任的话，班主任没把好审核材料的第一关，分管科室没有把好审核材料的第二关，分管领导没有把好审核材料的终审关。致使这样带有"诟病"（作品本身没有问题，单就本次参赛的主题来说）的作品，搬上了这么严肃、主题鲜明的学校舞台，是极不合适的。

我们不妨就这件事，来个举一反三。类似的事还真没少发生，如常规检查分数要公布了，追问一下零分的老师是因为漏查了这些老师的备课；学期都进行了五分之四了，才发现个别班还有没开课程的；一个学期快要结束了，才发现新入职的老师备课和作业批改不规范，问题多多；特色课程都开始了两三个学期了，可有的班级有多少学生，老师不知道；有的学生在哪个特色班、上什么课，不知道；全国创城工作组第二天就要对城市检查验收了，还能从单位的院子里捡拾出一百四五十个烟头……

可见，凡事得做足了，否则会让工作做得一塌糊涂。

二、孩子们的文字

　　行动是灵感与激情的演绎，孙老师用随笔这一行动引领了学生的改变。于是绿野人有了一种新的生活方式——共写随笔记录生活，这是绿野人美好愉悦情感的体验。绿野部落人人满怀激情，激情点燃激情，激情催生灵感。生活中的琐事也是孩子们的写作素材，一山一水，一草一木亦能激起他们的创作灵感。

幸福读书篇

面对生活，永不言弃
——读《鲁滨孙漂流记》有感

　　近几日，我读了笛福的名著《鲁滨孙漂流记》，书中的主人公面对"灭顶之灾"却对生活永不言弃的精神，让我久久不能忘怀。

在一次航海中，因大风导致事故，所有人都葬身海底，唯有鲁滨孙被大浪冲到一个荒无人烟的荒岛上。他在这座岛上建房屋、开良田、种葡萄、养山羊、捕海鱼、斗野人……经过漫长的二十八年，终于成功回到家园。这是多么漫长、艰苦、煎熬的二十八年啊！是什么支撑着他战胜这一切困难呢？是生存的信念创造出人类史上神话般的奇迹。

生存说难也不难，说易也不易。对于那些会生存、善于生存的人来说，无论在怎样的情况下，都好像一场游戏，愈挫愈勇！

一个人的一生中会经受许许多多的风浪，汹涌无比，让你胆战心惊。但是，生命的小船是被风浪击倒还是勇敢地穿过，真正掌握命运之舵的是你。你可以操纵它战胜风浪，也可以任它被风浪击倒，掉落漩涡，这一切的一切都在于你的态度。

读了这本书，我受益良多。鲁滨孙告诉我：无论遇到什么困难，只要坚持就能胜利，只有实干才能摆脱困境。从此，我的人生会随着这本书而起航！在人生的航海中，我会笑着面对生活，永不言弃！

（董　宵）

读《骑鹅旅行记》有感

暑假里，我读了一本名叫《骑鹅旅行记》的书。这本书的内容丰富多彩，深深地吸引了我。我百看不厌，也得到了很多启示。

它讲述了这样一个有趣的故事：从前，有个叫尼尔斯的小男孩，大概十四岁，个子又高又瘦，长着一头浅黄色的金发。他每天无忧无虑，不是睡觉就是吃东西，还特别调皮，喜欢捉弄小动物。有一次，他因为捉弄一个小精灵而被妖法变成了大拇指一般大的小人儿。

动物们看见他这么小，张口就骂他。尼尔斯发现家里的一只大雄鹅要飞走了，便跳到雄鹅背上，想阻止雄鹅飞走，可雄鹅已经和大雁一起飞上了天空。尼尔斯紧紧地抓住雄鹅的羽毛，不让自己滑下来……

他在鹅背上观赏到了祖国的奇山异峰、绮丽风光，学习了祖国的地理历史知识，听闻了许多美丽的传说，也饱尝了艰辛。

在漫游中，尼尔斯变得勇于舍己、助人为乐。当他重返家乡时，不仅重新变成了一个高大漂亮的男孩子，而且变得既温柔又善良，既勤劳又乐于助人。

《骑鹅旅行记》让我明白了，人只有在困境挫折中才能长大。在以后的人生中，我会以不畏艰险的尼尔斯为榜样，在面对挫折时对自己说一声：机会来了。

（王恩乐）

光辉的旗帜

——再读《红岩》

每一个生命，都有它自己的归宿，或轰轰烈烈，或荡气回肠，或苟且偷生，或平淡无奇。读了《红岩》这部小说后，我再一次感受到了中国共产党的铮铮铁骨，傲然正气。我看见了一个个在血与火的考验下，前赴后继、英勇战斗的英雄形象。

《红岩》是一部描写重庆解放前夕严酷的地下斗争的红色著作。书的主要故事都集中在"中美合作所"关押政治犯的监狱里，许云峰、江姐是故事的核心人物。那里环境恶劣，但是革命者的斗志没有丝毫减退，还干出了密传《挺进报》、新年大联欢、智识奸细等大事。他们在狱中的生活和斗争越来越激昂。1948年底，全国革命形势朝着胜利的方向越来越近，敌人为了显示和谈的"诚意"，释放了几个政治犯。但解放军攻入重庆后，特务头子徐鹏飞狗急跳墙，提前杀害了江姐等人，引起了暴动，更多的革命者冲出了魔窟，迎来了新中国的黎明。

历史的烟尘掩盖不住岁月的风雨，当年的星星之火形成了燎原之势。无数的革命先驱将希望的种子撒向了人间，绽开了一片烂漫的红色。书中的彭松涛，为了掩护上千百姓撤退，和另外三位同志同时被捕，头颅被高高地挂在城墙上。他在临死前还睁大了那双渴望胜利的眼睛，坚定不移地注视着人们。当他的妻子江雪琴看到这惨不忍睹的一幕时，巨大的悲痛不但没有击垮她，反而给她带来了化悲痛为力量的决心。"哭，哭有什么用？"她擦干眼泪继续工作。被捕后，面对敌人的酷刑，她的坚强无畏、大义凛然，令敌人都胆怯三分。这对夫妇，在长长的历史书卷上，写下了光辉的一页。他们生命的归宿，永远留在为革命奉献的光辉事业里。

以彭松涛、江雪琴夫妇为代表的无数革命党人，以自己真诚的心兑现了为党奉献一生的承诺。他们将自己的命运同中国共产党伟大的理想连在一起，他们是无数为民族解放而浴血奋战的优秀中华儿女中的一分子。

昨天的历史郑重地告诉我们——没有共产党就没有新中国！在这个和平的年代里，我们已经不需要像革命战士一样奉献出自己的生命来换取人民的幸福。但是这种为理想而奋斗、拼搏的精神是值得我们学习和传扬的，只有用自己的力量去坚持完成自己的理想，才是生命最好的归宿。

（张心怡）

幸福是朴素的

——观《开学第一课》有感

当我看完《开学第一课》后，佩杰这个拥有美丽心灵的小姑娘就深深地印入了我的脑海。

八岁的佩杰用四千个日日夜夜照顾瘫痪的养母，承担起一般成年人也难以承受的责任，面对各种困难，从不退缩。这是怎样的一种感恩，怎样的一种回报！当主持人问她"你觉得最幸福的事是什么"时，小姑娘动情地说："最幸福的事，就是能和妈妈天天在一起。"

原来幸福是这样的朴素。它不会像烟花那样，在高高的天际闪烁着彩色的光芒，也不会像浩瀚的苍穹里的星星那样晶莹耀眼。它披着本色外衣，亲切温暖地包裹着我们。它是生活中的一个微笑，一阵掌声，一次拥抱，一句问候，一个鼓励的眼神，一声真诚的道歉……

杨利伟说，幸福就是无私奉献；邓亚萍说，幸福就是为国争光。对贫困山区的孩子来说，幸福就是一本有趣的童书；对教师来说，幸福就是孩子们见到老师问声好，和老师分别时说声再见。

幸福是一种心灵的震颤。它像对音乐的感悟一样，需要不断地训练。因为，幸福常常是朦胧的。它有时是悄然而至，有时也会轻轻溜走。当失去时，你才感觉到幸福来过。所以，你需静静地以平和之心，体验幸福的真谛。

即便是，当我一无所有的时候，我也能够说：我很幸福，因为我还有生命。

（佚　名）

多彩生活篇

我的幸福生活

　　一位漂亮温柔的妈妈，一位帅气严格的爸爸，还有一个活泼可爱的我，组成了我们幸福的一家。我们的"幸福小家"有什么故事呢？请听我讲讲吧。

　　以前，"幸福小家"的面积很小，我的卧室只能放下一张床，桌子是做在墙上的，椅子紧挨着床，十秒钟就能将家里转个遍了。现在我们搬家了，新家是顶层带阁楼的楼房，又宽敞又漂亮，阁楼很大。妈妈把整个阁楼都开辟出来作为我的健身活动室，每次走上阁楼，我都会感觉更加快乐、幸福。

　　我是去年搬家后转入金海岸小学的。上学的第一天我就发现，路面是那么干净，上学、放学的路队是那么整齐。学校是那么大，有整洁的路面，崭新的教学楼，宽阔的塑胶操场，还有美丽的小公园呢！进入教室，一切都那么干净有序：地面是瓷砖的，干净又美观；桌子是金属的，结实又好看；同学们热心又友好，让我很快融入了班级生活之中。现在每次进入金海岸小学的大门，我心中都充满了快乐和幸福感。

　　搬家前，每到周六爸爸妈妈都要逼着我起床去晨跑，我对此特别抗拒。因为我们只能沿着一条臭水河跑步。那条河的水面发绿，泛着白色的泡沫，发出臭臭的味道。而现在每个周六我特别愿意起床去晨练，爸爸妈妈会陪我一起骑自行车。往东走是漂亮宽阔的太阳广场，往西走是美丽幽静的银河公园。空气清新，让人心旷神怡。蔚蓝的天空，蔚蓝的大海，呼吸的都是幸福的空气。

因为有疼爱我的爸爸和妈妈，我生命中的每一天都是幸福的。我要好好珍惜现在的幸福生活，努力学习，成为一个让身边人都幸福的人！

（郑雅文）

蚂蚱哪里逃

你捉过蚂蚱吗？你知道捉蚂蚱的乐趣吗？来吧，我们一起去体验一下！

星期天，我和妈妈、弟弟一起回到了姥姥家。一进村子，一阵阵茶叶的清香扑鼻而来，让人陶醉。吃过午饭，我们便随姥姥来到了茶园，浓郁的茶香沁人心脾，比任何名贵的香水都要耐闻。我忍不住使劲吸了吸鼻子："好闻，太好闻了！"等太阳慢慢西落，我们便开始"各行其事"了：妈妈和姥姥、姥爷给茶树施肥，我和弟弟捉蚂蚱玩。

我们来到了蚂蚱最多的玉米地。一开始的时候我有些不敢捉，可是看弟弟捉得那么轻松，我也跃跃欲试。我看准一只小蚂蚱，蹑手蹑脚地走过去，迅速地用手一捂，捉住了！我兴奋地尖叫起来。原来捉蚂蚱就这么简单啊！我的胆子大了起来，只要看见蚂蚱就绝不放过，每捉住一只就有一次成就感，太好玩了！

不知不觉一个下午过去了，我和弟弟捉了五十多只蚂蚱，整个玉米地的蚂蚱都快被我们捉光了。我抱着一线希望继续在地里仔细寻找着。这时，一只很小的蚂蚱让我眼前一亮，我猛地扑上前去。可这机灵的小蚂蚱一拍翅膀飞了起来，一眨眼便没了踪影。"呀！这小蚂蚱还会飞啊？"我惊奇地叫了起来，"我还是第一次看见蚂蚱飞呀！""这有什么可奇怪的？蚂蚱都会飞的。"弟弟不屑说。啊！大自然真是太神奇了！

有机会你也来体验一下这其中的乐趣吧！

（陈凤至）

我的日照，我的家

到过日照的人，都会被这个美丽的海滨小城所吸引。那是怎样的蓝天？碧空万里，云朵像是被漂洗过一样洁白。空气清新湿润，像被过滤了似的，沁人心脾。漫步大街小巷，总让人感到惬意、放松。走近海边，心胸顿觉开阔起来，波澜壮阔的海面，白帆点点，沙鸥翔集。金色的沙滩上，游人如织，游泳的、日光浴的……让人久久不愿离开。

　　站在浩瀚的海边，海风轻轻地吹来，顿时让人觉得心旷神怡。一望无垠的海面上，海浪卷了起来，向沙滩上扑去，"哗！哗！"地拍打着礁石，激起几尺高的晶莹的浪花。又涌到岸边，轻轻地湿润着沙滩，一层一层地慢慢荡去。人们在海的怀抱里玩耍着，嬉戏着，不时传来一阵阵欢快的笑声。极目远望，天连着海，海连着天，分不清哪儿是天，哪儿是海。

　　海滩上满是晶莹、细软的沙子，好像一张巨幅的金黄色地毯。你可千万要赤着脚行走哟！踩着软绵绵的沙子，犹如踩在云彩上，偶尔还可以享受到浪花亲吻脚丫的幸运。那份轻松、惬意的感觉，保你不枉此行。

　　每个来海边的人绝不会空手而归。瞧！有的大人带着孩子翻开一块块石头寻找螃蟹，可被抓住的螃蟹也有脱身之术，它们举起自己的"护身武器"——两把大钳子——夹住了孩子的手。孩子被夹疼了，"哎哟"一声，急忙松开了手，螃蟹趁机溜走了！有的人则用铲子挖开泥，寻找蛤蜊。蛤蜊行动太慢，只好乖乖地任人捉去……

　　日照的经济也很发达。一座座高楼大厦拔地而起，高楼林立，直冲云霄，气魄雄伟；一条条宽阔的柏油马路上，车水马龙；港口码头上，大吊车正忙忙碌碌地装卸进出口的货物，一艘艘满载货物的轮船将货物运往世界各地；铁路上火车正在风驰电掣地行驶着，像日照的经济一样飞速前进；日照的水产、绿茶、石材都是日照经济发达的见证，"海产品、茶叶、黑陶"有"日照三宝"之美誉。

　　我为家乡的美丽、富饶而骄傲和自豪，为家乡像初升的太阳那样充满生机而激动和兴奋。我爱美丽的日照，我爱我亲爱的家！

　　　　　　　　　　　　　　　　　　　　　　　　　　　（陈凤至）

困难，我不怕

有一样东西，你不喜欢它，甚至很讨厌它，可是生活中却经常遇到它，它就是——困难。

前几天，我种的几棵小辣椒破土而出。看着它们纤细柔弱的茎，翠色欲流的小叶子，我无比欣喜与激动。当然，也有几棵刚顶开土还没有长出来的。看着小苗顶着那么重的泥土，我很心疼，就小心地将压在两棵小苗头上的泥土移开。这下，小苗看起来轻松多了。我十分得意地欣赏着我的"杰作"，本想把另外几棵小苗头上的泥土也移开，可我突然有了新的想法：做个对比吧，肯定是我把泥土拿开的小苗长得好。

过了几天，我又去看小苗，发现有的小苗的茎变紫了，叶子也垂下来，而有的小苗依然长势良好。仔细一看，长得不好的小苗正是我拿掉泥土的两棵！怎么会呢？

我有些吃惊，越是我帮忙的小苗，怎么越长得不好呢？突然，我明白了：小苗破土而出这是自然规律，而顶破土层是小苗生命磨炼的过程。经历这一过程后，小苗的生命力会更加顽强，长得会更加茁壮。而经我帮助的小苗缺少了一次磨炼的过程，因而它的生命是柔弱的，也经不起外面的风吹日晒。如此看来，小苗，只有经过泥土的碾压才会成为苗壮的小树，只有经过风雨的侵蚀才会成为参天的大树。

这让我想起了，生活中的我们也必须要经历各种挫折、失败的考验，克服各种必须面对的困难，才能让自己变得更加坚强。

不经历风雨又怎能见到美丽的彩虹？于是，我勇敢自豪地说："困难，我从未怕过你！"

（张译心）

生活中充满了感恩

今天，我在网上看到这样一条信息：人的一生要学会感恩。如果连感恩都不会的话，你还会干什么呢？我陷入了深深的思考。

记得小区里住着一位哥哥，他从小就是一个"少爷"，姥姥哄着他，爸妈惯着他。他上了年纪的姥姥天天围着他忙里忙外，可他却一点儿都不当回事，他觉得别人为他所做的事都是理所当然的。

有时爸妈管他，他却毫不理会，依然我行我素，俨然是家里的"小皇帝"。稍不如意，他就会把家里闹得鸡犬不宁。就这样，日复一日，到了高考的时候，他却因为一点儿小事闹情绪，要放弃高考。他爸妈听到消息，犹如晴天霹雳，哭着嚷着劝说，甚至是哀求，他却全然不顾。后来听说，他的父母因为经受不住打击，大病了一场，而做儿子的他竟然一点儿也不内疚。

这样的人，肯定是少数。生活中，我们不能只知道索取，而不懂得感恩。父母的照顾，老师的教诲，朋友的关怀，我们成长的每一天都接受着来自他人的帮助，所以我们才能渡过一个又一个的难关，一步步走向胜利的彼岸。

"人人爱我，我爱人人。"心存感恩的人，才会朝气蓬勃；懂得感恩，才会有生活的助力！

（李业钦）

花

奶奶很爱花，也爱养花。家中的阳台上，种满了各种各样的花卉，刚进楼门就能闻到花的清香。

每年春天天气变暖，奶奶都要定时把花移到楼下的草地上，让它们自己生长。我感到很奇怪，便问奶奶为什么要这样做，奶奶说："花最喜欢的就是大自然中的雨水和阳光，没有了这两样东西，花也就活不下去了。把花移到楼下，还可以让它们接受大自然的洗礼，接受风吹日晒的考验。这样，它们才会变得坚强，才会成为一株真正完整的花。"

听了奶奶的话，我若有所思。花在风雨中才可以成长，人又何尝不是呢？人只有在磨难中，才可以学会忍耐，学会谦让，学会坚强。花将这种磨难当作一种营养，人也应学会在磨难中汲取营养。磨难是人成长经历中的宝贵财富，真正的强者是愈挫愈勇的。

朋友，去勇敢地面对磨难吧！

（李泰达）

信　念

一日，我正做着作业，一只自不量力的小飞蛾飞来打扰我。

我随手拿起透明的笔盖，将它扣了进去，它便在里面乱飞起来。那窄小的翅膀，用力扇着；弱弱的小腿，毫无次序地挥动着；小脑袋在有限的空间里撞来撞去。可是，一切都是徒劳的，笔盖压在桌上，没有任何空隙。但它没有放弃，它似乎有着坚强的信念，一直在挣扎着。最后，当我不小心将笔盖碰倒时，它终于飞了出去。

其实，一个人的成功与否大多是由信念决定的，特别是在没有任何退路的情况下。当你面临一种困境的时候，你也许会想到放弃，而放弃的结果往往是一事无成。此时，就需要一种力量坚持下去，这种力量就是信念。有时，当你在信念的支持下坚持到了最后一刻，事情就发生了转机。倘若拥有了信念，坚持到了最后一刻也没有成功，也不会留下遗憾。

没有信念，就此放弃，将没有成功的转机；而往往在你坚持到最后一刻，黎明终将到来。

（李泰达）

人生没有太多涂改

我有一个坏习惯——涂改。

从三年级开始用钢笔的时候，我的铅笔盒中就少不了涂改液、修正贴、魔笔这三样"法宝"。不管是写错字还是抄错句子，这三位"好友"都会帮助我将错字涂去，写上新字。日久天长，我把这三样视为必不可少的物品。所以，在我的作业本上几乎看不到划字、割字的现象，都被我细心地涂改掉了。我一直没觉得有什么不妥，虽然用过涂改液后也会在纸上留下清楚的、不平整的痕迹，但我认为，这总比在写错字后画上一个黑圆圈要好。

时间久了，我对涂改产生了强烈的依赖：写字写得不好时要用，有一点儿小错误也要用。在一次作业中，几百字的作文，我竟涂改了二十几个字。

妈妈注意到了我这种对涂改特别依赖的状况，她没有过多批评我，只是给我讲了个小故事：古时候，有一位老师，他特别厌恶学生在纸上乱涂乱改，规定学生一旦写错了字就要整张重写，当时的学生念的是私塾，写字要用毛笔。如此一来，学生们都认真极了，很少再写错字。这个老师的学生们个个有出息，一生成就非凡。

看来我是因为有了涂改液，才产生了一种依赖，由依赖又转化为了不认真，继而造成了大面积的涂改！这不是恶性循环吗？天啊！

"人生没有太多涂改。"妈妈语重心长地说，"只有认真，不急躁，才能减少出错，也就减少了涂改。"

是啊，人生如一张洁白无瑕的纸，一旦有了污渍，就很难涂抹。普通的错字可以涂改，但如果犯下无法弥补的错误呢？能涂改吗？

所以，做人做事一定要认真、沉稳，不要浮躁。

记住：人生没有太多涂改！

（辛笑丛）

扬州兴化二日游（一）

在刚刚过去的两天里，我非常开心快乐！因为我和妈妈一起游玩了扬州和兴化。

我们跟随旅行社，乘坐大巴在途中行驶了整整七个小时。时间虽长，可我并不觉得无聊，因为路途中处处都能望见金黄的油菜花，一簇簇，一丛丛的，浩如烟海，灿若黄金的油菜花丛给我留下了美好的印象。这是我第一次看到油菜花。

终于到站了，匆匆吃过午饭，我们准备去瘦西湖公园玩。买好票后，我们终于跟着导游进园了。瘦西湖公园的景色非常秀丽、整洁，到处是绿油油的草，红嫩嫩的花，还有生机勃勃的大树。不管在哪，你都看不到一点儿杂物，只有满目的清新扑面而来，美不胜收。最好看的应该数那里的桃花了吧，一般的桃花只有五六个瓣，这里的桃花呢，竟然是一层一层，最多的有六十四瓣！

赏完瘦西湖，我们又来到了扬州的老街。说起这老街，可一点儿都不老，无非是有许多胡同而已。它跟西安的回民街可有一拼呢。这里热闹非凡，商品琳琅满目，既有地方特产，又有手工工艺，还有很多的小吃，我还在那里吃了包子呢！

扬州之行真愉快，不过我要好好休息，等待第二天的行程呢！

（安梦倩）

扬州兴化二日游（二）

做了一晚上的美梦，早上我们又整装待发了。今天的行程是去兴化看油菜花。

转眼间就到了兴化郊区，道路两边就看到大片大片的油菜花了。我想："这些油菜花已经够漂亮了，那景区该漂亮成什么样啊!"那金灿灿的油菜花，让我的眼珠子都要掉下来了——太美了!

　　我们先去码头坐船。刚开始，我非常害怕，担心那小得像个澡盆似的船儿会翻了。但上了船后，我的顾虑就全打消了。虽说小船摇摇晃晃，但看到那位划船的老奶奶精湛的技术，我放了一百个心。坐船的感觉就是不一样，不仅舒服，而且沿途还能看到赏不尽的油菜花呢!

　　我们又去了瞭望台，在那里，我们能看到整园的油菜花。铺天盖地的金黄色映入眼帘，真是天上人间般的美景啊!

　　美妙的旅行就要结束了，我怀着愉快的心情，深情地向兴化告别："再见了，兴化! 再见了，油菜花!"

（安梦倩）

寻　美

　　美，不一定是惊天动地；美，也不是很难寻觅。

　　静夜，昏黄的灯光下，你静静地写着日记，沉浸在记忆中。想到开心的事，你可以手舞足蹈，得意万分；想到伤心处，你也可以愁思百结，尽情洒泪。一个个这样的夜晚，你一次次把记忆放飞，

以生命激扬生命

让心灵释怀，这难道不是一种美吗？

　　或者，你蹲在一株桂花前，仔细观察那些娇小的，含苞欲放的花蕾。世界静了，你能看到乳白的小花瓣悄悄地，轻轻地绽开，一阵馨香扑鼻而来。你是否听到了花开的声音？你是否看到了空气中流动的七色光？抬起头，深呼吸，便会觉得世界变明朗了：天更蓝了，云更白了，树叶儿更绿了，花儿更艳了。你是否会想起一首歌："黎明醒来请揉揉你的眼，你会发现天那么蓝。桃花儿也红了，心情也好了，冰封的情感，请解除冬眠。风也变暖了，云也变淡了，往事也飞了，飞过那忘川……"你是否懂得那种美妙的感觉也不失为一种美？

　　失败的时候，你会沮丧，认为生活是黯淡的。而经历了"山重水复疑无路"的困惑后，你又会感到"柳暗花明又一村"的惊喜。失败使你重新认识自己，重新给自己定位。有时，失败亦是一种独特的美。

　　别把"美"理解得太深奥，太神圣。留心观察生活，你会发现：美就在人间，美就在心中。

（朱　斌）

最浅与最深

什么最浅？碗比锅浅，可盘又比碗浅，但是碟还比盘浅，是碟最浅？可眼比碟还浅。

眼里连沙子也容不下，连一滴眼泪也盛不下。不仅如此，眼还看人浅。它往往只能看到一个人的外表，只会被外表所迷惑，而看不到人的内心和品质。

眼，够浅了吧，可我说这还不是最浅的。什么最浅？人最浅，不学无术，小肚鸡肠的人最浅。不学无术，没有知识，学问浅；小肚鸡肠，心胸狭窄，心眼儿浅。学问，关系到一个人的能力价值；心眼儿，关系到一个人的精神品质。这些东西浅，难道不比眼的浅处更浅吗？

与浅相对的是深。什么最深？有人说，喉咙最深。想一想，不无道理。每一天，你往喉咙里装进多少饭菜、饮料，一天天下来，这么多年，它却从没有饱和过。它若不深，怎能装下这么多的东西？

这的确有道理。不过最深的还是人，确切地说，是人心。有一个词语形容人心，叫作"高深莫测"。人心深，一种是狡诈，那"深"里面满是"毒汁"，一旦释放，祸害一方；还有一种深，"深"里面是爱和宽容，那种"深"是博大。这两种都能完完全全控制一个人的思想。比起人心的深来，那喉咙的深简直不值一提。

请大家掩卷深思，自己身上有没有这些"最浅"与"最深"呢？

（朱　斌）

爱的责任

今天是三八妇女节，老师让我们给自己的妈妈写一封信。

我心里猛地一震，皱了皱眉，心里有了一股陌生感。这种感觉像是分离，又像是冷漠，我离妈妈好远了……

我拿起笔，苦苦思索，可为什么我想不起来一丁点儿，哪怕是一丝的美好了？面对空白的记忆，我不知所措。拥抱妈妈，这原本是多么自然的事情啊，我却觉得这是一种不掺杂感情的机械动作，很麻木，这是我现在的感受。

陌生的感觉席卷而来，我几乎有些后怕了。回想起两年来，我很少和妈妈聊天，甚至连坐在一起看电视的机会都很少。我不禁叹息，叹息自己为什么开始厌烦家人的关心，叹息自己为什么不珍惜……现在，我分明尝到了"失去"的滋味……这一瞬间，我尝到的是厚重的苦与涩。

给妈妈写信，被我当成了负担，这负担压得我喘不过气，无法呼吸，更无法面对妈妈。于是我动手打开相册，找寻失落的记忆，从学步，到认字，到升学……直到现在，终于，我感受到了！

我把自己写好的信交给了妈妈，这不是老师的任务，这是我内心的呼唤和一份珍重的爱的责任！

妈妈，我爱你！

（梁潆之）

"请让一下"

轻轻一句"请让一下"让我们彼此的心里增添了几分温暖。

今天，妈妈带我来到寿光参观蔬菜博览会。这里的蔬菜形状奇特，色彩鲜艳。茄子紫中透光，约一臂长；南瓜黄得诱人，有大卡车的车轮那么大；辣椒，小巧玲珑；各色番茄，一棵根茎繁殖面积达100多平方米，能结3000多公斤果实……

这么美，游客们当然少不了拍照留念啦！在大南瓜旁边，我刚摆好姿势，一个人突然"飘"过，挡住了我的镜头。我虽然很不高兴，但还是走到那位游客身边轻声说："请让一下。"他不好意思地笑了笑，转身离开。我满意地照完了相，心里温暖了不少。当我走到另外一处"美景"时，却没留意，挡住了别人。她轻轻的一句"请让一下"，我立刻歉意地转身，匆匆离开。

是的，将心比心，轻轻一句"请让一下"，让我们彼此的心温暖好久、好久……

……………………………………………………………………（范玉洁）

一心二用

周六去学琴，老师提到一个词——一心二用。

一心二用，一看就知道是个贬义词，它的意思是形容人做事不认真，干着这件事想着那件事，太浮躁，和"一心一意"是反义词。老师说："练琴时，要一心一意地练，同时也要一心二用。"这句话怎么这么别扭啊？既要一心一意，又要一心二用，那岂不是又要认真，又要不认真吗？我心中嘀咕。

其实，不然。练琴，不能一味去练，要掌握技巧，要想办法使曲子更优美，弹起来更舒畅，这就需要一心二用——心中一部分用来顾及右手的音符，另一部分用来想左手的配合。特别是左右手都是旋律型（还有节奏型），旋律又不同时，更需要一心二用。再往深了说，风箱的控制、强弱快慢的变化、指法都需要用心去想。所以，不止一心二用，还有一心三用、一心四用。

不仅是练琴，在解数学题时也可以一心二用。想出一种解题思路时，不妨稍等一等，换换思维，从别的角度想想看，或许还能想出更好的方法解答这道题。读书也是一样，你可以一边用心记住前面所看的内容，一边用心获取新的知识，两者相结合，才能更好地理解作者写作的心情、背景以及含义深刻的句子。

不过，还是要提醒大家，用心的时候千万不要想不该想的事。否则，就真成了一心二用了。

一心二用，有时，不见得是坏事。

（辛笑丛）

五月抒怀

"丝——"柔和的微风如一首轻快的乐曲，悠扬地飘然而过。

"哗——"清澈的流水如一条明亮的玉带，缓缓地向东奔流。

"唰——"挺拔的杨树如一位刚换上绿色上衣的少女，优美的身体在风中摇曳。

微风拂去了人们满脸的疲惫，流水洗涤了人们的心灵。这是一个阳光灿烂的时节——多彩的五月。

五一劳动节是五月的开始，这是全世界劳动人民的节日。无论你从事哪个行业，无论你奋斗在哪条战线，只要你是劳动者，是用汗水谱写劳动之歌的"作曲家"，五月的第一首赞歌即为你而唱。正是由于从古至今的千千万万劳动者的付出，文明才得以发展，时代才得以更新，社会才得以进步。劳动者创造了无价的财富，这财富如金子一般，闪耀着人类前进的光芒。

因此，五月是金色的。

当五月的脚步轻轻悄悄地挪移时，夏亦步亦趋地紧跟着它。是的，夏要来了：那风中曼舞的柳条是它翩翩起舞的脚步，清脆婉转的鸟鸣是它甜润的歌喉。植物也茂盛起来了，瞧：松柏的苍绿，小草的微绿，花枝的新绿，竹林的墨绿……这一片片、一丝丝、一簇簇的绿色，互相交织，互相掩映，交织成了春夏之交那动人的乐章。

因此，五月是绿色的。

清清的、凉凉的，如丝细雨在半空飘洒。这缕缕银丝织成轻纱似的帷幕。在历经细雨的洗礼之后，世界仿佛被粉刷一新，仍飘着几点雨丝的天空朦胧而透明，清新的空气扑面而来，世界一片洁净，人们的心情豁然开朗。透明的雨滴，透明的天空，透明的心境，好一个透明的世界。

因此，五月是透明的。

金色的五月，如宝贵的财富；绿色的五月，如蓬勃的生命；而透明的五月，则如人们美好而又纯洁的心灵。有了财富，世界得以发展；为了生命，人们需要和平。而无论何时，人们都需要有一颗纯洁的心灵。

这不正是五月所带给人们的吗？

愿多彩的五月常驻人间，愿我们的世界更真、更纯！

（朱　斌）

风中的桶

昨天回老家，看见邻居家一个大约五岁的小男孩儿正在玩几个小塑料桶。看样子他想将所有的小桶摆成一排。可惜，小男孩儿刚摆好，一阵风吹来，就将小桶吹翻了。小男孩儿重新摆好，又被风吹倒了。如此这般反复了几次，小桶好像故意捉弄孩子似的，怎么摆放也是倒在地上。小男孩儿收起小桶，坐在一块石头上委屈地哭了。坐在旁边休息的一位老爷爷看见了，安慰他说："孩子，别伤心，咱们可能对风没有办法，但是，我们可以在小桶上想想办法呀。"小男孩儿擦擦眼泪，又拿起小桶，反复琢磨着。呀！有办法了。他去自家的水缸里舀了一瓢水，依次倒入小桶，再排成一排。一阵风吹来，小桶岿然不动，小男孩儿高兴极了。爷爷看着男孩儿说："要想不让风把小桶吹倒，办法很简单，那就是加重桶的重量。"小男孩儿高兴地点了点头。

这一老一少的谈话，让我深受启发。

是啊，我们可能改变不了风，但是我们可以改变桶的重量。生活又何尝不是这样呢？有时，我们改变不了外界，但是可以改变自己。当我们面对困难和挫折时，可以沉着应对，淡定自如。

如此来看，给自我加重，是一个人不被击倒的重要方法。

（张译心）

我想扮演晏子

孙老师真是有创意，去年改编的课本剧《那些老事儿——拔苗助长》获得了一等奖，也让我们绿野部落着实火了一把，体验到了当演员上电视的美妙感觉。今年艺术节，孙老师又把课文《晏子使楚》改编成了四幕场景剧。

读了孙老师改编的剧本，我很想扮演剧中的晏子，因为我本来就对晏子敬重不已。楚王三次侮辱晏子，前两次针对晏子身材矮小的缺陷，言语中充满挑衅和嘲弄，对齐国的大夫直呼"你"，已是无礼至极；后一次直指齐国："齐国人怎么这样没出息，干这种事？"嘲笑之语更是肆无忌惮。面对这样盛气凌人的侮辱，晏子正气凛然，沉着应对，机智反击，使楚王一败涂地，不但没侮辱到齐国，反而赚了自己是"狗国""下等国""盗窃国"等恶名，真是"哑巴吃黄连——有苦说不出"。

孙老师改编的剧本，着重刻画了晏子和楚王的唇枪舌剑、针锋相对、斗智斗勇的对话过程，一个聪明机智、胆略过人、维护国家尊严的使臣形象和一个傲慢专横、骄傲自大的君王形象清晰地呈现了出来。

读了剧本，我进一步体会到：人不能妄自尊大，自以为了不起，以侮辱他人为乐，高估自己。楚王盛气凌人、傲慢无礼，结果只能得一个自取其辱的下场！我们每一个人对己、对人都应有正确的估价，谦卑有礼。

作为一位被载入史册的杰出的外交家——聪明机智、能言善辩、勇敢大胆的晏婴，既坚持原则又灵活应变，该柔则柔，该刚则刚。面对大国的淫威和责难，他不卑不亢，刚柔并济，出使不受辱，一次又一次维护和捍卫了齐国的尊严，也维护了个人尊严——这也是我愿意扮演晏子的主要原因。

（董　宵）

我因扮演晏子而自豪

星期四，作为大队长，我因为学校"达人秀"的事情，没有在班级上课。回班级时，我才知道，班主任孙老师把演课本剧《晏子使楚》的人员进行了选拔分工，我很幸运地得到了扮演男一号——晏子角色的机会。我欣喜若狂，因为我一直对晏子敬重不已！

可是在我高兴之余，个别同学的话语又给了我迎头一盆冷水：他们诡笑着说，孙老师在确定这个角色时，特别强调晏子的特点是身材矮小、相貌丑陋……话外之音，就是指我因为具备这些特点才被选中扮演晏子的呢！哈哈，我还为能扮演晏子这么有才华的人而自豪呢！

我这么说大家不要认为我就是身材矮小、相貌丑陋之人，我虽然其貌不扬，但却是一个阳光、自信的男孩儿。托尔斯泰曾说："人并不是因为美丽才可爱，而是因为可爱才美丽。"我想，这"可爱"就是指风度、性格、人品、阅历之类了。

我从来没因为我长得不帅而自卑。美与丑，自信与自卑，更重要的是什么呢？"金玉其外，败絮其中"是颇有其哲理内涵的。此时，我又突然想起《简·爱》中的一句话："我贫穷，卑微，不美丽，但当我们的灵魂穿过坟墓，来到上苍面前时，我们是平等的。"人的美丽既然不是那么的重要，又何必刻意去在乎呢？爱美是人的天性，人人都向往美，追求美，外表不美也许会使人指指点点，但心灵不美更会遭人唾弃。在纷繁的世界里，大自然缔造了美丽的蝴蝶，也缔造了丑陋的苍蝇；缔造了香花，也缔造了毒草；给予人生的喜悦，也给予人生的遗憾。坦然接受现实，只要我们拥有坚毅、拥有真诚、拥有自信，就会塑造自己的美丽人生！

（董 宵）

文明在身边

最能体现文明的，往往是那些微不足道的细节；而对文明起决定作用的，却是一个小小的意识的存失。你是否有足够的文明意识，帮助你成就文明人呢？一切或许就在举手投足之间。

——题记

镜头一

时间：三月初

地点：公交车上

挤公交车，绝对是最能折腾人的事儿，身子骨不怎么硬朗的，随时都可能被挤扁。今天我旧戏重演，公交车一来我就拼命往车上挤。等车的人们同我一样，男女老少齐上阵，车门瞬间被挤进十几个人。车门堵住了，里面的乘客下不来，又是一阵拥挤加叫嚷。好歹车里的乘客下去了，门口的人们如决堤的洪水般涌进车内……谁也没注意到，此时，有一个人却一直让在车门旁边，默默地等待你争我抢的人群涌进车内，才最后一个上车。我突然浑身燥热，但分明又若有所悟：这，应该是对文明最好的诠释吧？

是的，生活中懂得谦让别人，是一种生活的智慧，更是一种文明的体现。

镜头二

时间：三月初

地点：校园中

我背着书包急匆匆地穿越车棚向教室走去。突然，耳边传来一个稚嫩的声音："大哥哥好！"我忙回头一看，是一个刚入学不久的小同学，清澈的眼睛盛满可爱，仰起头看着我，像在等待什么。我回过神来，忙不迭地回一声："你也好！"他嘻嘻笑了，便跑到另一边继续问好去了。我继续走我的路。想到那小孩儿，在校园里东跑西奔地问这问那，不由觉得好笑。但转念一想，这也许就是文明行为最简单的表达方式吧！也许他还不知道文明是什么，但文明的种子，早已在他心中生根发芽。

也许他从来都是这么做的，也许他会一直做下去，一定。

镜头三

时间：六月中旬

地点；小区里

我有早晨散步的习惯。不经意间，望见一少年将满袋垃圾远远地朝垃圾桶一扔，便扬长而去。此时，不远处有一个人疾步走过来，默默地弯下腰，捡起散落在地上的垃圾放进垃圾桶里。弯腰，捡起，放进桶里，一遍又一遍，动作是那么娴熟。我突然感觉这连贯的动作很美很美。他悉数捡起地上的垃圾，又检查了一遍，才满意地站直身体，悄悄地离去了。早晨的阳光把他的背影拉得老长老长——也许他就是一名清洁工，也许他仅仅只是一个路人，但，这又有什么不同呢？

文明，他们做到了，许许多多的人也做到了。你，做到了吗？

（李钰琪）

公交车·细节

最近，日照在创建"文明城市"，轰轰烈烈的口号像熊熊燃烧的火炬，闪耀着火光在人们手中传递下去，越来越明亮，照亮了整个日照城。

就在前几天，学校突然让乘坐7路、9路公交车的同学去北楼开会。大家兴奋又好奇地议论着，叽叽喳喳，闹得不可开交。

在某些同学的窃窃私语中，大家不约而同地想到了一件事情——一定是关于创城的事情吧。果然不出所料，开会回来的同学立刻成了"焦点人物"，道出了真相——关于乘车的文明守则：学校号召乘坐公交车的同学要文明乘车，为日照创建文明城市贡献一份力量。

风平浪静后的一天刚刚过去，第二天我们临时换了一辆班车。大家在车上聊天时，突然有一个同学像发现了新大陆一样指着车壁，大喊："你们快看！这里提到了我们的学校！"

这句话令我们大喜过望，纷纷把脑袋凑过来，一起念着车壁上的贴纸："日照市新营小学乘车文明守则"。念着念着，大家都笑了，望着贴纸上面少先队员灿烂的笑脸，真心感到骄傲："新营小学，就是不一般！""多好！多好！"我禁不住叹道。"多好！"我不知道能再说些什么，只能从内心中真挚地赞扬，赞扬我们的学校，赞扬我们的家园。

是啊，文明从细节做起，从身边环绕着的每一物做起。公交车在城市中穿梭，很多人都会乘坐它。如今，车上多了一张告示，一张文明的告示。告示上是新营小学的倡议，每个乘坐公交车的人都会看到它，这是多么美好的事啊！城市需要繁华，更需要文明。日照做到了，我们每一个日照人都做到了。

"细节决定成败"，就在我思索之时，老师的话如一缕春风，在我耳边萦绕不息……道路两旁的荫荫绿树被风轻轻拂过，好像在悄悄低语——"文明，就在身边"。

（张心怡）

精彩的辩论赛

今天，一走进五年级七班的教室，就感到与以往不同。57个同学分成两个大组，分别是正方和反方，大家屏息凝视，全神贯注地盯着讲台。台上的同学分别是正方和反方选派的辩手，一个个精神抖擞，信心十足。双方拉开阵势，似要有一番较量。

原来，我们正在举行一场精彩的辩论赛——《网络利大于弊，还是弊大于利》。

主持人孙老师说了一些规则和具体要求后，真正的较量开始了。正方一辩首先亮出观点："反方辩友，你们好！我方认为，网络利大于弊……"我们反方不甘示弱，反驳道："正方辩友，我不同意您的观点。我方认为，网络弊大于利……"正方三辩一登场，我就摩拳擦掌等候出击了。对方话音刚落，身为反方三辩的我终于有了反驳的机会："正方辩友，你们好！我方认为，网络弊大于利。因为现在的我们，生理上虽有些成熟，但心理上还远远没有成熟，所以缺乏一些健康的认知和辨别能力，导致盲目上网，过度上网，从而给我们纯洁的心灵带来伤害……"

双方辩手各执一词，有理有据，唇枪舌剑，各不相让。辩论赛就这样激烈地进行着……

紧接着是正反双方自由辩论，对阵一番后，还是难分高下。

为了这场辩论会，我可是花费了不少精力，本以为胜券在握，可没想到，对方辩手个个表现出色，这可怎么办？就在我焦急万分的时候，接下来的环节让我信心倍增。孙老师指示，由双方各派观众提问题，指定对方辩手回答，而对方王肇汉提的问题，我方王子涵对答自如。

然后，评委们为我们打分。结果是：正方1800分，反方1900分。

"耶！"台下立刻欢呼雀跃。

最后，孙老师一锤定音："网络的关键在于使用。只要我们合理利用好网络，就会利大于弊；如果过度上网，滥用网络，就会弊大于利！希望大家文明上网，合理上网。这次辩论赛没有输赢，大家都积极参与了，而且懂得了如何健康上网，所以我们都是胜者！"

这次辩论赛太精彩了，它不仅锻炼了我们的思维和口才，培养了我们动手搜集资料的好习惯，而且让我深深体会到了团队的力量：一个人的力量是有限的，只有团结合作，才会有无限的精彩！

（翟玉航）

诗歌创作篇

美丽的春天

缤纷如图画，
绚丽如彩虹——
人们心中的春天，
应该是这样。

可爱如女孩，
帅气如小伙——
人们心中的春天，
应该是这样。

奔放如斑马，
乖巧如白兔——
人们心中的春天，
应该是这样。

碧绿如翡翠，

湛蓝如大海——
人们心中的春天，
应该是这样。

我放眼望去，
四处寻找，
我心目中的春天。
因为这样的春天，
才是我的珍爱。

（安梦倩）

今夜，你来了

倾盆的大雨，
今夜，
你的到来令人欣喜，
仿佛天使降临在农田里。
我记得，
干旱的农田里，
农夫那忧郁的眼神。

今夜，

你的到来，

造就了他们的美丽。

倾盆的大雨啊，

今夜，你来了，

还带着一丝冰凉与惬意。

今夜，

农夫们笑了，

春风满面。

农夫们愿意看到，

你在他们眼前，

滴来落去。

倾盆的大雨啊！

干旱的土地即将逝去，

星空，会变得更加晴丽。

我静静地听着，

你的声音，

静静地感受着，

你的欢喜，

和你的美丽。

（焦莹莹）

啊，朋友

我是一粒种子
当我又冷又饿，失去动力的时候，
你常常为我
化作美妙的营养液。

我是一只小鸟
当我渴望飞翔，却又屡屡失败的时候，
你常常带给我
温暖的安慰与鼓励，
并和我一起练习。

当我在孤独的困境中
迷失方向、失落徘徊之时，
是你，
伸出了援助之手，
帮我渡过难关。

当我在鲜花和赞美中

骄傲自满之时，

也是你，

严肃地告诫我，并指出我的不足——

不要自满，要追求更好。

啊，朋友，我的好朋友！

我只是你生活中的一部分，

你却改变了我整个的生活。

我们互帮互助、齐心协力，

我们是患难朋友、知音知己。

我们一同努力，向前进！

（张媛媛）

起　航

初中的生活是怎样

不敢想象

无法畅想

只怕，想象之后

畏惧充满心头

我愿

天上的云儿带我飘走

潜入初中的校园打探一下"军情"

但，这只是所谓的畅想

没关系

到了九月

好奇的孩子们

要开始起航

无论初中的生活是怎样

我们都要做好准备

迎着朝阳

扬帆起航

（焦莹莹）

可爱的女孩

稳重如爱丽丝，

温柔如矮牵牛——

人们喜欢的小女孩，

应该是这样。

快乐如波斯菊，
天真如雏菊——
人们喜欢的小女孩，
应该是这样。

淡雅如茶梅，
温顺如灯芯草——
每个人都喜欢，
这样的小女孩。

平谧如火鹤，
清纯如姬百合——
所有人都喜欢，
这样的小女孩。

我四处飞翔，四处寻找，
我心目中的天籁。
因为这样的女孩，
才是我的珍爱。

（赵一迪）

悬崖上的雏鹰

我是一只悬崖上的雏鹰，

一只刚刚出世的雏鹰。

我出生还不到一星期，

妈妈就把我从温暖的巢里揪出来，

决然扔下悬崖。

耳边呼啸的风声，

被树枝刮伤的我，

强烈的求生欲占据了大脑，

展开瘦弱的翅膀，

不停地"扑腾"着，

终于飞向柔蓝的天空。

我虚弱地飞回巢，

想博得妈妈的一丝关心。

妈妈却再一次狠心把我推下悬崖，

来回七次，

终于，妈妈对我说，

孩子，不要怪我，这是为你好，

妈妈在教你，
学会勇敢和坚强。

（赵一迪）

绿野，我为你自豪！

当任课老师表扬我们班时，
我总会在心里默默地说：
绿野，我为你自豪！

当我上外堂课回到班里，
看到那一排排整齐的桌椅时，
我总会在心里默默地说：
绿野，我为你自豪！

当我们为了一个目标
努力奋斗取得成功时，
我总会在心里默默地说：
绿野，我为你自豪！

绿野，是一支铁军队伍，

不管走到哪里，

我们都是一道亮丽的风景线。

绿野，我为你自豪！

（孔 瑜）

绿野，你是一朵美丽的花儿

绿野，

你是向日葵，

每天向着太阳微笑，

在阳光下奋起努力。

绿野，

你是梅花，

在寒冷的冬天，

傲然挺立，

教会我们做人的坚强。

绿野，

你是一朵铿锵玫瑰。

不怕困难，

勇敢去追逐自己的梦想。

找到明亮的那方。

绿野！

你是一朵美丽而快乐的花儿！

不怕艰险，

勇敢前行！

有79张笑脸为你绽放，

有老师的话语为你加油，

有全校的赞美为你鼓掌！

我相信，你绽放的那天，

一定会灿烂而阳光！

（焦莹莹）

让地球妈妈绽放笑容

生命只有一次

地球只有一个

地球是我们大家共同的妈妈
地球妈妈给了我们一个完美的家
我们该为这个伟大妈妈做些什么

四十多年前的 4 月 22 日
在哈佛学子海斯的倡议下
地球妈妈拥有了一个节日——
世界地球日
从此世界环境日、世界无烟日等环保日相继确立
善待地球、构建和谐等地球日主题也连续发出倡议
就是为了让大家明白"拯救地球就是拯救未来、拯救自己"

昨天，我们的地球妈妈是如此的年轻美丽
山清水秀到处充满花香鸟语
碧海蓝天到处传来欢声笑语
空气清新，环境美丽得像天堂一样
地球妈妈生活得那样安详、宁静、平和

曾几何时，地球妈妈的变化超出了人们的想象
到处开矿山建厂房，烟囱长成了森林
高楼林立，钢筋混凝土切断了我们的视线
我们在车流人群中奔波，我们的呼吸被烟尘包裹
地球妈妈沉默期盼，已经无法掩饰内心的苦不堪言
气候变暖、臭氧层被破坏、生物多样性减少
病毒、细菌、洪水为所欲为

大气污染、酸雨蔓延、森林锐减、土地荒漠化
已经是家常便饭
缺少了地球妈妈的滋补润泽，全球各地充满着惊慌恐惧

太阳把希望寄托在花朵身上
绿叶把希望寄托在果实身上
地球妈妈把希望寄托在我们人类身上
坐以待毙，从来就不是我们人类的选择
亡羊补牢不致酿成大祸
还青山翠绿
还江河清澈

让我们用热情传播环保的理念
让我们用智慧净化生存的环境
让我们用良知阻止破坏环境的现象
让我们用勇气调整自己的生活习惯
让我们用真情为地球妈妈许下文明的承诺

随手拾起散落在地上的果皮纸屑
阻止将废水肆意排入河流湖泊
挥起铁锹，种植树苗阻挡风沙的侵袭
低碳生活，节约每一滴水每一度电
勇于发明创新，减少地球妈妈资源短缺的负担
讲文明就要唱响保护地球这个永恒的旋律
倡导绿色消费、支持绿色生产、共建绿色家园

为了让人们在这个家里生活得快乐美好

我要做地球妈妈的贴身保镖

（董　宵）

班级工作篇

班级工作随想

今天孙老师让我们写篇随笔，想什么就写什么，不限制标题、内容等。年前年后，我想的最多的就是我们的班级，班级的工作、老师、同学……可以说我经历了从骄傲、担忧、纠结、矛盾，到困惑、反思、释然、憧憬的过程。

提起新营小学六年级五班，可以说无人不知无人不晓。我一直为生活在这个班风优良、团结向上的班集体而骄傲！我们六年级五班一直是学校的优秀班级，无论是班级纪律、卫生、活动、学习成绩，全校其他班级都要向我们看齐！可自从去年孙老师生病休假，我们班连续好几个月都没有拿到优秀班级的流动红旗。作为班干部，我视班级荣誉如生命，难过、困惑、无奈一直笼罩着我……

到底是什么原因呢？我听到了很多不同的声音：有的同学说，孙老师不在，我们班级就垮了，同学们整天像丢了魂一样！也有的同学说，是不是孙老师不在，其他班级老师故意欺负我们呀！我们像是一群没娘的孩子一样。有的老师说，从六年级五班可以看到班主任对一个班级有多重要了！有的家长说，你平时依赖性太强了，离开班主任就站不稳了，眼看要毕业了，你们可怎么办呢！还有人说，是不是你们的优秀还没有变成习惯呀，否则怎么这么快就反弹了呢！担心的、质疑的、不屑的、观望的……我们成了学校的热点！

长时间以来，我也反思了好多：以上这些观点都是不全面的。孙老师生病在家休息，我们的确整天忧心忡忡，牵挂得很，但这不是影响我们生活学习的主要原因；班级评优也不是谁故意欺负我们，我们的确有放松的现象。我认为主要原因是当时孙老师对班干部调整的问题。孙老师休假前，为了发挥全班同学的主人翁意识，让同学们轮流管理班级，这个决策本身没有问题，可这些同学有的确实缺少管理经验，管理能力不是很强，当然谁也不是天生就会管理；而我们这些班干部是老师从一年级就开始培养指导出来的，具备了一定的协调领导能力；再就是有些同学连最起码的以身作则的表率作用都起不到，再加上没有班主任的指导、扶持，班级不乱才怪呢！其实学校也安排了其他老师给我们担任班主任。她虽然年轻、热情、认真，可能就像我们班这些轮流管理的班干部一样，缺少经验和方法吧，总感觉说话没有力度、工作落实不到位。其实谁也不能怪，因为最好的教育是自我教育，最好的管理是自我管理！是我们没有达到这种境界！

因替孙老师上课的唐老师要生小宝宝了，尽管孙老师身体还没康复，但是她仍然坚持要求上课，我们是既高兴又担忧：高兴的是，孙老师又能带领我们班扬眉吐气了；担忧的是，孙老师再累病了怎么办？听说孙老师年前还只是上课，并不担任班主任，我们绷紧的心才稍稍放松了一点点。

我们在各种猜测中迎来了新的学期。开学第一天，看到亲爱的孙老师朝气蓬勃的样子，我们开心极了。虽然到现在也不知谁担任我们的班主任，但从孙老师给我们讲的一大堆道理中，我们感觉孙老师还是我们的班主任。有了这颗定心丸，再加上孙老师的引领，我对我们班有了新的憧憬！相信我们一定会找回迷失的自己，给自己的小学生活画上一个圆满的句号！

（董宵）

老师的鼓励

今天上午语文课，孙老师说要检查背诵课文。我心里很紧张，万一老师叫到我，我背不熟怎么办？既给老师留下了不好的印象，又会成为同学们的笑柄。

"晨！"老师叫了第一个人，他就坐在我后面，我不禁心头一紧，回头看了他一眼。只见他自信满满地合上书，站了起来，开始背课文："《两小儿辩日》——孔子东游，见两小儿辩斗……"

他背得很熟练。老师说："你看晨，背得很熟练嘛！你呀，聪明得很，只要下决心改了拖拉的小毛病，学习肯定差不了！"孙老师充满微笑的鼓励，不仅鼓舞了晨，也鼓舞了我们全班同学。

紧接着，老师又叫了明。他虽然背得有点不熟，但老师还是面带微笑地鼓励了他。这时，我的心头涌上了几丝不安，晨和明都能背好，如果叫到我，我背不熟，那……老师又让丹丹来背。她娇小的身体站了起来，孙老师用慈爱的目光看着她，丹丹支支吾吾地背了几句就没声了。肯定是没背熟，我在心里想，丹丹这顿批评是少不了的了。可没想到，孙老师还是那种慈祥、温柔的笑，对她说："丹丹，怎么啦？背过课文了吗？"丹丹点点头。"是不是太紧张了。没事的，你就是回答问题次数少了，以后要积极主动回答问题，胆子就练大了。这样吧，下课后你就背给同桌听吧。"我的心里感到一股温暖。

最后一个，老师叫了鹏。太好了，没有叫到我，我不禁窃喜。鹏机关枪似的背了起来。"要有停顿嘛，孩子。"鹏一下子不吱声了，背不下去了。孙老师微笑着，一边示范一边耐心地鼓励："鹏，继续背啊，别紧张……"

过了一会儿，下课铃响了，同学们开心地结伴活动去了，空荡荡的教室里只留下了我。我呆呆地坐在座位上，心里想着课堂上发生的一幕幕。我忘不了，忘不了孙老师那宽容的话语，忘不了孙老师那鼓励的微笑。于是，我开始熟练地背诵起了课文……

（徐小凡）

这只是一个细节

晚上，我收到了一条短信，打开一看，是孙老师发来的，是关于背《论语》和唱红歌的事。草草看完之后，我便又去忙自己的事了。过了一小会儿，又来了一条短信。咦？难道是孙老师还有什么事没交代吗？我急忙打开短信，内容只有几个字："对不起，刚刚把'不感兴趣'的'感'写错了。"是吗？我又仔细看了看，的确，"不感兴趣"的"感"写成了"勇敢"的"敢"了。

在这么多的文字里，有谁会注意这一个小小的错别字呢？说实话，我也没发现，可能一般人也很少有注意的吧。可是，这个细节，老师竟然会发现并去改正。错就错了吧，反正也没有人会在意。但是，孙老师却没有这样，她不惜花费时间，花费精力，还是把这个小错改了过来。这，让我想到了很多……

这只是一个细节，却饱含了老师对学生的用心；这只是一个细节，却充满了老师对工作的负责；这只是一个细节，却反映出了一个老师认真、细心的态度；这只是一个细节，却也是一种知错就改的好习惯——我们的孙老师就是这样的一个人，是一个这样负责的好老师。

细节之处见真情，细节之处见责任！

（徐小凡）

第四章　不说再见
——我们永远的家

　　毕业是件开心的事情，因为我们已经顺利完成了六年的学业，成长为知书达礼的少年；毕业时分，又是伤感的季节，它预示着离别，六年的朝朝暮暮即将画上休止符。那份不舍，那份依恋，写在脸上，刻在心底：六年的时光，我们过得充实而美丽。我们流过眼泪，却伴着欢笑；我们踏着荆棘，却嗅得万里花香。

　　再见了，永远的绿野，永远的孙老师，永远的伙伴们！

一、临行话别

毕业叙事

今天，我们毕业了
—— "绿野部落"毕业演出

情景：一生手拿照片跑回教室，边跑边喊："快来看呀！我们的毕业照！"其他孩子立刻蜂拥而至，七嘴八舌："我看看，快给我看看。""你看你嘴巴都笑歪了。""你眼睛都眯成一条缝了。""这谁呀，李明，咦？咋这么像小沈阳呢！真像，真像。""快看呀，王小丽这靓姿像不像'思想者'？""啊？哈哈哈……"

生1：老同桌，毕业了，给我照片上留个言吧！

生2：是啊，就要毕业了，我们写几句离别赠言吧。（手捧纪念册。）

生（齐）：好啊，我们互相写写赠言吧！（纷纷交换，读自己的赠言。）

生3：（兴冲冲跑进）咋都阴着脸不说话了？

生1：（递上照片。）

生3：时间过得真快，不知不觉我们小学毕业了。（音乐《思乡曲》）

生4：六年的小学生活过去了，我们即将离开亲爱的母校。

生（齐）：这时，我们才发现，"毕业"不是一个轻飘飘的词语，而是一份沉甸甸的留恋。

生5：对于难舍难分的同学，对于循循善诱的老师，对于朝夕相伴的校园。

生（齐）：我们有太多太多的依恋与感恩。

生：你是我童年最好的伙伴，每天总能看到你阳光般的笑脸，纵然我有再多的烦恼，也会被你的微笑驱散。无论将来我们在哪里，我们的心会永远相连！

生：感谢同学，六年的相处，给我们留下了太多太多珍贵的回忆——

生：怎能忘记艺术节中我们的精彩演出；

生：运动会上我们的奋力拼搏；

生：怎能忘记走廊中我们自由嬉戏；

生：音乐书吧里我们畅游书海……

生：这些平凡的小事，在如水的岁月里，将成为我最难忘的记忆！

生：六年朝夕相处的情谊是深厚的。

生：尽管告别是寻常小事，但真告别时，却又难说再见。

生：亲爱的伙伴们，请收下我的祝福，不要忘记把快乐传递，把幸福分享。

生：亲爱的同学们，我会记得咱们那一张张天真活泼的笑脸。

生：一想到今天就要告别美丽的校园，告别朝夕相处的老师和同学，心中就涌满了深深的眷恋。

生：我还清楚地记得，六年前，我们依偎着爸爸妈妈，怀着对学校的憧憬、对老师的敬仰走进校园。绿草如茵的操场，窗明几净的教室，天真烂漫的同学，和蔼可亲的老师，一切都是那样新鲜。如今我们却要离开校园，离开我们亲爱的老师。

生：真希望时光能倒流，让我再回到从前那个什么都不懂的少年，再开始一次小学生活。我不想离开老师，不想离开同学。

生（齐）：我们不想离开老师，不想离开同学，不想离开母校！

生：看，老师来了！

生（齐）：老师好！

师：孩子们好！

生（合）：老师好！

生：老师，今天就要毕业了，我们舍不得离开您！

师：是啊！一眨眼六年过去了，那曾经瘦弱淘气的小男孩，变成了一个个高大健壮的帅小伙；那曾经扎着羊角辫的小姑娘，变成了一个个亭亭玉立的美少女。你们都长大了，长高了，老师也舍不得你们离开。

生：老师——老师——

师：来，——你又获得了 _____ 的好成绩，祝贺你。

生：谢谢老师！

师：——你获得了 _____ 的好成绩，老师真为你高兴！

生（齐）：老师，我们的每一点成绩都凝聚着您的心血和汗水；我们的每一点进步，都离不开您的帮助和教诲。

家长1：是啊，孩子们的每一份成绩，都凝聚着您的心血和汗水，谢谢您了老师（握手）。我是六(5)班董宵的家长。新营小学六年级五班，相信大家都知道她有个鲜亮的名字叫"绿野部落"，很自豪我是这个部落里的粉丝一枚。今天是个特殊又难忘的日子，站在这里，我不知道怎么表达我的心情，刚才我的眼睛一直是湿润的。好多家长已经在台下泪水涟涟了。非常感谢学校让我们和孩子们共同拥有这样一个隆重而庄严的毕业典礼。此刻，我们心中除了感动就是感谢。

董宵在新营小学的六年学习中获得了卓越的成长，取得了优异的成绩。我为儿子的健康成长感到欣慰的同时，更想说的是感谢新营小学，感谢新营小学所有教育过我儿子的老师。是你们六年来无私的传授、理性的呵护和持续的激励，才使他那么优秀，他的健康成长与老师们呕心沥血的精心培育是分不开的。我们每位家长都有这种感受：新营小学的老师们，不仅有着优秀的教学水平和高尚的职业道德，更有着细腻的情怀和无私的爱心。小学六年时间，作为家长，我感觉到我们的老师重视的不仅仅是知识的授予，更是学生品质、人格和气质的培育，以及生存和发展能力的提升。我举一个简单的例子，今年艺术节上，儿子扮演晏子，刚开始同学议论董宵扮演晏子是因为自身身材矮小、相貌丑陋，儿子心情一直是矛盾的。是孙老师告诉董宵：扮演晏子要能言善辩、足智多谋，一举一动符合外交使节的标准，还要有一身正气，能捍卫国家的尊严，而这一切，都得靠精湛的表演来完成，选择你主要是因为你的自信、阳光以及出众的表演经验和技巧。作为家长，我知道我儿子既不是帅哥也不是帅才，绿野优秀的孩子数不胜数，可孙老师却用大爱和鼓励让我儿子成为一个自信、感恩、宽容的阳光男孩。感谢绿野这个大家庭锻造了孩子们阳光、自信、宽容的优秀品性。

家长2：说起"绿野部落"，我和这位家长有同感。当我们打开新教育网站，沉浸在六(5)班孩子的文字里，便会收获一路的芬芳。孩子们的文章没有冠冕堂皇的说辞，而是一种纯朴自然的真情流露，仿佛走进了一种幽雅纯净的意境当中。有一种久渴喝到清泉的感觉，让人找回失落的热情！谢谢孩子们的纯真，谢谢老师的引领。

孙老师是一位充满激情和诗意的老师，更是一位真正关注孩子命运、具有社会责任感的老师，您的人格魅力和创新精神值得我们敬重！在您的书香浸润下，孩子们都成了小诗人、小作家……

将孩子交给您这样的老师，我们家长放心。孩子们，你们能在新营小学这样优秀的学校度过你们的小学阶段，是你们的机遇；能在新营小学绿野部落里成长，更是你们的幸运！

家长3：饮水思源。孩子们，六年前，当你们踏进学校大门的时候，还是一群少不更事的孩子。怎能忘记运动会上你们众志成城的呐喊，歌咏比赛中你们齐心协力的高歌，一次次演出成功、获得佳绩时你们的振臂高呼！如今，经过学校这块沃土的滋养，你们一个个都已成为腹有诗书、志向远大的风华少年，即将起飞翱翔在更广阔的蓝天！可是，孩子们，不管将来你们飞得多高多远，你们的本领有多大，都不应该忘记，是新营小学给了你们成功的动力，培育了你们起飞的能力。希望你们永远铭记母校的教诲，常回来看看你们亲爱的老师。过节了，别忘了给老师一个祝福；得奖了，别忘了给老师报一声喜讯。

家长4：孩子们，你们就要毕业了，站在美丽的母校与相伴的同学之间，你们不可能没有眷恋。作为家长，我理解你们的心情：既兴奋又难舍，既激动又不安。但我们坚信，新营小学培育出来的学生，凭着优良的综合素质、应变能力、学习能力，一定可以面对人生的各种挑战，对于培育出我们这种能力的老师，我们怎能不由衷感激？千言万语汇成一句话，老师您辛苦了！亲爱的孩子们，给老师一个感恩的拥抱吧，把你们六年来累积的情感向亲爱的老师表达。亲爱的家长朋友们，陪着孩子共同成长，我们也成了知心朋友。让我们全体起立，把最热烈的掌声送给我们孩子的老师吧，是他们成就了我们的幸福。

家长5：家，是爱的源泉；家，是心灵的港湾。家承载着我们每个人的喜怒哀乐。六年来，我们家长、孩子、老师已经融成一个大家庭，让我们一起感受家的温馨、和谐。优秀，是因为很多人协助；成功，是因为很多人支持。希望孩子们继续坚持和发扬"学会感恩"的品质。有了母校这块沃土做基础，你们就会有更高的起点。母校给予的营养，你们将受用一辈子。我们相信新营孩子都能做到：今天我以新营小学为荣，明天新营小学以我为荣！我相信你们永远是最棒的！

家长6："脚踏实地海让路，锲而不舍山可移。"孩子们，一分耕耘一分收获，所有成果的取得都离不开"勤奋"二字。希望你们能够在以后的学习和生活中更加勤奋。母校永远是你们的坚强后盾，不论顺境、逆境，成功、失败，请正视自己，坚信自己，精彩的人生舞台终将属于自己。

家长7：我们理解，作为老师，最开心的事就是送孩子毕业，最伤感的事也是送孩子毕业。因为你们对孩子有着深深的感情与浓浓的关注。让我们再次真诚地道声："老师，您辛苦了！谢谢您，老师！"我们衷心地祝福全体老师身体健康、家庭幸福、事业兴旺！衷心地祝愿新营小学人才辈出！

（音乐《思乡曲》继续。）

生（齐）：放心吧，妈妈，我们怎能忘记敬爱的老师呢？

生：是您，在课堂上一丝不苟地向我们传授知识，启迪智慧！

生：是您，带我们在知识的海洋里遨游。读书节上，我们话《三国》，谈《水浒》，尽情展示自己的才华。

生：最难忘的是您为我们过生日，送生日诗。同学们都说，那是自己最好的生日，最好的礼物！

生：是您，经受着咽炎的折磨，忍受着腰椎间盘突出的疼痛，每天伏案把自己深埋在作业堆里。

生（赵）：那一次，我因家庭作业没写向您撒了谎，您语重心长地和我讲道理，我听得不耐烦了，朝您耍脾气。您耐心地说："那咱们明天再谈吧。"第二天，满怀愧疚的我不敢正视您，可我分明听到，您的嗓子哑了，说不出话来！老师，我知道，这是您在为我着急！当您来到我面前，用眼神询问我的时候，我深深地低下了头！

老师，我错了！

师：是的，孩子，诚信乃立人之本，知错善改才是做人之道。

生：老师，我记得，您常常对我们说："做人失败，任何成功都不算真正的成功。"

生（合）：老师，我们忘不了您对我们的教诲！

生：我清楚地记得，学写作文时，我的作文水平很差，您不厌其烦地一遍一遍辅导我。课余时间，您一句一句地帮我改作文。有时，我会嫌累，您总是轻轻地吟诵"梅花香自苦寒来"。

师：现在你的作文写得多美啊，老师常常被你优美的文章陶醉。

师（合）：孩子，你们的进步，是老师最大的心愿！

生（董）：老师，我永远忘不了那一次。在金海岸校区，我肚子疼痛难忍，您跟家长通完电话后，扶我下楼。一阵剧痛袭来，我忍不住停下脚步蹲了下来，而您立刻蹲下身子："来，老师背你。"我执意拒绝，您不由分说把我背起："快点，别逞强，不要耽误时间！"瘦弱的您，背着个头和您差不多的我，可以想象您当时是多么的吃力，可您背着我边走边跟我开起了玩笑："老师好多年没有背孩子了，今天，你让老师体验到了背儿子的感觉。"听到您亲切的话语，紧贴着您热乎乎的背，那一刻，我再次感受到了妈妈的味道！从那天起，我一直有一个心愿，老师，我想喊您一声妈妈，（深情地喊）老师——妈妈！

生（齐）：妈妈！妈妈！

师（孙）：是啊，孩子。病在你的身，疼在老师的心啊！能够拥有你们的这份情，是我做老师最大的幸福。

生：这一切的一切我们怎能忘记呢？

师（赵）：其实没什么——因为——我是一名教师，你们的快乐是我最大的满足，你们的进步是我最大的欣慰，你们的成功是我永远的追求！

师（孙）：可爱的孩子们，在这离别的时刻，老师的心里也涌动着万分不舍。

师（赵）：怎能忘记，我们相处六年洒下的欢声笑语。

师（孙）：怎能忘记，你们整齐规范的课间操，你们笔直的路队，那是留给母校的一道亮丽风景啊！

师（赵）：怎能忘记，校园里你弯腰捡纸的动作。

师（孙）：怎能忘记，课堂上你全神贯注的神态。

师（赵）：怎能忘记，每一期班报、橱窗里你精彩的佳作和你为之付出的辛勤和智慧。

师（孙）：怎能忘记，你为班级争得荣誉时的开心笑脸，和你不小心为班级抹黑时的自责与内疚。

师（赵）：怎能忘记，你们坚守在卫生区域，默默无闻、无私奉献的身影。

师（孙）：是你们创造了一个个奇迹！

师（赵）：此刻，老师不能把你们都搂在怀里，但老师已经把你们都刻在了生命里。

（音乐《思乡曲》停。）

师（合）：勇敢地去吧，亲爱的孩子们，生活的海洋已铺开金色的路，浪花正分列两旁摇动着欢迎的花束。

（铃声。）

情景：（生）背好书包起立，最后一声下课铃响过之后，他们背起书包离开，回头，张望。

生：回望我们曾经共同走过的六年时光。

生：这一次的离开竟然如此伤感，伙伴们，让我们都把脚步放慢再放慢，把道别的声音拉长又拉长……

生：成长是一扇树叶的门，童年有一群亲爱的人。

（音乐《曾经的那些》弱。）

生：新营小学是我播种梦想的摇篮，校园里的每一个角落，都刻下了我的足迹。一草一花，都将化作我最美好的回忆，将要离别之际，让我们再次深情挥手告别：

生（合）：再见了，亲爱的母校；再见了，亲爱的校长；再见了，亲爱的同学；再见了，亲爱的老师！

生：让我们千万次——

生（台上台下齐）：千万次地祝福您——

生（合）：祝福亲爱的老师们身体健康，祝福亲爱的母校更加辉煌！

（音乐《曾经的那些》。）

解读孙老师的临行密码
——绿野、种子、岁月、奇迹

昨天，我们相聚绿野是那么开心幸福

我们是一群快活的小鸟
您是那株供我们休憩的大树
我们的"活泼"加上岁月的打磨
让您疲惫，让您无可奈何
为了把我们托举得更稳更高
为了让我们生活得多姿多色
您努力让自己根深粗壮、枝繁叶茂
早晨，迎着朝阳，我们从您枝头飞起
傍晚，送走晚霞，我们栖息于您的怀抱
我们优美婉转的歌声让您开心激动
我们拼搏练飞的身姿让您惊喜幸福
今天，我们已经长大懂事了许多
您却要我们去山的那边、海的那端
我们这些小鸟振动羽翼不舍飞离您的怀抱
您却推开依恋您的我们，疾书苍劲有力的八个大字
——绿野、种子、岁月、奇迹

我们带着彼此的眷恋，带着浓缩的食粮各奔远方
离开您慈爱温暖的怀抱
离开绿野这个温馨团结的家
我在独自飞行时感到孤单、缺氧、身心不适
我苦苦思索努力解读绿野、种子、岁月、奇迹的秘籍
啊！终于明白了
在和谐凝聚的绿野里起飞的我们
都是一粒粒饱满且充满生命力的种子

不管岁月如何刻薄地修改、锻造、打磨

不管把我们抛在荒山还是撒在沙漠

我们都会创造一个个奇迹，一个个传说

因为我们曾经一起出生在新营的绿野部落

绿野部落里有您的自信、执着、期盼与守候

——绿野、种子、岁月、奇迹

有了这珍贵的黄金密码

我们一定会越飞越丰满，越飞越高远

请相信绿野人会让您见证奇迹——

您亲手撑起的绿野部落

定会绿色成荫，原野广阔

生命力的种子会遍布天涯海角的每个角落

相信种子，相信岁月

（董宵）

解读"绿野、种子、岁月、奇迹"

　　毕业之际，老师在黑板上写下了八个大字"绿野、种子、岁月、奇迹"。对此，我有自己的见解。在绿野的两度春秋中，我们心里早已埋下了绿野的种子。在老师的谆谆教导下，种子们正在积聚着能量，等待破土萌芽。

第一颗种子——感恩。

感恩，是万世之美，治世之道。古今无数的文人墨客，俊杰英豪，用笔锋与人生书写了"感恩"。感恩，对他们来说亦是一种人生。我们在老师的教诲下，渐渐懂得了它。感恩，是立世之本，凡是高尚的人，都会把感恩看得重于泰山……

第二颗种子——正直。

正直，是良心之现，是一种至高无上的名誉。多少人不畏权威、大公无私，为了正直，不惜生命。不论身边有多少舆论支持，还是孑然一身，孤舟艰行；不论有多少诽谤谴责，正直永驻于心，山崩地裂、巨澜滔天仍岿然不动，终胜邪。

第三颗种子——阳光的心态。

心态，立于万事之上。心态事关成败，我们信奉这一点。不论结局如何，不论几多坎坷，不论血汗飞迸，不论琐事扰心。

万物皆美好，前程皆似锦；往事皆如云烟，生死皆是浮云。做人，就要有一种阳光的心态。

绿野中收获的种子每一颗都蕴含着力量，珍贵如金。历经风霜雨雪的洗礼，历经岁月艰辛的历练，终将开花结果，长成参天大树。

（汉鹏飞）

绿 野

　　此刻，我看见了这片原野，不，应当叫绿野。风儿，卷走了树梢上的片片残叶，也卷走了，六年的光阴。我看见，很多很多种子，安安静静地躺在这片神奇而又神圣的土地上。

　　露珠，沿着树干，悄悄地，悄悄地融进土壤里。每一滴，都沁着大地的慈爱，浸着阳光的温暖。我看见，岁月的手，轻轻拂过原野。一年又一年，种子依旧很安静地躺在那儿。是的，他们在等待，等待一个个奇迹。

　　绿野并不是空旷的，他每天都会有很多精彩的故事。他会把他们很小心地放在一个角落里，很小心地守候着他们。他每天都会翻阅那些曾经的故事，那些种子跟大树之间的故事啊。那时，种子们喜欢把大树叫作"孙老师"。大树呢，喜欢把种子叫作"孩子们"。

　　大树，经常告诉孩子们"态度决定一切，习惯影响一生"。教给孩子们做人做事的道理。她用自己的绿叶，将孩子们揽在阴凉里，用汗水浇灌，用生命哺育。带他们行走在森林里，穿梭在原野中，感受世界的辽阔，生活的宽广。为此，她不遗余力，或许她也在等待着。年轮是岁月的脚印，当他在树干上留下第六个足迹时，分别，来临。不舍又如何？过去了，便是过去，只能以回忆的形式保存。请你小心地将他们藏好。何时，再次来到这片原野，风儿，或许会撩起你的发梢。这时候，你就可以悄悄地告诉他："是的，我还留着。"

还留着呢。

其实，奇迹已经发生，我眼前的这片原野，已是绿波荡漾。

（李钰琪）

二、我们毕业了

绿野部落的魅力，在于绿野人共同营造的一种温馨而有诗意的生活方式，那是一段不可复制的独特人生历程，是教师与学生携手共进的生命之旅。三年来绿野人共同构建了充满智慧与激情的精彩课堂，共同创造了丰富多彩的班级活动……晨起，我们口齿生香，含英咀华；课上，我们顾盼神飞，点石成金；课下，我们相互扶助，温馨有爱；课余，

我们指点江山，妙笔生花；日常，我们聆听窗外，多姿百态；毕业，我们一步三回头，依依不舍……

写给绿野的孩子们
——深爱你们的"老班"

昨天，我们的相逢是幸福的开始，
你们是一群快活的小鸟，
我是那株供你们休憩的大树。
我想长得更高更壮，
我想枝叶繁茂，
我想高耸入云。
因为，只有那样，我才有力量把你们托举得更高，
也只有那样，你们才可以看得更高，飞得更远。
早晨，迎着朝阳，你们从我的枝头飞起，
傍晚，送走晚霞，你们栖息于我的怀抱。
没有什么能比听到你们嘹亮的歌声更让我激动，
没有什么能比看到你们飞翔的身影更让我惊喜。

今天，我们的分别也是幸福的开始，

你们还是那群快活的小鸟，

不过鸟儿们已经羽翼丰满。

我还是那株大树，

因为你们的茁壮，

我看起来已不再高大粗壮。

因为你们想飞得更高更远，

而我已经力不从心。

所以，我要送你们去山的那边、海的那端。

但我的生命之根还可以深扎入土，

因为，只有这样，我才可以见证你们飞远的梦想，

可以感受你们长高的力量。

看着你们拥有每一个希望的早晨，

目睹你们收获每一个充实的傍晚。

没有什么能比你们的成长更让我快乐，

没有什么能比你们的成功更让我幸福。

那天，我们毕业了

那时候，我再也忍不住了；那时候，我哭了；那时候，我的哭声很大；那时候……

毕业的那天天气阴沉，没有阳光，阴云遮蔽了蓝天。一切都阴沉沉的，如同我们无以言表的伤感。眼泪滴落在脚下的楼梯上，这是我们最后一次走在这个楼梯上。每一步都走得小心翼翼，每一步都是留恋不已。树木，连同小草一起哭泣；天空，连同乌云一起叹息。我回头望了望，教学楼还是以往的模样。六年了，我对这一个个角落，熟悉得如同自家！

昨天，我还在这抱怨还不放假；而今天，我多想再来一年！我哭了，哭得那样伤感，眼泪滴在了我绿色的班服上。六年来的感情和不舍都在这一刻决堤。

我不敢再想下去了，那些回忆舍不得，丢不掉。六年，总以为时间太长、太长，其实，眨眼间已经走过。六年的美好时光，一幕幕如在眼前……

孙老师，我们亲爱的妈妈！请您相信，绿野部落的每个成员，将来都一定会努力的！都会谱写出一首首励志奋发的歌……

(焦莹莹)

留恋的感觉

以前总盼望快点毕业，快些长大，感觉毕业会很开心。学校举行"成童礼"时，我还在想，我还不是成童，还没到12岁呢！大人们还可以再允许我天真幼稚一年。可真正到了毕业的时候，我心中却涌满了不舍。一想到再也见不到朝夕相处的同学、老师了，眼泪就瞬间滑下我的脸颊。离开绿野那天，我哭得稀里哗啦，我们依次拥抱孙老师，从此结束了六年的小学生活。

以前，我常去"绿野部落"看看，读读同学们写的随笔和孙老师回复的批语。今天正好是我离开母校，离开绿野一周的日子，带着一种异样的心情打开我们的"家园"——一路芬芳的绿野部落，眼泪再次涌出！看到班上同学写的毕业感言，真是感同身受；看到亲爱的孙老师写的随笔《难说再见》以及写给绿野人的小诗，我真的明白了感动是什么感觉，思念是什么滋味，留恋是什么感受……

（陈莲昕）

毕 业

今天，我们毕业了。

我不知道，毕业会这么让人心痛，在这之前，大家都快乐地谈论着毕业的喜悦。可是，明明说好不哭的我们，却在同一时刻，无一例外地哭了。我呆呆地凝视着黑板，上面有着老师的笔迹：绿野、种子、岁月、奇迹。看着那苍劲有力的字体，我眼前不禁浮现出这幅画面：在这芬芳的绿野大地上，我们如同一颗颗满怀梦想的种子，经历了美丽并疼痛的岁月后，绽放出了奇迹！

我的泪水涌了上来，脖子像是被扼住了一样，发不出声音。

我强忍着离别的不舍，想要变得坚强。毕竟，六年岁月连起了绿野人的心，岁月的变迁牵起了绿野人的魂，我们始终是最亲密的一家人！

男生紧紧地握着手，女生紧紧地拥抱在一起，红肿的眼睛里充满着泪水。我们回望着母校，"成童证书"上的"尔其努力哉"分外醒目！是的，我们会努力！绝对不会让绿野失望！

我们——和孙老师拥抱，我贪心地紧紧抱住孙老师，久久不肯放手。我留恋老师的怀抱，留恋老师的呵护。然而，我们还是要长大，还是要别离。恋恋不舍地，我们走了，踏上了新的征程……

再见了，母校。我们知道，前进的路途不会一帆风顺。但因为有您，因为有绿野，我们心里很踏实。不论何时何地，我们总会铭记您的谆谆教诲，用阳光的心态拥抱学习、拥抱生活！这是我们永恒的心愿！

（梁潆之）

毕业依恋

昨天是一个特殊的日子，6月29日——这一天，我们新营小学六年级的学子们毕业了。

我很抗拒这一天的到来，因为我知道，分别后，绿野的伙伴们见面的机会就少了。可时光老人丝毫不考虑我的感受，他总是那么步履匆匆。在成童礼上，我努力忍住眼泪，想用坚强证明自己的成长。可当我看到站在门口那熟悉的身影，我的眼泪再也止不住了。拥抱时只和老师说了一句"老师，再见"，就哭着跑了出去。金文琦一见我出来，一边哭着，一边叫着我的名字；徐小凡从后面跑来，一把抱住我，泣不成声……

　　放学后，我们并没有离校，拉着几个好友和孙老师不停地合影留念，多希望这时间过得再慢一些。然后，我们来到了操场，完成了在新营小学的最后一次跑步……

（安梦倩）

再见！我的老师妈妈

　　昨天，是6月29日，并不是特别的日子，可是我却把它刻在了心里，埋藏在最深处。今天一大早醒来我觉得眼睛好沉重，像有一座大山把它压得喘不过气来。我跑去洗手间面对着镜子，看到了两只肿得如核桃的双眼，6月29日，我离开了老师的怀抱，离开了母校的怀抱……

　　"孩子们，现在你们站成三行，我要拥抱所有的孩子。"孙老师泣不成声，但还是坚持着尽量不让眼泪掉下来，"先从这一排开始。"孙老师指的正是我们那一排。一想到马上就要和孙老师拥抱，既开心又伤感。一个接一个……我们都恋恋不舍地回头看孙老师那勉强的笑容，含着泪水走出了绿野。我往前一步，原以为会得到老师完整的拥抱，没想到竟然有人半路插队。我不甘心，默默地站在一旁等待着离别的完整拥抱。"孙老师，注意身体"，这是唐傲然含泪的关心；"老师再见"，这是费英杰说的，脸上微笑着，泪水却往肚子里咽。同学都走了，我走上前，哽咽着叫了一声"孙老师"，老师回过头，看到了我哭红的眼睛。"老师，我可以有一个请求吗？给我一个完整的拥抱。"最后一句几乎是哭着喊。

孙老师张开双臂，我扑向她的怀抱，紧紧地抱住孙老师，泪水夺眶而出。我趴在老师温暖的怀抱里号啕大哭。孙老师抱着我说："我忘不了可爱的小彤彤。"那么亲切，那么慈祥。老师的怀抱是那么温暖，让我想到了妈妈温暖的怀抱。我在心里默默地说：老师您就是我的第二个妈妈，绿野就是我的第二个家。在学校里我同样感受到母亲的关怀，家的温暖。孙老师您不仅是绿野的老师，也是绿野的妈妈，我代表绿野所有的孩子叫您一声"妈妈——"。

（潘玉彤）

离别时刻

真的，或许只有到了真正分别的时候才会懂得珍惜！

6月28日，我们在教室里自由自在地度过了一天，大家有说有笑，因为终于要毕业了……

可是，等真正到了离别的时刻，我们都不愿离开教室，不愿离开这个家，更不愿离开老师和同学！因为我们知道，此次分别，再也不能在一起拼搏了，还有可能终生不再相遇……

六年了，难舍难分啊！……我是多么希望时间能够倒流，多么希望我们还能在一起啊！

老师，您放心，我们绿野人是与众不同的，我们会在这芬芳的大地上，如同一颗颗满怀梦想的种子，经历了美丽并疼痛的岁月后，绽放出奇迹！

老师，我们永远不会忘记您，您就是我们的妈妈……

湖水是你的眼神

梦想满天星辰

心情是一个传说

亘古不变地等候

成长是一扇树叶的门

童年有一群亲爱的人

春天是一段路程

沧海桑田的拥有

那些我爱的人

那些离逝的风

那些永远的誓言一遍一遍

那些爱我的人

那些沉淀的泪

那些永远的誓言一遍一遍

再次哼起《心愿》，我们的心愿定会实现！

（莱若彤）

匆匆的时光　难忘的回忆

转眼间，小学六年的时光已经匆匆过去了，一切好像都发生在昨天，虽然不尽清晰，但也绝不模糊。

六年，天真烂漫的我们拥有了更加健康的身心，懵懵懂懂的孩童也更加智慧聪颖。难忘，课堂上老师们循循善诱的讲解，私底下心平气和的谈天。

六年中，发生了多少让人伤心、高兴、激动、焦虑的事啊！我们能够回忆它们，却再也走不回去。当下，我们应该做的就是互相激励，更加进步！

时光老人即将带走快乐的小学时光。我们再也不会像以前那样为了一个玩具、一粒糖果而斤斤计较，更不会为此大哭一场。但时间却把小学生活变成了一本最纯最美的回忆录，深深地印在我们的心坎里。

（焦飞宇）

那些逝去的微笑

快放暑假了，本该兴奋的我们却怎么也高兴不起来，因为我们是——毕业生。想到和绿野部落的同学们一起度过的美好时光，我的眼泪就不争气地一滴一滴往下落。

为何，让我们遇见，度过六年美好时光，却又要依依惜别？

为何，我们度过的时间如此短暂？

为何，珍贵的友谊已达六年之久，却又要重新开始？

又为何，老师的谆谆教导我们已经熟悉，却又要另寻新恩师？

曾几何时，我们成了形影不离的好友；曾几何时，我们从幼稚到懂事；曾几何时，我们从无知到博学；曾几何时，我们谈到毕业，从微笑到叹息。我们绿野曾是一个团结和睦的大家庭，现在，却要另寻亲人；绿野家族的族长，温柔慈祥，现在，却要另寻陌生的族长。

绿野，我不愿离开你。但是幸福的别离是为了幸福的明天，所以，我不得不离开你这温暖的怀抱。每每想起这些，我都不禁潸然泪下。

（金文琦）

你的点滴，我都记在心里！

你从绿色，变为绿野，

我都看在眼里。

你被全校表扬，

我都记在心里。

你日益变好，

我都看在眼里。

你付出的所有，

我全记在心里。

经过我们的努力，

打造完美班级。

我乐在脸上，

喜在心里。

绿野！

我只想告诉你，

你的点点滴滴，

我都记在心里！

（焦莹莹）

把梦环绕

——献给我最爱的绿野

是你的芬芳

留住了我

是你的清香

感动了我

茫茫人海中

我们有了一个"绿野"

像天使降临一般

多了一个温暖的家

赤橙黄绿精彩得过分

每个角度都让世界为之一振

夜晚，星星都美得沉醉

我敞开心扉拥抱绿野

好像那正在盛开的花蕾

我们在风雨中相偎

好像童话一般不断轮回

马上，又要离开

幻化的平凡最珍贵

如果，绿野不散

再曲折也很美

所有梦想只为证明最初的坚持

明天是雨是晴不重要

要做绿野的主角

六月的微风

彩虹在云后边

总有一种要你们为它感动

（焦莹莹）

绿野，我们永远的家

为什么大家到了离别的时候才懂得去珍惜，去留恋？

6月29日，一个特殊的日子。那天下午，带着老师殷切的期望，我们离开了亲爱的母校，离开了朝夕相处的老师和同学，我的内心充满不舍和思念。一想到要离开老师和同学，泪水就在我的眼

眶里不停地打转，那些珍贵而又美好的回忆，不时地在我脑海中浮现……

可是时间不等人，不知不觉到了放学时间，许多同学都泣不成声，都不想结束这段美好而又快乐的小学时光。走出校门后，许多同学又返了回来，签字、合影，舍不得离开孙老师。

我想，绿野部落的同学们不管走到哪里，我们的心都是紧紧连在一起的！因为，绿野是我们永远的家！

（孔　瑜）

绿野，没有再见！

绿野！
多么响亮而又温馨的名字，
充满着快乐的笑声，
怎能忍心说再见？

绿野！
一个多彩的世界，一个知识的海洋。
让我们充满希望与期待，
怎忍说再见？

绿野！

或许会有短暂的分手，

但是十年后的今天，

我们将欢聚一堂，

收获十年的果实。

绿野！

十年后的绿野，

十年后的我们，

十年后的今天，

还会重聚一起。

十年的时光，

会像流水一样溜走，

它需要你倍加珍惜、好好利用，

才会拥有十年如金的时光，

才会创造十年后的奇迹，

才会收获十年后的幸福团聚。

只好说再见，

为了更好的相见——绿野！

（潘玉彤）

三、绿野星光灿烂

在可爱的绿野部落里，每一位同学都是一颗闪烁的星星，天生丽质难自弃，尽情映照天空，熠熠生辉，闪耀着属于自己的光芒；每一位同学都是一棵小苗，努力向上舒展，大显奇才，为这片绿野增添别样的生命光华。

对于完美教室，朱永新教授曾有过这样一段诗意的解读：一个教室，一个个生活于同一个教室中的人，应该是一群有着共同梦想，遵守能够实现那个共同梦想的卓越标准的同志者。他们为彼此的生命祝福，彼此为生命中偶然的相遇而珍惜珍重，彼此做出承诺，共同创造一个完美的教室，共同书写一段生命的传奇。

在和绿野的孩子们相处的一千多个日子里，我越发觉得一个完美的教室，如同一个温馨的家，这个家必须有自己独特的家文化，家庭成员必须有共同的生活方式，必须遵守共同的约定，必须拥有共同的理想，必须坚守共同的信念，必须尊重生命的独特性，让每个生命尽显光彩，在这里养成习惯，在这里放飞梦想。这是一个神

奇的地方，每个人都无怨无悔地为之付出，每个人都痴迷地为之坚守，每个人都乐而忘返地为之创造，这是人人向往的地方。

青山有待，岁月催人。新教育实验对我来说还只是刚刚起步，还不成熟，但我坚信，在我爱的完美教室里，只要我心中带着一份新教育梦想，只要我执着地行动，我这粒新教育的种子，就能为苍茫大地增添一片新绿。更希望不久的将来，能收获一个生机盎然的春天，收获又一个暖意融融的新教育之家。

后记：

时光飞逝，岁月如歌。转眼间绿野的孩子们已经高中毕业了，他们执着地追求着，为着部落的理想与信念高歌奋进。一路走来，他们付出了太多的心血和汗水，自有那风雨过后的彩虹款待他们。

已然梦想成真！

（孙丽霞）

四、绿野部落，我们永远的家

绿野，你是我们永远的家

毕业那天放学后，我和几个同学又回到教室和孙老师最后一次打扫我们的绿野部落，我们看到了感人的一幕——黑板上孙老师写的"绿野、种子、岁月、奇迹"几个词语被补成了一句完整的话："在一个叫作绿野的班级里，萌发了一粒种子叫作友谊，在今后的岁月里，并肩创造一个个奇迹！"

绿野，你是我们永远的家！

（陈卓）

谢谢你的样子

人不应该是插在花瓶里供人欣赏的静物，而是蔓延在草原上随风起舞的旋律。——弗吉尼亚·伍尔夫

"啊，我新营五班的。"

"哦哦，你们就是那个穿绿衣服的班级，哈哈哈……"

这种略带戏谑却善意的对话，在我高中时常出现。当我回首往事的时候，我突然理解了更多这绿色赋予我们的东西：归属感，集体的责任感，符号化的仪式感……"绿野部落"这个名字，在我幼小的心灵中埋下一粒种子，一如那件绿衫给我的生活添抹上亮色。

那天是我见到她的第一天，自带威严的气场给我的第一感觉就是：这个老妈妈绝对不好惹。第一印象也就这样了，而且后来果然得到进一步印证。那天，我一如既往地和好友搭着肩放学回家。在无人处，我们在廊道里尽情地推搡着、咋呼着，全然没了章法。突然就听到一声呵斥："你们勾肩搭背的像什么样子！是不是我们班的学生？"我抬头看看那个对我而言十分高大的老妈妈，不敢相信，刚认识三个小时的我们可以如此"自来熟"。

那天是合唱团的一次排练，学校的合唱团数我们班人最多，只因为负责老师是她——"护短、偏心，甚至自私"。她为了我们简直暴露了自己人性中所有的"弱点"，肆无忌惮地表现着对我们的"袒护"，尽管这也许让其他人不满。我们理所应当地接受这一切，直到那天我突然发现她耳朵后的皱纹。

杨绛先生晚年因为自己卧床不雅，拒绝周有光先生的会面请求，那是为了个人的体面和尊严。我突然明白，那个不愿暴露弱点的她，也许只是为了永远给我们一个积极的信号——你背后的支撑，足够强大！

那天我哭得很惨，她也是。我讨厌回忆，更讨厌那么多美好最后只能变成回忆。但是回忆本身又何尝不有着自己的意义。她给我们留了八个字，我一直回忆着——"绿野、种子、岁月、奇迹"，我甚至开始思考"部落"这个词本身所具有的张力，那种原始的烂漫，那种自然的幸福，那种不矫饰的天真无邪。儿时的我不懂这些，但我知道我所有的思考不是矫揉造作。润物无声是她的教育理念，也许我的不懂，是她最大的成功吧。

那天我有些骄傲地走进她的办公室，我比她高了，我知道好多她不知道的了。可当我看到她为下一批孩子们忙碌着，那种对自己教育理念侃侃而谈的满足姿态，那种深邃却不停下探索的眼神，我似乎失去了炫耀的资本和勇气。以前她教育了我那么久，甚至我自己都累了烦了。可如今当我再次面对她的时候，我知道自己还得继续被她教育下去，这次是心甘情愿地被教育。

我明白我还是那个带着绿意的少年，她还是那个播种者。我写不出她，只能写我自己；我讲不好故事，只能堆砌事实；我不再需要仰头看她……不对，我还是需要仰着头看她。

谢谢你啊孙老师，谢谢你的样子；谢谢你陪伴下，我的样子。

（杨翱恺）

吾师如雨

不知不觉中岁月已流淌过六个年头，六年级五班门前与老师惜别的情景仿佛仍在昨日。适逢高考发榜，又得恩师消息，遂与三五同门前往探望。师生重逢，自然欣喜非常，不在话下；然而由此勾起的种种过往，却不能不一吐为快。遂成此文，敬赠吾师。

1. 雷霆万钧。

孙老师是一个永远严格要求别人并以身作则的人。无论是学习生活还是学校的文体活动，凡是孙老师掌舵的项目，一定要求"出彩"。即使是打扫教室卫生这种事，孙老师看不惯也会手把手教我们方法，垃圾必须归类，地板一尘不染，课桌排列整齐，桌面不留书山。可想而知，在这种高标准的约束下，我们同学的日子是有多么不好过，每一个同学都有过去办公室接受思想教育的经历。

孙老师是性情中人，说话直来直去，不知道有多少人在其口下低头。

孙老师走路脚下生风，讲话铿锵有力，往讲台上一站自带威严，下面鸦雀无声。上课有胆敢做小动作交头接耳的，她眼睛一瞪，音调一转，那是立竿见影，下面一点声音没有。孙老师正是以这样的气魄和威严，率领着我们的绿野部落，共同走过了那段令我们无比骄傲的时光。

2. 润物无声。

"润物无声"是现在挂在孙老师办公室东墙上的四个字，用来形容孙老师的教学理念再合适不过了。想当年，孙老师带领我们绿野部落"横行"新营小学，先是统一班服唱班歌，再从诗歌接龙、红歌合唱，到每天晨读的汪国真，每周末的主题手抄报，老师牵头写的随笔……凡此种种的"不务正业"，我们是一样没落下。然而我认为，正是因为孙老师这种极强的创新意识和协调能力，正是绿野部落组织的一系列活动，为我们同学的进一步发展助力良多。直到日前看望孙老师，才意识到小学教学，以及新教育理念指导下的素质教育，孙老师当年是做得多么到位且超前！这就是"润物无声"！在小学的学习中，学科知识的掌握只是教学目标的一小部分，而对学生良好学习习惯，正确价值观和人生观的养成和树立，才是"百年树人"的核心任务。孙老师正是以绿野部落的集体为介质，通过种种活动，把真诚、团结、善良这些爱与美的品行传输给了我们。真正的教育，如同春雨润泽，润物无声，不觉间孙老师的谆谆教诲已经铭记于心。

吾师如雨，吾生如木，若无雷霆霹雳，何来苍劲周正；若无雨露润泽，何来厚重繁纷。谨以此文，感谢吾师！感恩吾师！

$\cdots\cdots$（李钰琪）

我的幸运

转眼间从小学毕业已经十年了。从人生的12岁到22岁，我始终作为一个学生在求学的路上奔波着。这十年，经历了很多新奇的人生体验，有高光，也有低谷。回想起来，却始终没有小学时代的轻松。童年时期的快乐成长，也给了我一个完整健全的人格，让我在之后的人生中能够有能力去应对各种事情。感激当年老师让我们养成的每一个好习惯，带我们读过的每一本书。能够在童年时期遇到这样一帮同学，这样认真负责的老师，是作为学生的幸运。

$\cdots\cdots$（汉鹏飞）

附　　录

我的语文教学观

观点一：给语文课程找个准则。

今天，聆听完国家课程专家沈大安老师的题为《语文课教什么》的讲座后，我对语文课程的认识更加清晰，对语文教学的任务更加明确，对今后如何从事语文教学工作的思路也更加明朗。其中，沈教授引用了《红楼梦》中贾宝玉的一句话"任凭弱水三千，我只取一瓢饮"。这是贾宝玉对待爱情的态度。有意思的是，沈教授让我们把它作为课堂教学的一个准则。真是太有意思了，但细细琢磨后，感觉真乃妙语妙言。

实际教学中，我们有很多的老师心太软。教材内容不忍取舍，这里抓一头，那里摸一把，一堂课下来，老师讲得累，学生学得苦，教学内容是面面俱到，可从教学效果来看是面面不到。还是沈教授提醒得好，"教学内容相对集中"，"他说的是爱情要专一，而我们把它作为课堂教学的一个准则"，"一节课只有40分钟，要让学生学得比较透彻，有两三个'点'就足够了"。"任凭弱水三千，我只取一瓢饮。"如果把它当成课堂教学的准则，那就是说教学内容要力求少而精。

观点二：语文教师要有"文化自觉"。

"文化自觉"这个概念，是费孝通在1997年北大社会学人类学研究所开办的"第二届社会文化人类学高级研讨班"上第一次提出。

它是指生活在一定文化历史圈子的人对其文化有自知之明，并对其发展历程和未来有充分的认识。对教师而言，文化自觉，就是生活在一定文化中的教师对这种文化有自知之明，并对这种文化的起源、历程、特色、作用和未来有充分的了解与认识。

北京市海淀区田村中心小学王校长这样讲："当语文教师的起点高，因为一个语文教师站在三尺讲台上，他也就站在了传承历史文化和语言文化的历史的新起点上。一个语文教师，他只有树立起远大的职业理想，真正地热爱语文教学，才能去尊重、热爱每一个孩子，才能够精心研究在课堂、享受成长在课堂，才能够在任何困难面前，保持一种旺盛的高涨的教育激情。"

一个传承历史文化和语言文化保持旺盛激情的语文教师，必定是一个有文化自觉的语文老师，也只有这样的语文老师才能让自己在漫长的教育旅程中行走得优雅从容。那么作为教师，如何静心扎根于平凡琐碎的教育工作，做一个文化自觉的老师呢？

我认为，首先要提高认识。文化自觉是教师专业发展的重要动力机制。它使教师充分认识到，在教师专业发展中自己是主体，明确自身的文化使命与教育职责。平凡简单的课堂，弥散的应该是文化的魅力、人格的魅力、教育的魅力。上海建平中学程校长在一次培训中这样说："教师的文化自觉决定了教育的内涵"，"教育界不缺乏知识但是我们缺乏常识，我们把很多宝贵的常识丢到一边了"，"文化赋予一切活动以生命和意义，文化的缺失意味着生命的贬值和枯萎"。

"教育说到底就是文化的传承，课程改革改什么，说到底是更好地实现文化传承，所以真正意义上的教育实际上它就是一个文化过程。教育如果没有文化，所剩下的只是知识的位移，我们的教育就不称其为教育了。"

反思我们的教育过程，片面追求升学率、急功近利的现象时有发生。教师的人文思想似乎变得不重要了，世界观似乎从教学当中淡化了，教师的个人品格也在教学当中同化了。于是拼命地研究教学方法、教学模式等，所以，我们的课堂变得机械、生硬、冷酷，缺少了太多的人文气息。

让读书成为一种生活。著名特级教师李吉林老师说："一个自己不愿意读书的老师，不可能培养出爱读书的孩子。"一个文化自觉的老师显著的特点就是，喜欢博览群书，广泛地阅读，可以从书中获得一些间接的经验。而这些经验又能指导我们的教学实践，提高我们驾驭课堂的能力和解决实际问题的有效策略。更重要的是，广泛的阅读可以让老师尽早驶入专业发展的快车道。

我们经常说："要给学生一杯水，教师得有一桶水。"现在来看，教师只有这一桶水是远远不够的。在这个不断变革、知识爆炸的信息时代，面对新一轮课程改革，我们教师必须有高度的文化自觉，加强学习，补充知识，不断更新教育理念。我们不能只有一桶水，要有一江水，才能跟上时代步伐。无论社会是如何发展和演变，我想在教师的这一江水中，除了知识之外，更应该有深沉的文化底蕴吧，这应该才是教育和传承的真谛之所在。

让反思成为一种习惯。一个成功的教师，首先是一个不断自我更新观念的学习者；其次还要不断反思，反思自己的教学行为；不断超越，不断提升自己，才能走向成功。王校长说："写作可以让我们把行为背后的思考一步一步考虑清楚，动笔的过程是一个自身反思自己的行为过程。"日常教学中，我也是这样做的。我把课堂上精彩的或是失败的教学片段记下来，把班级中鲜活的育人故事写下来，经常反思自己的教学行为，反思学生的表现，就在这样的反思中，不断地思考，在思考中多了一份教学的自如与洒脱，诞生了更多的教育智慧与教学策略，且行且思中，在专业上日益精进。

让我们做一个有文化自觉的语文教师吧，潇洒地行走在教育的沃野中，和学生一道，享受成长的快乐，感受教育的诗意与美好！

观点三：**语文教学一定要固本、育魂。**

语文是有魅力的学科。魅力语文的四个特质是"彰显生命个性""浸润着浓浓的诗意""充满灵动与智慧""蕴含着生成和创造"，魅力语文必须是——根植于优秀传统文化的土壤中。

固魅力语文之本，育传统文化之魂

一、进行传统文化教育是时代要求

文化是一个国家、一个民族的灵魂，习近平总书记在十九大报告中讲到"坚定文化自信"时强调指出：没有高度的文化自信，没有文化的繁荣兴盛，就没有中华民族的伟大复兴。弘扬中华民族传统文化是历史与社会赋予我们的责任。

我们中华民族传统文化，是在中国五千年的历史长河里，在自身独特的自然条件、地理疆域、生产方式、政治构建、意识形态和生活习俗等的共同作用下，累积而成的文化体系。而作为语文教育工作者，传承优秀文化传统、追寻魅力语文的源头，是我们的职责与使命。

2014年3月26日，教育部下发《完善中华优秀传统文化教育指导纲要》，决定在大、中、小学加强中华优秀传统文化教育，以建构中国特色社会主义文化体系。《义务教育语文课程标准》关于语文教学的总目标，有这样一条："认识中华文化的丰厚博大，吸收民族文化智慧。关心当代文化生活，尊重多样文化，吸取人类优秀文化的营养，提高文化品位。"由此可见，在基础教育课程尤其是语文学科中渗透中华优秀传统文化教育，既符合我国文化传承规律，也是当下国家教育、学校教育的职责所在。作为语文教师，我们理应在课堂中渗透传统文化教育，寻找语文的根与魂。

二、传统文化对于小学语文教学的意义

《义务教育语文课程标准》指出，语文是最重要的交际工具，是人类文化的重要组成部分。工具性与人文性的统一，是语文课程的基本特点。这种科学特性表明，传承中华传统文化正是语文教学的历史使命。正如特级教师张一山所说："语文教材内容大多是优秀传统文化中的精华，是最经典的。优秀传统文化是语文学科的根与魂。看不到这一点，语文教学就会在传承中华优秀传统文化中迷失自己的学科本色。"

那么，传统文化对于小学语文教学的意义究竟是什么呢？

1. 陶冶学生思想情操，帮助学生树立正确价值观。

语文教师应该在语文教学中使学生感受中华民族的优秀文化，激发起热爱祖国的情感，使我们的学生在祖国深厚的文化土壤中汲取大量的精神养料，成为中华优秀文化的继承者和传播者；另一方面，通过人文素质教育，提高学生识真伪、分善恶、辨美丑的能力，剔除各种不良文化的糟粕，弘扬中华优秀文化传统，成为社会主义新文化的开拓者和建设者。

比如我曾执教的人教版三年级下册语文课本中，有一篇课文是《孔子拜师》，教材后面又编排了《论语》中的名言。后来我利用五一假期去了一趟孔府和孔庙，顺便带回来一本讲解孔子人生历程的绘本。在学完这一篇课文之后，我拿出这册绘本，与学生一起结合之前搜集到的资料进行讨论，我们真正感受到了孔子对知识的热爱与渴求，感受到了那种"学无止境"的精神。

　　2. 增强学生民族自豪感与文化自信，培养热爱祖国的民族观。

　　关于民族自豪感的培养，小学语文课本中经常出现这样的篇目，也许是一首流传千年的古诗，也许是巍峨耸立的长城，也许是把铁路修到拉萨去的决心，也许是千年梦圆在今朝的激动时刻。而没有任何一种自豪感强过历史的积淀、时光的印证。数千年的文明发展，硕果累累，在孩子们稚嫩的心中那是亘古不变的光，是点亮心智的灯。

　　在语文教材的经典诗词中有对祖国大好河山的赞美，可以抓住契机培养学生的民族自豪感，如李白的《望天门山》《望庐山瀑布》，苏轼的《饮湖上初晴后雨》，刘禹锡的《望洞庭》；也有对家国的忧思情怀，如纳兰性德的《长相思》，杜甫的《闻官军收河南河北》；更有抒发远大抱负的《竹石》《石灰吟》《己亥杂诗》，这其中包含的诗人志向与忧国忧民的高尚情操值得学生细细品读。

　　3. 提高学生语文素养，传承中华优秀文明。

　　在二年级学生学习了解汉字时，我与孩子们分享了一本《书的历史》。这册绘本讲了文字的起源，人类社会从结绳记事到文字的创造与演化，从沉重的甲骨、竹简到轻薄的绢帛、纸张，从手工抄写、活字印刷到电子书，历经了几千年。本书通过细致梳理"书"这一再普通不过的日常事物中隐藏的大历史脉络，在妙趣横生的历史故事和精巧独特的科普细节中，为孩子们展现了几千年人类历史中文字的演变、书写工具的发展、文字载体的变迁。在语文课堂中，融合这一部分内容让孩子们发现寻常背后的神奇，打开脑洞，拓展视野，提升认知。

4. 以中华智慧启迪人生，培养良好的品格。

古诗文是我们中华传统文化的精华，千百年来，万口传诵，成为祖国文化的命脉。优秀的古诗文不仅情理趣兼备，易于诵记，而且能启迪人的心智，对培养学生健全的人格和高尚的道德修养有着举足轻重的作用。在我们小学的教材及课外读物中就涉及了诸如《三字经》《弟子规》等内容。《三字经》既重知识又注重道德的培养和品格的养成，被人称为"袖里《通鉴纲目》"。它将儒家学派"性善"的观点用通俗易懂的语言传达给学生，通过反复地诵读，在"人之初，性本善。性相近，习相远"中为培养优良的品格打下坚实的基础；在"昔仲尼，师项橐。古圣贤，尚勤学"中体会勤奋好学等良好品格的重要性；在"首孝悌，次谨信"中养成孝敬父母、尊敬师长、诚实守信的好习惯。

"百善孝为先"，这是中华民族的传统美德。我们可以利用晨诵课、课前诵读的时间，教孩子们诵读《弟子规》，注重伦理道德、礼仪规范对孩子的熏陶，并联系实际生活，让孩子知道听从长辈的教诲是孝顺长辈的表现，讲解为人处世的道理，使孩子懂得待人要宽厚，要以理服人，不可自私自利、妄自尊大，以此让孩子形成良好健康的行为习惯、儒雅大方的仪容举止，培养他们严谨、诚信的生活态度。

三、小学语文教材中的传统文化元素

中国的传统文化内容极其丰富，以儒道互补为内核，还有墨

家、名家、释教类、西学格致类、近代西方文化等文化形态，包括古文、诗、词、曲、赋、民族音乐、民族戏剧、曲艺、国画、书法、对联、灯谜、射覆、酒令、歇后语等。因此，将传统文化与语文学科进行整合、发掘传统文化中的语文元素，对于我们建构魅力语文课堂有重要作用。

小学语文教学是传承中华优秀传统文化的基础性环节。小学语文教材中包含的中华优秀传统文化从汉语言文化、文学、艺术与文化交流、名人故事、风景名胜、节日民俗等几个方面进行了概括。

1. 专题编排，感受祖国文化魅力。

教材中涉及中华传统文化的专题很多，如"热爱祖国""爱祖国，爱家乡""灿烂的中华传统文化""壮丽的祖国山河""神话故事和民间传说""中国的世界遗产""祖国的大好河山""走进田园、热爱乡村""月是故乡明""遨游汉字王国""不忘国耻，振兴中华""走近毛泽东""语言的艺术""中国的古典名著之旅""祖国在我心中""民风民俗"等单元。这些教学单元从不同的方面，如风景名胜、神话传说、汉字文化、古典名著、古今诗歌、民风民俗、历史名人等，介绍了中华优秀传统文化。

以三年级下册第八单元的专题"神话故事和民间传说"为例，该专题安排了一组生动有趣、想象神奇的神话故事和民间传说：有诗人受牛郎织女、嫦娥奔月的民间传说启发而作的古诗《乞巧》《嫦娥》，有讲述古人凭借智慧惩治巫婆和官绅、为民除害的课文《西门豹》，有描写古代先民们探索天地万物起源和世界奥秘而创造的瑰丽神话《女娲补天》《夸父追日》。通过该单元的学习，学生可以感受到古人的想象是多么丰富！

2. 识字写字，感知祖国文明魅力。

识字教学是低年级语文教学的重头戏，很多教师喜欢采用反复读写的方法，这种枯燥无味的教学无疑会泯灭孩子的学习兴趣。面对低年级教材巨大的识字量，我们就需要充分挖掘识字教学的情趣因子，让识字教学变得生动形象、妙趣横生。想办法把快乐引进课堂，让孩子们通过积极参与，深切体会汉字的魅力，感受趣味识字的快乐，思维创新的快乐，获得成功的快乐等，从而让学生学会并喜欢主动识字，并在主动识字中不断提高学习能力。

识字教学也要重视吸收中华传统教育的精华，其对传统文化的借鉴主要体现在以下几个方面。

（1）利用"六书"，特别是象形、形声、会意等构字规律，编写识字教材，指导识字。

比如在执教"鹿"字的时候，我们可以通过观察甲骨文了解"鹿"这个字的发展演变：鹿，甲骨文，像长着大眼睛和一对犄角的短尾四脚动物。造字本义：哺乳动物中反刍类的一种，四肢细长尾巴短，一般雄兽头上有角。金文基本承续甲骨文字形，突出了灵巧的四蹄。篆文在金文字形的基础上有所变形，淡化了鹿角，突出了四蹄。隶书使鹿角形象完全消失。

我们小学阶段尤其是低年级所识的字，主要是象形字、会意字、形声字。因此，在识字教学中根据低年级孩子好奇、好动、喜新的心理特点，我们可以利用汉字的结构规律，从汉字的造字方法入手，通过寓教于乐的方式来激发学生积极参与识字活动的热情，从而让识字教学步入学生乐学、主动学的理想境界。

①图画识记象形字。"象形字"是描摹实物形状的一种造字方法，很容易让学生由字联想到它所表示的形象。利用儿童形象思维占主

导地位的优势，还原造字原型，变静态为动态，化抽象为形象，就能让学生通过有趣地观察，对图片与文字产生联想记忆，从而快速准确地记住所有认识的汉字。如学习"山、水、川"时，让学生仔细观察实物图，用简单的几笔画下来，再上台介绍自己的画。在观察、画画、猜象形字的趣味活动中，学生初步了解象形字的来历，想象力和创造力得到了发展。此外，我们可以让学生收集更多的象形字，配上自己的想象画，制作成一张张小卡片与同学一起分享。这样的合作识字，让学生在展示与交流中增加了识字的亲切感，提高了识字的效率。

②表演识记会意字。教学会意字时，我们可利用儿童是"天生演员"的特点，借助儿童的模仿表演，让学生在亲身体验中明白字理，体会会意字的构字特点，了解会意字的构字规律。如教学"看"这个字时，孩子像孙悟空那样把手搭在眼睛上方眺望，在生龙活虎的表演中，体会了"看"字的意思；学习"歪"字，孩子们有的头歪，有的身体歪，有的故意把书拿歪，在多样的活动中，体会到"不正就是歪"。这种灵动的识字方法，使学生的学习兴趣更加浓厚，更加深了学生的记忆。

③游戏识记形声字。根据形声字形旁表意、声旁表音的特点，教师可以从汉字的部件入手，采用找朋友的游戏来突破字形的难点。我们可以把形声字分别制成偏旁部首、独体字两部分的卡片，要求学生用最快的速度给它们找朋友，合成一个新字。如"我是苗，谁来和我做朋友？"，"目"等不同的偏旁蹦跳着上来握握手，分别读"瞄、锚、喵"，这时教师会问"瞄"为什么会带"目"字旁，因为瞄准靠眼睛，所以是"目"字旁。孩子们在愉快的游戏中，明白了偏旁表意的特点。此外，小组内的"摘果子""我指你猜""邮递员

送信"等微型游戏，让不同层次的学生体验识字的快乐，在互动交流式的学习中强化了生字。

（2）采用传统的韵语形式，如三字经、对子歌、词语串、童谣、儿歌、谜语、谚语、歇后语，编进贴近时代、贴近儿童的内容，指导识字。俗话说："字不离词，词不离句。"字词本身是一个干巴巴的符号，对学生的大脑神经的刺激是不足的。而低年级学生的思维，往往是形象的，容易被鲜活的形象刺激吸引。所以当富有故事情节、情感体验的词语无法用视觉、听觉、触觉直接感知时，我们就可以创设情境让词语融入童趣盎然的童谣故事中，让学生在情境的体验中将词语积累内化。如教学"忐忑不安""心花怒放"时，我就创设作业点评的情境，让不同水平的孩子讲述心理的变化，当我们一起讲述着这一个故事时，孩子们思维活跃，一下子就将词语理解领悟了。此时配上音乐旋律，演唱创编的童谣《发作业了》，孩子们在愉悦的氛围中将识字推向了高潮。创设有趣的识字情境，让每个词语成为一个生动的情境、一个有趣的小故事、一首有趣的歌谣，就对学生产生了强大的吸引力，促使学生情感丰富、识字创新能力增强。

（3）利用古诗识字。一年级上册至二年级上册，人教版教材共编排了《一去二三里》《画》《静夜思》《春晓》《村居》《所见》《小池》《赠刘景文》《山行》《回乡偶书》《赠汪伦》11首内容浅显易懂、读起来朗朗上口的古诗。

这种识字编排方式，一改单纯识字枯燥乏味的弊端，让小学生在兴趣盎然的读书中学习生字，同时受到一定的思想教育。

3.课文内容，展现经典诗文魅力。

有许多课文本身就体现了中华优秀文化，如古代诗词、古代寓言、古典名著、神话传说。另一方面，许多课文的内容负载了中华优秀传统文化。如介绍我国古代文学、艺术等文化成就的，介绍名人故事、风景名胜的，介绍各民族民风民俗的。我们可以将与中华传统文化相关的课文粗略地分为"古诗词""古代文学作品""历史名人故事""历史文化交流""古代神话传说"和"成语故事"六大类。古诗词中的《牧童》《舟过安仁》《清平乐·村居》都很贴近学生的孩童生活，趣味十足。《凤辣子初见林黛玉》《草船借箭》《景阳冈》《猴王出世》这样的古代文学作品节选了名著中的精彩片段，读来令人拍案叫绝。闻鸡起舞、妙手回春、入木三分、程门立雪等成语故事让学生从中体会做人做事的准则。

4. 日积月累，博大精深的文化魅力。

"日积月累"这一栏目，有计划地编进了成语、名言警句、古诗词名句、楹联、谜语、谚语、歇后语等。这些内容活泼、新颖，学生在熟读成诵后，不但能积累语言、积淀文化，还能体味中华优秀传统文化的人文价值以及它的丰富多彩。从积累的广度而言，语文涉及中华传统文化的诸多种类，不仅安排了大量名人名言、名言警句、古诗词、成语等内容，还安排了歇后语、韵文、对联、对子歌、十二生肖、三字经、俗语、民谚等诸多传统文化的种类，多达11种，让学生领略中华文化的博大精深。

5. 综合性学习，魅力语文的拓展与实践。

人教版小学教材共安排综合性学习15次，其中有3次是以中华传统文化相关内容为主题，分别是"灿烂的中华文化""遨游汉字王国"和"语言的艺术"。

源远流长、博大精深的中华文化是世界文化大花园中一朵璀璨的奇葩。中华民族在自己发展的长河中，创造了灿烂的传统文化。

这些传统文化，随着时代变迁和社会进步获得发展，不但对今天中国人的价值观念、生活方式和中国的发展道路具有深刻的影响，而且对推动世界文化的发展产生了重大的作用。《灿烂的中华文化》这一综合实践活动能够让学生在活动中感受中华文化，培养和产生热爱中华文化、热爱中华的情感，增强对民族文化的自尊心、自信心和自豪感，在了解中华美德的基础上，增强对中华文化的认同感，并转化为弘扬和传播中华文化的实际行动。

《遨游汉字王国》让学生通过自主活动、主动探究去感受汉字的神奇有趣和丰富的文化内涵，加深学生对汉字和中华传统文化的感情，提高正确运用汉字的自觉性，同时培养学生策划和开展活动、查找和运用资料的能力。不仅带给孩子活动的快乐，更在精神上给孩子铺垫上一层恒久的文化底蕴。

《语言的艺术》可以引导学生采取多种途径搜集表达上很有特色的古今笑话和名人幽默故事，通过摘录、做剪贴册等方式将它们积累下来，体会古今笑话和幽默故事的语言特点。学生通过积累丰富的语言，拓宽了视野，在学习过程中形成了语文素养。在活动的过程中，我们可以多角度深化学生对精妙语言的认识，使学生在生活中善于发现积累并学习运用艺术性、有魅力的语言。这些课文和成语既浸润着古代传统文化的精华，又彰显了现代社会提倡的一些宝贵的品质，富有时代气息和人文内涵。正因如此，学生才能在潜移默化地吸收民族文化智慧的同时，真正实现将传统文化"为我所用"，与语文课程有机整合。

四、根植于传统文化土壤的语文课堂如何开展？

中华文化是人类社会的一大瑰宝，它经过五千年的含英咀华与历史积淀，已渗透进中华民族的血液，成为民族的根与魂。中华传统文化对培育学生核心素养至关重要。在《义务教育语文课程标准》中有这样的表述："语文课程对继承和弘扬中华民族优秀文化传统和革命传统，增强民族文化认同感，增强民族凝聚力和创造力，具有不可替代的优势。"由此可见语文课程对于弘扬民族优秀文化，培养学生对民族传统文化的热爱的重要作用。因此，我们应当深入挖掘语文教材中的传统文化因素，让学生在品读课文的过程中受到传统文化的熏陶，感受传统文化的魅力，以滋养、丰富他们的精神世界。

1. 知识链接，搭建传统文化之桥。

小学语文教材不仅文质兼美，意境悠远，许多课文还蕴含着丰富的人文内涵，镌刻着传统文化的烙印。但不可否认的是古文及古诗词的语言表述与我们现代语言差距较大，理解起来存在很多困难，导致许多孩子望而却步。要解决这一问题，教师应努力营造浓厚的学习氛围，借助图片、音乐等多媒体资源激发学生学习的兴趣。以六年级教材《伯牙绝弦》一课为例，如何消除学生语言习惯与深奥、难懂的文言文之间的隔膜呢？不妨先从古人的阅读习惯说起……

以上环节的设计拉近了学生与古人之间的距离，使学生更愿意贴近文本，而我们的语文课堂也因此变得古色古香。同时，古代知识的传授，让学生对古人的阅读、书写习惯产生了兴趣，从而乐于探究古文的奥秘。

2. 精读品味，走进传统文化之境。

"读"在语文教学中的重要地位不言而喻，对于古诗文更是如此。古诗词的精妙之处在于短短一字一词之间便意味无穷，只有通过对文本的细细品读才能真正领悟字里行间所蕴含的情感，实现与古人穿越时空的对话。而"品味"就要擅长咬文嚼字。如王安石《泊船瓜洲》诗中的"春风又绿江南岸"一句，作者曾在"绿"上几次修改，"到""过""入""满"等字都曾用过，可最终作者还是选择了"绿"字。教师可引导学生替换这个字，通过反复地品读，感受"绿"字的魅力，使学生明白"绿"不仅写出了春天的色彩让人心旷神怡，也写出了春风吹过，江南一切变绿的动态美。再如《伯牙绝弦》中的"善"字，在文中出现了多次，分别是"伯牙善鼓琴，钟子期善听"和"善哉，峨峨兮若泰山""善哉，洋洋兮若江河"，其中"善"的意思又大不相同。第一句中"善"为"擅长"的意思，第二、三句中"善"则为感叹词，即"好"。在教学时，可引导学生细细品味，领会"善"字的不同含义，领略中华汉字博大精深的魅力。

我们不仅要在字上下功夫，更要在句上做文章。教材中的古诗文都是含义隽永、言简意赅、韵律和谐的。其中的平仄、节奏、韵律使学生读起来抑扬顿挫，朗朗上口。在教学中我们应当采用多种方式进行诵读，深刻领会作者在字里行间的语言节律和表达的情感。尤其要注意节奏的快慢、声音的轻重、余音的长短。仍以《伯牙绝弦》为例，其中两句话"善哉，峨峨兮若泰山""善哉，洋洋兮若江河"，借助注释可知"哉""兮"二字为表达感叹的文言虚词，在诵读时应分别延长一下、停顿一下，读出古文的音韵美。

3. 诵读感知，触摸传统文化之魂。

诵读是言志传神、负载思想的一种语言表达艺术。白居易说："文章合为时而著，歌诗合为事而作。"古诗文中蕴含着作者浓烈的感情。诵读便是要通过声音与作者对话，透过文字触摸作者的脉搏。在诵读中，学生的情感与作者的情感互相碰撞又互相融合，使

以生命激扬生命

学生在这一过程中受到感染与熏陶。同样在《伯牙绝弦》的教学中，我们不仅要引导学生理解"泰山"之"峨峨"，"江河"之"洋洋"，还要引导学生品味，俞伯牙所弹奏的并不是泰山和长江、黄河，而是借此表达自己高远的志向。如此一来，学生不仅可以深刻体会人物的形象，也让语文课堂充满了浓厚的古典文化韵味。《毛诗序》中说："诗者，志之所之也，在心为志，发言为诗。情动于中而形于言，言之不足，故嗟叹之；嗟叹之不足，故永歌之；永歌之不足，不知手之舞之，足之蹈之也。"教学时，可鼓励学生运用肢体动作表达自己对古诗文的理解与感受，或摇头晃脑、或手舞足蹈，宜喜则喜、当悲则悲。在诵读中感受李白的飘逸、杜甫的悲悯、苏轼的豪放、辛弃疾的担当……

4. 课程整合，落实传承文化之路。

最是可爱少年心，最是玲珑经典情。国学经典作为传统文化中的一方瑰宝，无时无刻不让沉浸其中的人感到精神上的富足和人格上的润养。经典之美，让处于小学阶段的学生增加了人文知识储备，沉淀了古典文化营养，拓宽了感知世界的道路。国学经典课程作为一张醒目的名片，彰显着人文之美和源自传统文化精髓的力量。从目前的语文教材来看，新的部编版教材增加了经典诗文的比例，可见国家对国学经典的重视。但整体上授课的时间较少，加之学生对古文的陌生，使经典古诗文在语文教学中的所占比重不多。因此，语文课程应充分发挥传承传统文化的作用，通过与国学经典的整合促进学生的语文素养与文化修养共同提高。

语文课程标准为识字教学与国学教育相结合创造了得天独厚的

条件。识字教学时充分发挥祖国文字"一字一首诗""一字一幅画"的独特优势，结合音、形、义的教学需要，根据造字法（六书）适当引导学生学习领会相应的国学知识，使两者相得益彰，促进学生识字和国学积累的共同发展。写字时，引进书法欣赏的内容，使学生感受祖国文字的形体美，感受汉字书写形式的丰富多彩，为祖国文字的博大精深而自豪。

在阅读教学过程中，教师要深入解读课文，把握好重点难点，在遵循语文学习规律的基础上，把感悟语言、学习语言、运用语言紧密结合在一起，在语言学习的过程中落实国学的任务。例如，学习《夜莺的歌声》时，学生感受到了小夜莺通过逼真的口技迷惑敌人来通风报信的智慧，不妨呈现《口技》中的片段"当是时，妇手拍儿声，口中呜声，儿含乳啼声，大儿初醒声，夫叱大儿声，一时齐发，众妙毕备。满坐宾客无不伸颈，侧目，微笑，默叹，以为妙绝"，让学生感受口技的神奇。学习《乡下人家》这种田园风光的作品时，可以补充介绍陶渊明的田园诗，让学生加深感受乡下生活之美好。

5. 诗词教学，韵味隽永的传统文化之魂。

中华文化博大精深，经典古诗词直接承载了中华文化，使传统文化的内容更为丰富深厚。习近平总书记对经典诗词的精妙运用，从李杜到苏辛，从孔子到毛泽东，堪称"神来之笔"。他说："我们有责任写出中华民族新史诗。"那么如何更加有效地开展古诗词教学呢？

（1）欲将心事付瑶琴，知音少，弦断有谁听——了解作者是学习古诗词的必经之路。

古人云："诗以言志，文以载道。"如果一个人不能用文字来抒发自己的情怀，表达自己的志向，是难以闻达于世并流芳于后世的。学习一首古诗词，如果不能对作者的生平、生活的时代背景、身世、创作风格等有所了解，是很难做到真正走进诗文中，去感悟作者情感的。

如《芙蓉楼送辛渐》的教学中，教师首先带领学生回顾作者王昌龄写作这首诗的时代背景：正是王昌龄曾因不拘小节，"谤议沸腾，两窜遐荒"的时候。他在开元二十七年（739）被贬岭南即第一次从岭南归来后，被任命为江苎丞，几年后再次被贬谪到更远的龙标，所以当时他正处于众口交毁的恶劣环境之中。本来还有意气相投的朋友辛渐和他做伴，现在这个朋友也要离开他了。面对着楚山，看着朋友远去的背影，他心中不由得升起了孤单萧瑟之情。最后，他以晶莹透明的冰心玉壶自喻，并以此告慰友人。

了解了这个历史背景，再来学习这首诗，就能够很容易抓住诗中最能表达作者志向高洁的句子"一片冰心在玉壶"，进而对作者油然而生敬佩之情，潜移默化中学习不畏权势、志向高远的精神。

古诗词的学习，包括近代毛泽东诗词的学习，都应该是紧密围绕作者来进行的，知道作者生平、作者喜好，才能真正走进作者有感而发的古诗词氛围，探究诗词背后的文化内涵。

这样的古诗词学习由浅入深，层层递进，就如潺潺流水，水到渠成。一点一点剖析作者创作时的心情，仿佛将自己带入诗中，作者的喜怒哀乐与读者产生了亲密的交流，读者就是作者，自然而然可以轻松感悟到诗人想要表达的思想感情，达到"此中有真意，欲辨已忘言"的境界。

（2）转轴拨弦三两声，未成曲调先有情——反复诵读古诗文，是掌握古诗文的重要手段。

"要反复诵读，把无声的文字变成有声的语言，读出感情，读出气势，如出自己之口，如出自己之心。"只有通过大量的诵读，细细地体会古诗词语言的精妙、独特的韵味、意境的深远，才能引领学生"品"出古诗词这一民族独特文化的"味"。

在《七律·长征》一诗中，教师是这样一步一步提升学生诵读水平的：

首先，提醒学生要注意诗的韵律美，读好停顿，读出节奏。学生通过自己画一画节奏、读出停顿的方法，轻松掌握了这首诗的起承转合。

接着，教师引导学生结合时代背景感悟内容，并通过朗读，读出诗中的"寒""暖"，感悟红军长征的不易：金沙江的水咆哮着，仿佛想吞噬着急过江的红军战士。高高的铁索桥悬在半空，对面是敌人的枪炮喷射的火舌。桥这边是我们的战士，他们匍匐在冰冷的铁索桥上，默默地搭起了人桥。过桥的战士们冒着随时掉下金沙江的危险，顶着炮火的袭击，攀着铁链向对岸行进。猖狂的火舌，愤怒的江水，让战士们感受到了彻骨的寒冷。这时候，配着背景音乐，伴着教师饱含深情地叙述，学生们齐声有感情地朗读：大渡桥横铁索寒。

接下来男女生合作读、师生合作读，指名读、小组合作读，多种形式朗读的练习，以读带讲，加深了学生对这首诗的理解。学生在反复的诵读中，不仅感受了语言的美感，更体会了诗歌用词的精准。

（3）今人不见古时月，今月曾经照古人——感悟古诗词中饱含的深情，产生共鸣，弘扬正能量。

叶圣陶曾说过："诗歌的讲授，重在陶冶性情，扩展想象，如

以生命激扬生命

果抓住精要之处，指导一二句话，也许就够了，不一定要繁复冗长地讲说。"古诗的教学，一定要将学生领入诗的意境，体验诗人的感情，引导学生借助诗人的丰富联想，展开想象，领略诗人雄伟的气魄，以及诗人热爱生活、热爱大自然的情怀。教师要诗情画意地教古诗词，学生要诗情画意地学古诗词，再现意境是关键。

诗歌讲究意蕴的悠远深长、意境的幽邃邈远，这一境界的达成，在诗作中往往与诗歌作者的感情息息相关。叶嘉莹先生说："中国古典诗词给了我力量，那些在最简短文字中蕴含的智慧，是中华民族的先人们留给我们宝贵的财富。"例如，文天祥的"人生自古谁无死？留取丹心照汗青"表达了自己为了国家不惜牺牲生命的民族大义；如于谦《石灰吟》中的"粉骨碎身浑不怕，要留清白在人间"表达了诗人遇到再多的困难挫折，也决不改变自己高洁志向的精神；李清照的"至今思项羽，不肯过江东"表达了英雄惺惺相惜的气概。一个诗人的风骨，就是他创作的诗文中时时流溢其中的主题。所以，毛泽东诗词恢宏大气，李白诗词傲视天下，纳兰性德诗词幽怨哀婉。不管是哪一首诗词，只要是传世之作，必定饱含了作者的深情于其中。学生学习古诗词的过程，就是与作者产生共鸣的过程。

中华民族的历史是一部波澜壮阔的斗争史，无数爱国忧民的仁人志士抒写下了可歌可泣的光辉诗篇。杜甫的《茅屋为秋风所破歌》、陆游的《示儿》、岳飞的《满江红》等，都表达了作者为了祖国可以抛头颅洒热血的慷慨激昂，堪称佳作。通过这些内容的学习，学生就能够了解志士仁人投身国家、建功立业的人生追求，和矢志不渝的报国情怀，感受诗文中蕴藏的人格魅力，从而受到感染、熏陶。

在教学中，我们通过挖掘、体味诗人暗藏在诗句背后的或痛苦、或忧愁、或喜悦的感情，让学生对古诗词的学习不仅仅停留在朗诵和背诵默写的表层，而要更深层次地与作者心灵沟通，学习作者高尚的人格，细细地品味感悟其中的丰富意境和深刻哲理。在情感上产生共鸣，使心灵的琴弦被拨动，传统文化的营养就会像春夜的喜雨，悄然滋润学生的心田，文明的种子才会生根、发芽、成长。

（4）山重水复疑无路，柳暗花明又一村——走近古诗文中的故事，走进中国的传统文化。

中国传统节日，凝结着中华民族精神和民族情感，承载着中华民族的文化血脉和思想精华，是维系国家统一、民族团结和社会和谐的重要精神纽带。

"每逢佳节倍思亲"的情怀，让传统节日成为古诗文描写的对象。几乎只要是传统节日，就会有诗人歌咏之作。三五好友相邀，三杯两盏淡酒，和着山风海韵，伴着流觞曲水，许许多多关于节日的古诗词应运而生。至于中华民族重要的中秋节、元宵节、清明节等传统节日，诗人创作的诗篇那就更多了。比如"去年元月时，花市灯如昼"中写到的元宵节，仿佛可以带我们穿越历史，看到眼前的花市灯海。我们可以从"遥知兄弟登高处，遍插茱萸少一人""待到重阳日，还来就菊花"中，知道重阳节有插茱萸的习俗。我们从"家家乞巧望秋月，穿尽红丝几万条"中，知道原来七夕有乞巧的活动。我们从"风雨梨花寒食过，几家坟上子孙来"中，知道原来清明时节的习俗是给逝去的亲人扫墓，寄托哀思。

因此，充分利用民族传统节日，能有效传承民族文化。因此，每一个传统节日到来时，教师可以要求学生通过访问长辈、查阅资料，了解这个节日的来历、民间庆祝该节日的活动方式、纪念意义等，让学生把收集到的内容在班级中交流，用收集到的内容办手抄报、黑板报，以记事的方式写作文。这样既传承了节日文化，也提高了学生的语文能力，可谓一举两得。

借助古诗词的朗朗上口，传颂中华民族流传千年的节日习俗。就这样，孩子们读着，诵着，慢慢地就掌握了中华民族的文化密码。

（5）横看成岭侧成峰，远近高低各不同——寻找拓展基点，实现能力迁移。

《义务教育语文课程标准》指出：小学阶段应要求学生诵读古诗文，以利于学生的积累、体验和培养语感。所以在结束了一首诗的教学后，教师可以以诗带诗，以点带面，将课堂延伸到同一类型的古诗教学上，有意识地加大学习古诗的量。如此，可使学生在课堂中接触到大量的古诗，了解到诗人更多的优秀诗作。这样，同学们的眼界开阔了，诵读古诗的兴趣也增加了。正所谓：熟读唐诗三百首，不会作诗也会吟。

教师通过古诗词的教学，帮助学生有意识地积累、感悟和运用古诗词，扩大了学生的知识面，为学生今后的语文学习打下一定的文学功底，古诗的积累对学生文化底蕴的提升有积极的意义。所以教师在指导学生学古诗词时，不但要教会学生对古诗词内容的理解与记忆，还要能够让学生了解到像李白、杜甫、白居易等著名诗人的生平及其重要成就，让学生了解到从远古走来，带着中华民族独特文化气息的古诗词的特点和分类，提升学生的鉴赏水平。

随着学生浸淫诗词的时间越来越长，文化的积淀也就越来越厚重，学生就会慢慢意识到每一首古诗词都不是孤立的，诗与诗之间，诗人与诗人之间，诗人与诗之间，甚至是两首题材完全不一样的诗歌，都能找到它们之间的联系。可以把两首及两首以上的诗词放在一起进行比较、鉴赏。也可以引入课外资源，拓展课内资源，把课堂学习引向课外。

对比的内容可以是多种多样的。比如不同诗人的送别诗放在一起品味，感悟语言的妙用，自然可以弄明白"无为在歧路，儿女共沾巾"和"海内存知己，天涯若比邻"的区别；将不同风格的诗人的诗作放在一起做比较，也很容易能够帮助学生把握所学古诗词的特点，比如柳永词的缠绵，辛弃疾词的豪放。还可以是同一作家不同时期作品的对比：李清照前期的词风清丽，总有一种快乐在其中；而后来家国破灭后，她的词里总是藏着一股悲凉和颓丧之感。

这样鲜明的对比，拓展了课堂教学的内容，开阔了学生的视野，可以帮助学生更加深刻地感悟中华诗词欲语还休的含蓄之美。这一切都在借助古诗词的朗朗上口，传颂着中华民族流传千年的节日习俗。

（6）嘈嘈切切错杂弹，大珠小珠落玉盘——魅力吟诵，诗意生活。

吟诵是汉文化的传统读书方式，《周礼·春官·大司乐》中记载了古人教孩子读书的方式："以乐语教国子，兴、道、讽、诵、言、语。"吟诵也是中国人学习文化时高效的教育和学习方法。朱熹在《朱子语类》中写道："学者读书，须要敛身正坐，缓视微吟，虚心涵泳，切己省察。"唐代孔颖达在《毛诗序疏》中讲："动声曰吟，长言曰咏，作诗必歌，故言吟咏情性也。"所以也只有通过吟诵的方式，才能深刻体会汉诗文的精神内涵和审美韵味。汉语的诗词文赋，大部分是使用吟诵的方式创作。正如余光中所说："这样的反复吟咏，潜心体会，对于真正进入古人的感情，去呼吸历史，涵泳文化，最为深刻、委婉。"

古代文人用吟诵的方式创作、品味、传承经典诗文，已有两千多年的历史。在司马迁所著的《史记·孔子世家》中就记载："诗三百五篇孔子皆弦歌之，以求合韶、武、雅、颂之音。"《楚辞·渔父》中也记录了"屈子行吟"的情景："屈原既放，游于江潭，行吟泽畔，颜色憔悴，形容枯槁。"历代文人以口口相传的形式，创作、教学、品鉴着经典诗文。吟诵作为汉语诗文的活态，是我国优秀的非物质文化遗产的代表之一，具有独特的魅力，在国际上享有很高的声誉。不仅在华人中间，而且在日本、韩国等很多汉文化圈国家中，也一直流传。20世纪初期，私塾废除，新学堂兴建。尤其是新文化运动之后，西方朗诵方式随话剧进入中国，朗诵逐渐替代了传统的吟诵。课堂上就再难听到极具韵律、娓娓动听的吟诵了。散文家朱自清在《论朗读》中曾分析说："现在多数学生不能欣赏古文旧诗、词等，又不能写作文言，不会吟也不屑吟恐怕是主要的原因之一。"

在我们的诗词课堂中，经常会听到孩子们无论是读哪一首诗，都像开起了"小火车"：读五言诗，就是"两字、三字"的节奏；读七言诗呢，便是"两字、两字、三字"的节奏。细想来，格律诗，本就依平仄而作，有其独特的韵律和节奏。这样的读法自然离体味真正的诗意相去甚远了。可自五四时期新学堂开始，读诗便一直沿用了西方话剧式的"朗读"法。古典诗文的写作背景、作者生平，离现在的小学生历史久远；以字代词的写法让小学生不容易理解，特别是格律诗为和韵多会采用的倒装方法，更是让学生不知所措；诗词里的生字有许多笔画较多、较为生僻的，也让识字量较小的小学生望而却步。而"中国式读书法"吟诵这种方式，对引导孩子诵读经典诗词是有帮助的。用"吟诵"的方法指导学生诵读、积累古诗词。吟一吟，诵一诵，品一品。品味诗词的魅力，享受诗意的生活，吟诵可以帮学生更准确地感受古诗词的意境、更好地感受诗词的美好，培养学生对古诗词浓厚的兴趣。并在不断的积累中掌握一定诵读古诗的方法。

总之，优秀传统文化是民族的灵魂、民族的根。古诗词学习是其中最靓丽的珍珠，把语文教学植根于传统文化的沃土，把传统文化中的精粹与我们时代的要求有机结合，在吟诵的过程中，就会慢慢地掌握中华民族的文化密码，提高语文素养。灵活综合地掌握多种古诗词鉴赏方法，在中华优秀传统文化的熏陶下健康茁壮成长。

五、分学段打造根植于传统文化的魅力语文

小学低年级，以培育学生对中华优秀传统文化的亲切感为重点，开展启蒙教育，培养学生热爱中华优秀传统文化的感情。认识常用汉字，学习独立识字，初步感受汉字的形体美；诵读浅近的古诗，获得初步的情感体验，感受语言的优美；了解一些爱国志士的故事，知道中华民族重要传统节日，了解家乡的生活习俗，明白自己是中华民族的一员；初步了解传统礼仪，学会待人接物的基本礼节；初步感受经典的民间艺术。引导学生孝敬父母、尊敬师长、友爱同学、礼貌待人，养成勤俭节约、吃苦耐劳、言行一致的生活习惯和行为规范，培育热爱家乡、热爱生活、亲近自然的情感。

在学习《孔子拜师》前，我让学生搜集老子、孔子的生平事迹及名言、著作；在学习古诗时，我让学生提前了解诗人的其人其事和代表作品。《两小儿辩日》一课，在授课接近尾声时，我创设了想象说话练习：大家想象一下，孔子听了两个小孩的话，会说些什

么呢？能不能用上孔子或其他名人的名言名句呢？有的学生说："知之为知之，不知为不知，是知也。"有的学生摇头晃脑地说："三人行，必有我师焉。"有的学生说："敏而好学，不耻下问。"还有的学生说："吾生也有涯，而知也无涯。"

小学中高年级，以提高学生对中华优秀传统文化的感受力为重点，开展认知教育，了解中华优秀传统文化的丰富多彩。熟练书写正楷字，理解汉字的文化含义，体会汉字优美的结构艺术；诵读古代诗文经典篇目，理解作品大意，会其意境和情感；了解中华民族历代仁人志士为国家富强、民族团结做出的牺牲和贡献；知道重要传统节日的文化内涵和家乡生活习俗变迁；感受各民族艺术的丰富表现形式和特点，尝试运用喜爱的艺术形式表达情感；培养学生对传统体育活动的兴趣爱好。引导学生学会理解他人，懂得感恩，逐步提高辨别是非、善恶、美丑的能力，开始树立人生理想和远大志向，热爱祖国河山、悠久历史和宝贵文化。

俗话说："人靠衣服马靠鞍。"衣着服饰可以显示人的身份、地位。《林黛玉进贾府》一文中，王熙凤的出场是一个重头戏，曹雪芹浓墨重彩写她的服饰。"这个人打扮与众姑娘不同，彩绣辉煌，恍若神妃仙子：头上戴着金丝八宝攒珠髻，绾着朝阳五凤挂珠钗；项上戴着赤金盘螭璎珞圈；裙边系着豆绿宫绦，双衡比目玫瑰佩；身上穿着缕金百蝶穿花大红洋缎窄褃袄，外罩五彩刻丝石青银鼠褂；下着翡翠撒花洋绉裙……""五彩刻石青"应该是清初朝褂之形制。她是贾府的实际掌权人，地位显赫，打扮当然与众不同。她的服饰还以金色为主，整体色调"彩绣辉煌"，体现其高贵与华丽，也彰显了她在贾府所处的显赫地位。本文的课后拓展环节，我让孩子们去分组探究各朝代代表性服饰，令我惊奇的是孩子们呈现给我的是一场"华夏服装盛宴"！孩子们了解到：官服以颜色分级始于唐代，三品以上官服为紫袍，五品以上官服为绯袍，六、七品官服为绿袍，八、九品官服为青袍。白居易在《琵琶行》中"江州司马青衫湿"表达的是仕途不济的悲伤心情，官位级别低下。孩子们还知晓了布料还是不同身份和地位的象征。古代平民百姓、奴仆穿的都是褐、布衣。褐是粗糙的麻、毛编织品，布则比褐细致一些，成为平民百姓的衣着布料。《诗经·七月》"无衣无褐，何以卒岁"描述的就是社会最底层的劳动者的生活，褐、衣是贫贱者的常服。而达官贵人的服饰布料多是绫罗绸缎、丝帛锦绢。

六、利用家校沟通，提高学生的传统文化素养

1. 提倡亲子共读古典书籍，家庭读书会。

在小学阶段，将古典书籍引入家庭亲子共读中，开展"亲子共读古典书籍"活动，在内容的选择上，除了核心的古典书籍阅读活动外，还可以从选书的时候开始，一直到读后的交流，形成一个"选书—读书—聊书—再选书—再读书……"循环立体的过程，还可以通过"家庭读书会"的方式，和孩子互相交流，碰撞思维，互通有无，融会贯通。通过"传统书香家庭""国学小博士""国学小硕士""传统书香父母"等评选，激发家长和孩子的阅读兴趣。在这个过程中，家长与孩子一起读一起学习，不仅扩展了知识，还增进了孩子与家长的感情交流，在家庭教育中渗透了传统文化精髓教育。

端午节等传统节日已有几千年的历史，其中蕴含的传统文化非常丰富。在《端午粽》一文的学习中，鼓励家长和孩子搜集端午节的传统习俗，包粽子，系"五丝"，拜访屈原，感悟"路漫漫其修远兮，吾将上下而求索"的情怀！

2. 传统文化之旅，研学之旅。

"读万卷书，行万里路。"古有孔子率领众弟子周游列国之事迹，今有"传统文化研学之旅"。研学之旅形式多样，可以带孩子身着古装，玩小古人的游戏，学琴棋书画与国学，练咏春拳等传统武术；也可以带孩子重温五千年启蒙礼仪，学站姿、坐姿、礼姿，点朱砂启智慧；还可以学习修心国学——学《弟子规》、吟唱古诗等，乃至学习传统手工艺制作、观赏文化古迹等。在研学过程中，让孩子接受熏陶，增长学识，培养高尚品质，开阔眼界，做一个德爱礼智、博学多识的小古人。

琴棋书画更是传统文化中的国粹！大课间，孩子们下棋、剪纸、翻花绳，怎一个"高兴"了得！"六一""传统文化"展演，学生们穿起传统服饰，朗诵传统书简，与"先人"们谈论诗词歌赋，采菊东篱，把酒言欢。弘扬和传承中国优秀的传统文化，近距离领略传统文化的独特魅力，学习传承民族传统文化。

3. 建立家风家训。

家风家训作为传承中华文明的微观载体，以一种无言的教育，潜移默化地影响着人们的心灵，它在中国历史上对个人的修身、齐家发挥着重要的作用。合理吸收中华传统家训家规的精华，并推动其创造性转化、创新性发展，把弘扬传统文化与家风家训结合起来，通过书写家风家训对联、书法，吟诵《弟子规》《三字经》《千字文》等传统经典美篇美文，学习《曾国藩家训》《朱子家训》《颜氏家训》等做人之标准，举行家风家训舞台表演、学唱家风家训歌曲、撰写"家风家训"小故事等形式，培养孩子良好的道德规范，为塑造学生良好家教家风和传统优秀品质提供丰厚滋养。

4. 掌握一门传统文化手艺。

传统手工艺既是民族传统文化的重要组成部分，也是民众的重要物质与精神诉求，手工艺人及他们的手艺、产品，连同他们的环境，形成一种"中国的工匠精神"，烧造工艺、铸锻工艺、染织工艺……行行出状元，让孩子学习并掌握一门传统文化手艺，即可作为将来安身立命之寄托，又可承当传承文化之载体，等于掌握了一种可以打通与这种精神相连接的载体，掌握了开启传统文化之门的钥匙。这种技能与工匠精神的结合，更容易让孩子铭记传统文化的魅力所在，达到流传、继承文化之目的。

七、提升传统文化修养，做有魅力的语文教师

如果说，一个人的魅力体现在人格、观念、素养、形象、行为、才情、技巧等诸多方面，当一位老师在教学中找到了乐趣，并把教育事业和人生理想高度融合，成为学生喜欢的好老师，他就拥有了教育魅力。人要仰望天空，有远大理想，宽广的胸怀，又要脚踏实地，直面现实，从一点一滴做起，以坚韧与执着不断开拓新境界。所以，教师都要修炼自己的教育魅力，不能只满足于日常教学工作。教师是伟大的创造者，勇于去蔽，才能成就真性情；勇于去惰，才能成就真学问；勇于去庸，才能练就真本事。有真性情、真学问、真本事的教师，才是富有教育魅力的教师。

1. 魅力教师要不断学习，完善自己。

魅力教师必须有丰富的学识修养，即要"有文化"。有了丰富的文化积淀，眼界才会开阔；有了丰富的教育理论知识，方法才会多样，对教材的理解才会更加深刻，才能从中读出深意，读出新意。不局限于一篇课文、一本教材，给学生提供更多的精神和文化大餐。所以，魅力教师要不断学习，在文化熏染中提振教师职业

精神。

魅力教师，要学识渊博。在科技高速发展的现在，知识更新速度快，教师的知识储备很容易跟不上时代发展的要求和学生的求知需求，加上现在获得知识的渠道和形式越来越多，教师在课堂上常常出现被学生"问住"的现象。这就要求我们的教师一定要加强学习，向同伴学习，向学生学习，向专家学习，多渠道地获得，并且增加跨学科知识储备，做"一专多能"教师。只有这样，你的课堂才是精彩的，学生才是快乐的。

2. 魅力教师要在工作生活中培育发掘自身魅力。

魅力教师应培育发掘自身魅力，充分发挥自身优势特长，做一个感动学生、感动家长、感动自己的魅力教师。

魅力教师的语言是："清晰而又有条理的思路，妙趣横生、活泼生动的谈吐，好像是信手拈来又确实是深思熟虑的语言，似山涧清泉，淙淙铮铮，潺缓流过。""开言知肺腑，出口见精神。"语言是"肺腑""精神"的体现，是内心的表白，是思想的外现。教师课堂语言的锤炼，必须不断强化自身的修养。让学生喜欢你的课，首先让学生喜欢你的语言！

魅力教师的教育行为要有自己独特的认识。要形成自己的教学风格，必须有广泛而深厚的个人修养基础，多下一些"诗外功夫"，不断地提高自己的专业水平。不跟在别人后面，拾人牙慧，人云亦云，唯教参之首是瞻。魅力教师要对教材的理解有自己的见解，有深度或有新意，要从不同的角度去理解文本。要能走进去，也要能拓展开来，使学生在你的教育下，不仅学到教材上的知识，掌握一定的学习方法，还能受到"情感、态度、价值观"等多方面的熏染。老师要做一名"导游"，带领着学生打开知识之窗，认识精彩纷呈的世界。

魅力教师要有个性化备课。备课，是一项创造性的劳动，是教学的前奏，是课堂教学的"战略"策划。纵观所有成功的课堂，皆源于课前有效的预设。备课，首先，要"备"中有"人"。先"备好自己"。这需要先有"养兵千日"的心态，有"处处是准备之地，时时是准备之时"的心境，然后在每一天的工作和学习中"时刻准备着"，唯如此，才能收获"用兵一时"的精彩。其次，备学生。我们应充分研究学生的性格特点、天赋资质、兴趣爱好、学习心理、接受能力等。再次，要"备"中有"物"。得预先在大脑里"预演"课堂，展示教学中可能出现的问题，提前探索解决的途径和办法。长期如此地准备，才能积极催生课堂的精彩生成。魅力教学是诸因素综合呈现的过程，是以专业知识为作用力，以学术造诣为影响力，以人格特征为感召力，以时代精神为向心力，以生命相许，让生命与使命结伴同行的理想状态。在时代对教育的诉求中苏醒，前行，生生不息，投下一路风景。

3. 魅力教师要在语文学习中找到自己的爱好与特长。

古代经典文学是充满韵味的文化。我们瞻望飘扬人文大旗猎猎长风的同时，发现简单、工具性的语文课堂上成了一些教育的时尚。人们没有了"悠然见南山"的平和与从容，缺失了"可下五洋捉鳖"的激情和豪迈。这份诗意失落了，人类心灵中最隐蔽最美好的语言，最能表达质朴而纯真的情感失落了；蕴藏于人们心中最美好的理想和意念失落了。因此，魅力教师要在语文学习中寻找文学爱好，发展专业特长。

魅力教师必须有丰厚的文化内涵。不说通晓天下，至少要了解文学、史政、科学、哲学等。魅力教师应该具备高超的教学艺术。艺术是技能与智慧的完美结合。艺术包括处理教材的艺术、课堂设计的艺术、教学方法的艺术、处理问题的艺术，以及语言、板书、操作等艺术。譬如，同样课前导入，有的教师照本宣科，直扑主题；而有的教师，总是从儿童的兴趣与认知出发，让儿童渐入佳境。

完善个人爱好特长，打造魅力课堂。例如，舞蹈、歌唱、乐器的演奏，或者相关知识的储备，一句话，一投足，让学生跟着你融入其中，让自己的课堂展现不一样的风采与魅力，让孩子们喜欢你的课堂，那就是一个浑身充满魅力的教师了。

个人修养展现一个人的独特魅力。魅力教师要注意根据自身条件，寻找自我发展方向。课堂教学中有魅力，教育交流中凸显个人魅力，团队生活中展现特长魅力……

"21世纪的工作生存法则就是建立个人品牌。"品牌意识是时代的呼唤。大到国家，小到集体，再到个人，一个人要想在职场竞争中稳操胜券就必须打造个人品牌，就要具备精深的专业技能，独具特色的工作风格，别人不可代替的价值。对于教师来说，打造个人品牌的过程是教师实现个人成长的过程，也是教师个人价值增值的过程。

4. 魅力教师要立德树人，形成完整系统的世界观。

教师是人类"灵魂"的工程师，是孩子们成长的引路人。教师的思想政治素质和职业道德水平直接关系到孩子们的健康成长，甚至关系到国家的前途命运和民族的未来。所以，教师素质，师德最重要。

学高为师，德高为范。中华民族素有崇尚师德、弘扬师德的优良传统。师德是中华优秀传统文化精粹，也是优良革命传统的重要组成部分。教书育人，教书者必先学为人师，育人者必先行为世范。教师的职业特点决定了教师必须具备更高的素质，师德是教师最重要的素质，是教师之灵魂。师德决定了教师对学生的热爱和对事业的忠诚，决定了教师执着的追求和人格的高尚；另一方面，师德直接影响着学生的成长。教师的理想信念、道德情操、人生观、价值观以及教师的人格魅力直接影响到学生的思想素质、道德品质和道德行为习惯的养成。

高尚而富有魅力的师德就是一部活的教科书，就是一股强大的精神力量，对学生的影响是耳濡目染的，潜移默化的，是受益终身的。人们回忆起自己的成长经历时，经常不约而同想到的就是当年师长的启蒙和榜样作用。

5. 魅力教师具有外在充满热情，内心丰富而充盈的境界。

做魅力教师，追求品位，有高尚的人格，不媚俗，不跟风，坚守信念，不被铜臭袭扰，不为名利折腰，"咬定青山不放松"，坚守教师教育本真。做一个纯粹的老师，一个品德高尚、令人敬仰的老师，做一个热爱生活、内心丰富而充盈、充满诗意的魅力老师。

魅力教师能构建充满诗意的课堂，让学生享受充满诗意的人生！语文，不仅是一门塑造心灵的学科，而且具有特强的人文性和情感性，是一种雅致的文化，一块滋养心灵的沃土，一种洗尽铅华超越现实的精神享受，浸透了浓浓的诗意。魅力教师，对人生渴求冲破功利主义的束缚，走出逼仄的生存空间，诗意地栖居于杏坛，挥洒意趣，书写人生。

魅力教师拥有一颗缪斯之心，能够以一颗敏锐、善感的心，解读生活、文本、儿童中的种种诗意。"诗意语文在于唤醒诗心。"在诗意的课堂中，老师用一颗诗心，带着几十颗童心交流，以一份情，感动另一份情；一棵树，撼动另一棵树；一个灵魂，唤醒另一个灵魂；一颗诗心，荡涤另一颗诗心。文本语言或清新、或华美，给人修饰之美；或朴实、或简洁，如行云流水；或平缓、或生动，亲切温馨……针对不同的语言风格，魅力教师的语言也富于变化，或纵情渲染、激情回荡，或自然流畅、舒展畅达，或娓娓而谈、舒卷自如……

诗意的老师能准确把握课文的语言特色，能让不同文体的课文散发出各自的语言魅力，让学生感受不同文体的语言艺术美，在不同的美中熏陶学生的艺术感知能力，培养学生创造美的能力。教师的语言具有了诗意，才能在学生的语言中播下诗意的种子。

诗意的老师关注学生的生命成长。教师的崇高在于无私的奉献，在于爱心的流淌，在于对孩子的尊重。"你是快乐的，我是幸福的。"这是一个魅力教师永远追求的教育境界。语文是富有感染力的学科，一个魅力教师应该让学生感到一种精神的享受，包括你的外表、你的体态、你的眼神、你的笑脸、你的手势、你的语言……都能给学生心灵的震撼。

八、小结

古人云："取法乎上，仅得其中。"学习传统文化，与先贤对话，能提升我们的人生境界，开启我们的处世智慧，培育我们的文采风流。"天行健，君子以自强不息；地势坤，君子以厚德载物。"学习传统文化，能提升我们的境界，纯净我们的心灵，锻造我们高尚的人格，获得无限的智慧！

语文课堂是传承文化的主阵地，要掘井汲泉，把散落的传统文化"珍珠"串成一条精致的"项链"，让学生在经典的滋养中为习惯铺路，为生命奠基！

"双减"春回芳草地，万紫千红杏花天

——浅议"双减"背景下语文综合实践课的功能

2021年7月，中共中央办公厅、国务院办公厅印发了《关于进一步减轻义务教育阶段学生作业负担和校外培训负担的意见》，提出"双减"（即减轻义务教育阶段学生作业负担、减轻校外培训负担）。教育部党组将其作为"一号工程"。"双减"政策是当下对教培行业及整个国家教育体系影响很大的决策。实施这一政策的终极目的是打造高质量的教育体系，缓解家长的焦虑情绪，助力学生综合素质的提升。但是将这一政策真正进行贯彻和落实还面临很大挑战，需要一线老师不断更新教育理念，优化教育模式，才能让"双减"政策得以实施。综合实践课是指以实践的方式进行学习的活动，教师在语文课堂上通过合理设计和开展综合实践课，能够丰富学生的学习体验，激发学生的学习兴趣，使学生在课堂学习中获得综合知识的有效拓展，与社会、自然、生活之间的关系变得更加紧密，以此促进学生综合素质的发展。

一、小学语文综合实践课的作用

在小学语文教学中，教师通过开展综合实践课，将与课程相关的资料加以整合，除了能拓宽学生的知识视野外，还能激发他们的探索欲望，使他们对语文产生浓厚兴趣。语文综合实践课的开展让学生的语文素养不断提高，为其终身发展和学习打下坚实的基础。《义务教育语文课程标准(2011年版)》指出"语文是实践性很强的课程，应着重培养学生的语文实践能力，而培养这种能力的主要途径也是语文实践"。在具体实施时，教师应合理规划综合实践课，为学生创设优良的活动空间，使他们参与其中，以保证综合活动的有效开展，实现学生的全面发展。

二、小学语文综合实践教学的重要性

新时代，随着我国对教育事业的新要求，综合实践课课程成为小学语文教学中的重要部分。综合实践课为了达到预期教学目标，教师要为学生营造良好的课堂氛围，推动综合实践课课程有效进行，从而促进学生全面成长与发展。小学语文综合实践课教师在教学的过程中，要从教学理念与方法两方面入手，提高课堂效率，积极尝试运用多媒体信息技术丰富教学内容，拓展学生综合实践课的思维能力与想象力，以不同的教学方式应用于小学课堂教学中，提高学生的语文课堂学习效率。综合实践课无论是日常语文综合实践活动，还是综合实践教学活动，都是小学语文教学中的重要内容，通常情况下，学生只能在日常学习活动中学习一些综合实践课知识技能，在综合实践课程中对所学知识加以利用。综合实践课教师可通过综合实践课任务驱动的方式让学生在课外自主阅读或学习活动中运用综合实践课所学知识技能，引导学生尝试对语文知识进行自主探究与实践，由此实现对语文知识内容的拓展与延伸，为学生提供更多语文实践机会。各项综合实践课都是一次锻炼学生思维能力、实践能力的宝贵机会，在全新的教学目标与课程改革情况下，综合实践课程满足当前小学语文教学发展需要与人才培养要求，同时也提高了教学的难度，需要教师充分把握综合实践课课程特点，有计划地开展各项课程安排。

三、开展小学语文综合实践课的具体实施策略

1. 综合实践课以教材为根本，激发学生学习兴趣。

在开展语文综合实践课时，教师要激发学生学习兴趣，让他们积极参与到活动中去，确保实践活动的有效开展。对于阅历不深且天性好动的小学生来说，实践活动的内容创设应该以教材为根本并充满趣味性，在保证学生拥有十分丰富的"知识内核"的基础上，激发他们的学习兴趣，使他们的语文素养得到有效提升。例如，在开展"感受秋天"的综合实践课时，可以开展以"诗文里的秋天"为主题的阅读实践活动，积极引领学生阅读和思考，感知教材及古今文人墨客对秋天的描述。可以开展以"有趣的叶子"为主题的研究性学习活动，通过研究叶子的颜色、形状、用途等探究植物叶子的秘密，撰写研究报告、作叶画、编写绘本故事等。无论是主题阅读还是研究性学习，都可以让学生感知到秋天的魅力。

2. 综合实践课与生活相结合，促进实践活动开展。

在语文教学中，要想有效开展综合实践课，就需要教师将综合实践课与学生的日常生活实际相结合。例如，在国庆节期间，学校组织学生开展与国庆节有关的调查活动，其中包括让学生采访身边的长辈，听他们讲述过去的事，了解祖国的发展变化；让学生走上街头，对过路的行人进行采访，了解他们对祖国的认识，感知他们的爱国情怀；组织学生参观博物馆、美术馆等，让学生了解祖国的发展历程，加深他们的爱国之情。再比如，"端午节和学生一起包粽子，追忆屈原"，"中秋节和学生一起做月饼，话团圆"，"春节写春联，感悟祖国的繁荣昌盛"等。借助我们的节日，通过开展综合性实践活动，了解节日的习俗，组织采访、参观活动，让语文教学

从课堂走进生活，学生真切的体验比单纯地学习书本知识让他们印象更加深刻，他们不仅了解了节日的含义，还加深了对传统文化的认识，有效提升了他们的语文素养。

3. 开展鉴赏教学，叩响鉴赏大门。

语言具有一定的美感，但简单的读写无法让学生感悟其中的特殊之美，因此，语文课程的教学任务之一就是引导学生分析语言承载的美，使学生发现语文的魅力。在语文教学中，教师要注重培养学生的审美鉴赏和创造能力，使学生在丰富自身审美体验中增强对美的感悟。诗歌是一种特殊的语言表达方式，作为中华文化沉淀的精髓，具有重要的传承意义。无论哪个年代的诗歌，都具备一定的学习价值，其简练的文字往往蕴藏着丰富的内涵和情感，篇幅简洁却意义深远。所以，为提高学生的鉴赏力，在综合实践课中，教师可以借由诗歌带领学生叩响鉴赏的大门。例如，在"轻叩诗歌的大门"综合性实践活动中，教师可以带领学生完成对诗歌的鉴赏和分析，提高学生的欣赏能力。根据节日或纪念日举办"端午诗会""新年诗会"，根据季节特点举办"诗海寻春""金秋诗会"等活动，教师可以组织学生根据活动主题，搜集自己喜欢的诗作为活动素材。在活动中，教师可先引导学生读诗，并让学生对收集到的诗歌按内容或者题材等进行分类。随后，学生对分好类的诗歌进行鉴赏，找出不同类别诗歌的特点。接着，每位学生选择自己最喜欢的诗歌进行分析，探究这一诗歌的辞藻、情感和意境等，提升诗歌鉴赏能力。在学生分析完诗歌后，教师再为学生设计汇报表演的小环节，让学生声情并茂地朗读诗歌，进一步体会诗歌的韵律和情愫，发展欣赏美的能力。诗歌在小学语文课堂上占据着重要的位置，教师结合综合实践课，组织学生对诗歌进行鉴赏和分析，能够为学生搭建发展审美鉴赏素养的平台，使学生在感受诗歌魅力中不断提高审美素养。

4. 渗透不同的学科，重视探究过程。

小学语文教师在综合实践课程教学过程中，要充分结合其他学科内容，以语文学科特点为核心开展一系列综合实践活动，综合调动学生的多种感官丰富学生的实践学习体验。教师要通过语文综合实践课，有效调动学生的课堂参与兴趣，培养学生的综合素养。教师要充分发挥资源的作用，一是将实践活动课程与语文教学有机结合。如教课时可以对语文课文内容进行编写创造，在综合实践课让学生将课文内容以综合实践课小品的形式展现出来，从而调动学生参与语文学习的兴趣。二是将实践活动课程与其他学科教学有机结合。如开展"有趣的叶子"的研究性学习，学习结束可以进行学习成果的展示，如撰写的研究报告，栩栩如生的树叶粘贴画、诗配叶画、叶画绘本等。这就要充分地与科学、美术、劳动、信息技术等各学科有机结合，才能完成学习任务。实践证明，科学开展好语文综合实践活动课，可以让学生在综合实践课中以积极主动的态度学习语文知识，综合实践课丰富的课堂教学资源成为学生拓展课后学习的重要资料，作用是显而易见的。

当下，综合实践课已成为小学教育体系中的重要组成部分，伴随着时代的春风，特别是当前"双减"背景下，综合实践活动的优势也逐渐显现，它将原本"沉睡"的课堂"唤醒"，让小学语文课堂焕发勃勃生机。各科教师，特别是作为工具学科的语文教师应正确看待综合实践课的重要性，积极发挥语文综合实践课的功能，扎实开展以阅读、探究、实践、体育等为主题的综合实践活动课程的有效研究，如依据教材组织学生编写课本剧、参观、采访和调查等；

依托语文教材或相关知识，组织学生进行演讲、辩论、讨论、朗诵等；根据学生生活基础和兴趣爱好，开展表演、竞赛、绘画、歌唱等活动等，积极为学生创造一种宽松和谐的教学情境，这有利于学生创新意识和创新思维的形成和发展。另外，还要积极探讨钻研、科学规划布置作业，让阅读类、探究类、体验类、实践类作业成为学生作业的"主角"，既缤纷万象又特色鲜明。相信，综合实践活动助力"双减"春回，教育芳草地定会万紫千红争奇斗艳！

（孙丽霞）

［参考文献］

　　［1］牛倩云．借助综合实践活动出彩小学语文有效课堂教学［J］．当代家庭教育，2020 (29)：20-21.

　　［2］李倩．小学语文教学与综合实践活动的整合思考［J］．家长，2020 (26)：134，136.

　　［3］吴梅丽．小学语文教学中综合实践活动的有效运用［J］．小学生作文辅导（读写双赢），2020 (11)：78.

后　记

情至深处细无声

在这本集子即将付梓之际，作者孙丽霞邀我为其写点文字，一直未敢应允。其一是尽管本人也从事了几年教育工作，但改行已久，且学识浅陋，所写文字难免偏颇，恐为方家所笑；其二是不想再鼓励她做这些努力，正所谓"快马"无须"加鞭"，对一匹竭尽全力奔行的战马，已经无须再喊加油。当然作为她的丈夫，写点文字恐有"王婆卖瓜"之嫌，不便评价。但最终还是觉得作为三十多年来见证和陪伴了她成长进步、探索追求的家人、同学、同事（我们同为日照师范学校毕业，也曾在一个地方工作），对她的辛酸苦辣了解最多，觉得还是应该写点东西予以支持，何况自古就有"举贤不避亲"的佳话，也算是"妇唱夫随"吧。

选择个什么题目也费了心思。思考再三，觉得这一个集子的形成和出版，无不源于一个"情"字，而且是"情至深处"。这个"情"字，首先是源于她对学生之爱、对教育之爱。如果不是基于此，那么一切都不会产生。作为20世纪80年代毕业的中师生，或许起初上学的动机只是为了跳出农门，吃上国库粮，却有幸成为改革开放之初国家振兴教育事业的重要力量。网上有许多关于中师生的文章，大多是为我们这群人鸣不平，说我们是"国家之幸、个人之不幸",主要是说我们把青春献给了教育而牺牲了个人的很多利益。其实我们中师生不这么看。这个过程也成就了我们自己,完善了我们的人生。我们也自觉不自觉地爱上了这份被称为"太阳底下最光辉的职业",并且已将这份情感渗透到了骨子里:为了教育、为了孩子奉献一生。我想在这方面,孙丽霞算是千万个教育人、也是我们那批中师生的一个缩影。当然我很惭愧,师范毕业没当几年老师就改行了,没能坚守下来。但现在每每回忆起短暂的教师岁月,幸福感始终盈满心头。因为这份情感,自己又成了曲阜师范大学传媒学院硕士研究生的兼职导师。在家里,我们经常一起探讨教育问题,探讨孩子成长问题,这应算是一个互相交流启发的过程。

出这个集子是老孙多年的心愿。其实书的初稿早在2016年就已形成,但一直未出。这可能与我和女儿起初并不支持有一定的关系。从2006年她在日照市新营小学工作时,我们每次回家,不管多晚,都看到她在书房的电脑前忙碌,一忙就忙到深夜。那个阶段她的腰椎不好,但她天天在叨念她的"绿野部落",在写她和孩子们的故事,那种投入和执着让她经常忘了时间,忘了身体。我们看在眼里,疼在心里,不想她这么拼命。有次女儿半夜起来发现她坐在地板上写,气得勒令她不许再写了。但我知道,这份执着和热爱是根植于心、渗透进血液的。现在来看,收入集子的好多东西都是那时开始积累下来的,又加上了这些年她在山海天实验小学、金海岸小学、天宁小学等的一些思考和实践。从毕业成为一名乡村小学教师,到参加公开招聘进入日照市第二实验小学,她从此踏上了追求教育真谛的神圣之路。她是一个闲不住的人,也是追求完美之人,在家里,我和孩子是很反对她这样的,因为这样太辛苦,对自己不满意,对别人不满意的更多。正因为如此,她比别人付出了更多时间和精力。比如，她带领"孙丽霞名师工作室"的同事们组织了"为你朗读"助推全民阅读活动、公益课下乡、志愿服务进社区等很多公益活动。又比如2021年开展党史学习教育时，她又策划组织了天宁小学一批党员老师，以"天宁小学党支部为你朗读"的名义，录了三十多期党史宣讲视频，受到社会各界的广泛好评，市区党史学习教育简报给予推广。

　　已过知天命之年，她也算功成名就了，在多个学校多个岗位工作过，教过语文、数学等多个学科，当过班主任、教导处主任，当过副校长，主持过一个学校的工作，现在干专职党务工作。她是山东省第四批特级教师，评上那年刚过三十岁（据说是当时山东省最年轻的），破格进的中级、副高职称，现在是正高级三档，还是山东省有突出贡献的中青年专家（据查是首个入选该荣誉的中小学教师）。这一切，都已说明了过去的努力和收获。我在家里经常开玩笑说，我们作为一个农家子女，作为一个小中专生（当时是初中毕业上的师范，所以叫"小中专"），何德何才何能，获得了那么多荣誉，评上了正高级职称，这就相当于大学教授呀，所以要知足，要常怀感恩之心，常念相助之人。首先得感谢党组织的培养教育，感谢领导同志们的关心帮助，更要感谢我们这个伟大的时代！也快退休了，可以歇一歇了。但她一直有个愿望，就是要把她多年从事教育工作的所思所想所为，总结梳理出来，给年轻的教师同志一些启发和思考。当然，从这个集子来看，不尽完美，个人能力水平有限，有些东西并不系统也不典型，有些事情别人已经做了，甚至做得会更好。但她有这份情怀，这份执着，使她心之所向，力之所行，执着地想把它办好。于是又把多年积累的东西拾掇起来，再次开始了出一本集子的梦想。可惜，好多材料保存不当遗失了。不为功名利禄或其他什么原因，还要自己用工资来付一笔不小的出版费。在这种情况下，我们全家选择了支持与理解，为她这份初心，更为教育发展尽微薄之力，这也是我一个曾为师者的一份贡献吧。更得感谢她的各位领导同事，感谢林浩、雅楠，感谢银合书社的陈总，感谢出版社各位专家，帮孙丽霞圆了这个梦想。

热爱是最好的老师。勤奋、执着、思考、热情，是一个人难能可贵的品质，更是一个师者应该具备的职业操守。这是取之不尽的爱，这是踔厉奋发的劲，这是不忘初心的情。我想，这本集子本身的疏漏和错误之处也在所难免，恳请各位专家同仁批评指正。对这本集子也会是仁者见仁，智者见智，算是"朝花夕拾杯中酒"，亦为"病树前头万木春"。但孙丽霞老师这份对教育事业、对学生的情怀与执着，或许会给大家带来一些有益启示，添一点奋进之力，增一缕前行之光。基于此，为孙丽霞点个赞！

谨为后记。

（杜庆森）

注：作者现供职日照市人大，曾任日照市委宣传部副部长、市委网信办主任、市文广新局党组书记、市社科联主席等职，系曲阜师范大学硕士研究生兼职导师、中华诗词学会会员、山东省音乐家协会会员。